国家社科基金
GUOJIA SHEKE JIJIN HOUQI ZIZHU XIANGMU
后期资助项目

黄老学派的政治哲学研究

Study on Political Philosophy of
Huang-Lao School

王海成　著

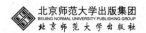

北京师范大学出版集团
BEIJING NORMAL UNIVERSITY PUBLISHING GROUP
北京师范大学出版社

图书在版编目（CIP）数据

黄老学派的政治哲学研究/王海成著. —北京：北京师范大学出版社，2021.3

国家社科基金后期资助项目

ISBN 978-7-303-26692-0

Ⅰ.①黄…　Ⅱ.①王…　Ⅲ.①黄老学派—政治哲学—研究　Ⅳ.①D0-02

中国版本图书馆 CIP 数据核字（2021）第 008210 号

营　销　中　心　电　话　010-58805385
北 京 师 范 大 学 出 版 社
主题出版与重大项目策划部　　http://xueda.bnup.com

HUANGLAOXUEPAI DE ZHENGZHIZHEXUE YANJIU

出版发行：北京师范大学出版社　www.bnup.com
　　　　　北京市西城区新街口外大街 12-3 号
　　　　　邮政编码：100088
印　　刷：北京京师印务有限公司
经　　销：全国新华书店
开　　本：710 mm×1000 mm　1/16
印　　张：15.25
字　　数：270 千字
版　　次：2021 年 3 月第 1 版
印　　次：2021 年 3 月第 1 次印刷
定　　价：72.00 元

策划编辑：祁传华　　　　　责任编辑：梁宏宇
美术编辑：王齐云　　　　　装帧设计：毛　淳　王齐云
责任校对：康　悦　　　　　责任印制：陈　涛

国家社科基金后期资助项目
出 版 说 明

后期资助项目是国家社科基金设立的一类重要项目，旨在鼓励广大社科研究者潜心治学，支持基础研究多出优秀成果。它是经过严格评审，从接近完成的科研成果中遴选立项的。为扩大后期资助项目的影响，更好地推动学术发展，促进成果转化，全国哲学社会科学工作办公室按照"统一设计、统一标识、统一版式、形成系列"的总体要求，组织出版国家社科基金后期资助项目成果。

全国哲学社会科学工作办公室

目　　录

绪　论[①]

一、作为哲学分支学科的政治哲学

20 世纪 70 年代以来，政治哲学渐成显学，以至于已经有学者在谈论所谓的"哲学的政治转向"了。但学术界对于"什么是政治哲学"这个问题的回答却极为含混，莫衷一是。甘阳在描述这一状况时说："'政治哲学'是个含混的名词，因为'政治'和'哲学'这些字眼的含义在今天都歧义丛生。今天当然有无数多的政治哲学和政治哲学家，不过大多数情况下这些政治哲学都不事先告诉读者什么是政治哲学，以及为什么要政治哲学。笼统而言，大多数所谓政治哲学大概是用某种哲学的方法来谈某些政治的问题，而比较更雄心勃勃的政治哲学则大概企图用某种系统的哲学方法来构造一个政治的系统。"[②]"笼统而言""大概"这样的用词似乎都在暗示，对这个问题的探讨"宜粗不宜细"。即便如此，我们仍认为，对这个问题应有所说明。

首先，对这个问题的回答要求我们对政治学、政治科学和政治哲学这三个概念之间的关系做一番清理。在英语中，"Politics"一般指现代政治科学产生之前的传统政治学，"Political Science"则专指现代政治科学。但在汉语学界，我们既用"政治学"（Politics）这一概念指称传统政治学，也用它指称政治科学。例如，我们既把亚里士多德的名著 *Politics* 译为《政治学》，又将阐述现代政治科学原理的教科书命名为《政治学原理》。这究竟是翻译上的疏忽，还是其他什么原因呢？总之，汉语在这一问题上的模糊性遮蔽了西方政治学从"Politics"到"Political Science"的演化历程，而"什么是政治哲学"这个问题又必须在这一历史的维度中得到解决。而历史上，政治哲学曾经是哲学的一个专门研究领域，并不是一门独立的学科。"什么是政治哲学"这一问题产生的前提是政治学作为一门自觉、独立的学科被研究。

当代西方政治哲学家在追溯政治哲学的起源时，几乎无一例外地会

① 本书系国家社会基金后期资助项目 14FZX006 的研究成果。
② 甘阳：《政治哲人斯特劳斯：古典保守主义政治哲学的复兴》，见〔美〕列奥·施特劳斯：《自然权利与历史》，彭刚译，北京，生活·读书·新知三联书店，2003，第 57 页。

追溯到古希腊。在古希腊，哲学是一个包罗万象的体系，政治哲学只不过是这个体系中的一环，无须特别标出。用乔治·卡特林的话说，它是"哲学的无缝长袍的一部分"①。具体一点讲，它只是伦理学的一个分支。伦理学研究个体的善，政治哲学则研究城邦的善。苏格拉底之死向柏拉图揭示了这样的道理：个体之善必须以城邦之善为前提。柏拉图在《理想国》中正是遵循这一思路，才从对"什么是正义"这一伦理学问题的探讨转向对"理想国"的建构：除非由哲学家来统治，否则人们无法拥有正义。然而，什么样的城邦才是善的呢？对这个问题的诸多探讨所集结成的理论形态就是政治哲学。一直到现代政治哲学的奠基人马基雅维里和霍布斯的时代，哲学和科学之间的分际依然不那么清晰，他们的研究方式也在很大程度上遵循着古典时代的伟大哲人们流传下来的传统。

政治学的独立、自觉与近代以来哲学的命运直接相关，是近代以来哲学与科学分离的结果。列奥·施特劳斯和克罗波西在他们主编的《政治哲学史》一书的《绪论》中写道："就传统而言，哲学和科学是没有区别的：自然科学是哲学的最重要部分之一。17世纪伟大的理性革命开辟了当代自然科学的道路，这一革命是新哲学或科学反对（主要是亚里士多德式的）传统哲学或科学的革命。但是，新哲学或科学只是部分地获得了成功。新哲学或科学最成功的部分是新的自然科学。由于其所取得的成功，新的自然科学越来越独立于哲学，甚至日愈明显地成了哲学的裁判官。"②自然科学成为"哲学的裁判官"，意味着自然科学的思维方式和研究方法相对于传统哲学具有优先性，于是将自然科学赖以取得成功的思维方式和研究方法应用于哲学研究，试图使哲学成为像自然科学那样精确的科学的努力便日渐成为主要趋势。

从"Politics"到"Political Science"的演化历程来看，我们翻译上的不严谨并非有意的疏忽。在哲学与科学分离的背景下产生的政治学，从一开始就是以自然科学为榜样，以建立自然科学式的政治科学为目标的。经过几个世纪的发展，当汉语学界接触到"政治学"的时候，"Politics"已经完全演变成了"Political Science"，或者说"政治科学"即"政治学"，而政治哲学已经被遗忘。正如列奥·施特劳斯所说："除了作为供埋葬的材料（也就是供历史研究）或者虚弱、令人无力难以信服的抗议的主题，政

① 〔美〕詹姆斯·A. 古尔德、文森特·V. 瑟斯比：《现代政治思想：关于领域、价值和趋向的问题》，杨淮生等译，北京，商务印书馆，1985，第50～51页。

② 〔美〕列奥·施特劳斯、约瑟夫·克罗波西：《政治哲学史》，李天然等译，石家庄，河北人民出版社，1998，第1页。

治哲学在今天已不复存在，我们毫无夸张。如果深入探究产生这一巨大变革的原因，我们会得到这样的答案：政治哲学是非科学的，或者说非历史的，或者两者兼备。科学和历史，现代世界的两大力量，最终成功地毁灭了政治哲学存在的可能性本身。"①但现代政治科学的这一目标能否实现，即我们能否像研究自然科学的对象那样来研究政治现象还是一个有争议的问题。而且即使真的能够达到这一目标，这样的政治科学对于政治现实又有何意义？因此，现代政治科学的创立从一开始就充满争议和批判，相应地，遵循古典政治学的研究方式对政治现象进行的研究也从来没有停止过。为区别二者起见，我们将后者称为政治哲学。

其次，对这个问题的回答需要弄清楚政治哲学的学科归属。政治哲学在目前的学科体系中没有明确的归属，在这一领域进行研究的既有哲学界的研究者，也有政治学界、历史学界、社会学界的研究者。政治学界的研究者自然倾向于认为它是政治学的分支学科或二级学科，哲学界的研究者则倾向于将其视为哲学的分支。政治学界的研究者，如宋惠昌等人认为："从关于政治学的规范性和科学性的分析中，可以看出，政治学本身实际上包含两部分，即政治哲学和政治科学。"②俞可平认为："政治哲学是政治学的一个分支学科，它主要研究政治价值和政治实质。政治哲学属于政治理论的范畴，它是关于根本性政治问题的理论，是其他政治理论的哲学基础。"③也有部分研究者对这个问题持模棱两可的态度，或者认为政治哲学是哲学与政治学的交叉学科。例如，张桂琳认为："在政治学的学科体系当中，政治哲学是无可置疑的一个重要分支。当今几种比较权威的政治学工具书，如美国的《政治学大词典》，英国的《大不列颠百科全书》《布莱克维尔政治学百科全书》和我国的《简明大百科全书·政治学卷》，都把政治哲学作为政治学的二级学科或一个重要门类。何以至此？或者说，政治哲学的重要性何在？答案就在于政治哲学作为一种哲学，具有特定的性质和意义。"④与此相似，王岩也认为："它（政治哲学）首先是一种哲学……同时，它又是一种政治学，是思想家们在其哲学世界观指导下形成的严密、系统的政治理论体系，是一般政治思想的最高表现，具有世界观的意义。"⑤政治哲学如果是政治学的一个分支学科，

①　〔美〕施特劳斯：《什么是政治哲学》，李世祥等译，北京，华夏出版社，2011，第9页。
②　宋惠昌等：《政治哲学》，北京，中共中央党校出版社，2003，第21页。
③　俞可平：《权利政治与公益政治——当代西方政治哲学分析》，北京，社会科学文献出版社，2000，第1页。
④　张桂琳：《西方政治哲学——从古希腊到当代》，北京，中国政法大学出版社，2004，第1页。
⑤　王岩：《中外政治哲学研究》，北京，世界知识出版社，2004，第8页。

就不会是"一种哲学";反之,如果它是"一种哲学",又怎么会是政治学的一个二级学科呢?这一段话表明作者对于政治哲学学科归属问题的态度无疑是自相矛盾的,而这种矛盾的态度只能用政治哲学是哲学和政治学的交叉学科来解释。

国内外的大部分学者都认为政治哲学是哲学的一个分支。国外学者如列奥·施特劳斯、乔治·卡特林、杰弗里·托马斯、亚当·斯威夫特等,国内学者像顾肃、陈晏清、吴根友、孙晓春、张文喜、吴冠军、韩水法等,都持这一观点。① 从哲学与政治哲学的关系角度来看,政治哲学作为哲学分支学科的地位是毋庸置疑的。政治哲学基本问题的解决手段和方式受到哲学核心理论的制约,哲学的发展状况决定着政治哲学的发展状态。一个政治哲学家如果不同时也是哲学家,那是非常罕见的。

第一,我们在探究某个政治哲学问题时,必然溯流而上式地进入哲学的核心理论。换言之,哲学的核心理论构成了政治哲学的前提和基础。在近代以前,哲学尽管包罗万象,但处于哲学的核心、最高地位的始终是形而上学。德国哲学家沃尔夫将哲学分为理论哲学和实践哲学,其中理论哲学包括形而上学和逻辑学,实践哲学包括自然法、道德学、国际法、政治学、经济学。从理论哲学和实践哲学的关系看,理论哲学的地位要高于实践哲学;而在理论哲学内部,逻辑向来被当作工具,其真正的内容是形而上学。与政治学等实践哲学相比,形而上学研究的是最抽象、最普遍的问题,对实践哲学的态度、思维方式起着决定性的影响。实践哲学只是形而上学所追求的超经验的普遍知识在不同领域的应用。例如,不同时代的不同政治哲学家都必须回答"人为什么需要政治""什么是最好的政治秩序"等诸如此类的基本问题。政治终究是人的政治,在回答"人为什么需要政治""什么是最好的政治秩序"等问题之前,我们又必须先探讨"人是什么""人性是什么"等重大的哲学问题。

钱永祥认为:"一般而言,古典政治哲学预设了人的生命有一个应然性的目的状态,或者来自本性(自然),或者来自某种超越的旨意(天、神),代表一种终极的理想目标,人的完成(perfection)在焉。政治生活

---

① 参见列奥·施特劳斯《什么是政治哲学》,乔治·卡特林《政治理论是什么》(詹姆斯·A. 古尔德、文森特·V. 瑟斯比:《现代政治思想》,杨淮生等译,商务印书馆 1985 年版),杰弗里·托马斯《政治哲学导论》(顾肃、刘雪梅译,中国人民大学出版社 2006 年版),亚当·斯威夫特《政治哲学导论》(萧韶译,江苏人民出版社 2006 年版),顾肃《试论当代政治哲学的学理基础》[《复旦学报(社会科学版)》2004 年第 5 期],陈晏清、王新生《政治哲学的当代复兴及其意义》(《哲学研究》2005 年第 6 期),吴根友《政治哲学新论》(《江西社会科学》2009 年第 11 期),孙晓春《中国传统政治哲学的现代反省》(《政治思想史》2010 年第 4 期)。

之所以在人生里有其位置，正是因为政治生活跟达成这一目标有某种特定的关系。在这样的思考架构里，政治体制、政治价值的正当性，可以由政治生活与这一目标的关联导出。古典政治哲学的任务，即在于发现这种关联，进行这种推导。"①钱永祥的这一论述虽然是针对古典政治哲学而言的，但也同样适用于当代政治哲学。所谓"超越的旨意""终极的理想目标"，所涉及的显然不能仅仅是形而下的现实世界。用中国哲学的语言来说，它们必须涉及形而上之"道"。哲学家对"人的本性""超越的旨意"理解不同，对政治生活和人生的关系的看法不同，对政治哲学的根本问题的回答也就不同。当代政治哲学似乎抛开了这些问题而直接从事对正义、自由、平等、民主等政治价值的探讨。但这只是表象，实质上当代政治哲学不同理论流派的争论基本上都建立在对这些问题大致相同的回答的基础之上。

第二，哲学的致思方式决定了政治哲学的致思方式。政治哲学的命运和哲学的命运息息相关，不管是在古典政治哲学的时代，还是在当代，政治哲学的提问方式、角度和解决方法都毋庸置疑地受到哲学核心理论的限制。西方哲学史发展至今，在致思方式上经历了从古代的本体论到近代的认识论，又从近代的认识论到语言哲学的转向，每次转向都引起政治哲学相应的转型。在古代哲学的本体论时代，政治哲学的致思方式是与之相应的形而上学的。康德对"二律背反"的发现凸显了传统形而上学的思维方式的破产，"形而上学的命题既然是超越了经验的，它所表达的内容是在人的认识范围以外的，于是它的真理性就成了问题"②。在康德以后的很多哲学家看来，古代哲学史只是各种无法证明其真理性的形而上学理论的此消彼长，是一个充满各种理论死尸的战场。他们认为，形而上学不能增加人类的知识，应当终结，从而哲学也会就此终结。政治哲学追问"什么是最好的政治秩序"，这必然要求它对政治领域内的是非、善恶进行价值判断。在古典时代，政治哲学进行价值判断的标准最终依赖于形而上学的超越反思，形而上学的终结使以探讨政治事物的价值和意义、追问政治事物的内在本性为目标的政治哲学陷入了知识合法性的危机。

20世纪以来，哲学的语言学转向使语言和思维的关系成为哲学的中心问题，政治哲学的地位进一步被边缘化，以至于在20世纪70年代以前，不少政治哲学家都发出了"政治哲学已经消亡"的感叹。这一状况直

---

① 〔加〕威尔·金里卡：《当代政治哲学》，刘莘译，上海，上海三联书店，2004，序言，第8页。
② 俞宣孟：《本体论研究》，上海，上海人民出版社，2005，第405页。

到罗尔斯于 1971 年发表《正义论》才有所改观。但如同文艺复兴不仅仅是古希腊文化在近代的重复一样，当代政治哲学的复兴也并非古典政治哲学的回光返照。虽然当代政治哲学的问题域冲破了 20 世纪以来哲学和伦理学研究中的形式主义倾向，强调研究实质性价值观念在政治哲学中的中心地位，却不再以用形而上学方法建立起来的价值体系为起点，而是力图避免古代政治哲学这一独断论的思考问题的方式。他们非常清楚地知道，政治哲学的研究必须时刻站在现代哲学所构筑的语义和逻辑分析的方法论基础之上，通过对语言和逻辑的小心分析和对不同价值观念的反思平衡得出结论。也就是说，在很大程度上，当代政治哲学所要做的工作就是对正义、合法性、民主、自由等政治中心问题进行思考、言说的条件的澄清。因此，尽管柏拉图的《理想国》至今仍给人以莫大的教益，但在当代，如果还有专业的政治哲学研究者试图以此为榜样建构一个政治哲学的体系，恐怕只会被人认为犯了时代错乱症。

综合西方政治学从"Politics"到"Political Science"的演化历程和哲学与政治哲学之关系，我们认为，政治哲学毋庸置疑是哲学的分支学科，政治哲学即哲学家以哲学的方式研究政治所得出的理论成果。从政治哲学发展史的角度来看，不存在某个政治哲学家的政治哲学，存在的只是不同哲学家的政治哲学。

二、中国政治哲学史的研究范围

政治科学诞生后的当代政治哲学，在研究方式、研究范围上与古典政治学存在不少的区别。对此，国外学术界多从哲学和政治哲学的理论关联角度来探讨这一问题。例如，英国学者杰弗里·托马斯在其《政治哲学导论》一书中并没有直接讨论政治哲学的研究范围，而是从大谈哲学的特性开始，最后得出结论，认为政治哲学应该关注政治概念分析、政治高层次理论化研究。

国内学术界关于政治哲学的研究范围的探讨更为具体。郑维东认为，政治哲学是对政治学理论的前提性反思，其内容包括以下几个方面：自然观、人性论、国家观、政府观、正义观、理想国。[①] 马云志认为："从政治哲学发展的历史来看，政治哲学的主题可以概括为关于美好的政治生活问题的哲学思考。具体来讲有两个方面的含义：其一，什么

---

① 参见郑维东：《论政治哲学的性质、内容和功能》，《清华大学学报（哲学社会科学版）》2003 年第 6 期。

是美好的政治生活；其二，实现美好政治生活的原则规范、方式方法是什么。"①韩冬雪认为："政治哲学究竟涵盖了哪些内容——这应该从对政治与哲学的规定性以及两者间关系的分析开始……首先，它要探讨人类社会出现政治现象的根源，即人性和公共权力之间的内在联系问题。其次，它要研究公共权力的合理性与合法性基准，即人们服从公共权力的价值依据。"②李福岩认为："政治哲学的主要的和基本的特征是价值性，政治哲学探讨的核心问题、价值目标是正义。政治哲学的基本任务是理性分析政治行为背后的价值取向，有关这些的判断和推理，构成了政治哲学的基本范畴体系。"③韩水法则认为，政治哲学是一门综合性的学科，需要关涉不同的学科，或者说，需要不同学科的视野和方法的综合运用。但就政治哲学而言，"其综合性的特点在于它的规范性，关涉规范的判断、营造与诠证"④。

我们认为，从政治科学和政治哲学的学科分界视角来探讨当代政治哲学的研究范围问题，可能会得到更为清晰的结论。从西方政治学由"Politics"到"Political Science"的演化历程来看，政治学的独立并不仅仅意味着它从哲学的领地中划出一块来进行研究，更在于和哲学的思维、研究方式划清界限。19 世纪中叶，现代社会科学和政治学的先驱孔德就已提出要以自然科学中的实证主义的研究方法来观察、分析和解释社会政治现象。他把人类知识和思维方式的发展分为神学、形而上学和科学三个阶段，与此相对，人类对政治现象的研究也应该逐次经历这三个阶段。政治科学与政治哲学都专注于对人类政治现象的研究，但由于方法论原则和学术规范的限制，二者在具体的研究过程中又不能不有所侧重。政治科学自诞生之日起就向自然科学和其他社会科学借鉴研究方法，以成为一门精确的、描述性的"科学"为目标。而自然科学的研究对象是经验事实，其主要特征是运用观察、假设、实验、求证等方法来发现普遍的客观规律，以解释自然界并建立可解释、可预测及可操纵的理论模型。以自然科学为榜样建立起来的当代政治学的研究方法、原则、程序、规范只能解决政治领域内的"是什么"，即事实问题，而无法解决政治领域内无所不在的价值论争。当代政治学家都主张政治学要成为一门科学，

① 马云志：《政治哲学之思：内涵、学科属性与主题》，《齐鲁学刊》2006 年第 2 期。
② 韩冬雪：《马克思主义政治哲学诸范畴初探》，长春，吉林出版集团有限责任公司，2007，第 162 页。
③ 李福岩：《对政治哲学的三点认识》，《理论探讨》2007 年第 4 期。
④ 韩水法：《正义的视野——政治哲学与中国社会》，北京，商务印书馆，2009，第 6 页。

首先就要将那些无法解决的价值论争排除在外，在研究过程中保持价值中立。

在绝大多数政治哲学家看来，"什么是最好的政治秩序"是政治研究领域内最重要的问题。对这一问题的回答必然牵涉到人性、道德等问题，必定与价值争论相关，而不可能是一个可以用事实性描述解决的问题。正如张文喜所言："哲学的思考正是意味着这类思考。伟大思想家所专注的始终没有得到解决的问题是：统治世界的规则是什么？世界由什么构成？什么是最好的生活方式？我们应该如何生活？等等。这些问题看上去要比其他问题更难回答，因为它们有一个共同点，就是不能从事实里寻找它们的答案……因为前者是可借实验检验的事实判断，后者涉及无法验证的价值判断，即对'什么是最好的生活方式'的关切。"①而当代政治学和古典政治哲学最大的差别在于，现代政治学无视古典政治哲学中最重大的问题，即"什么是最好的政治秩序"。列奥·施特劳斯曾批判实证主义者因为"人类理性实际上不能解决价值冲突问题"而主张政治学的研究应该放弃对价值问题的探讨。他认为，现代政治学所主张的"价值祛除"从一开始就走错了方向，连带整个西方近代以来的文化都走错了方向。施特劳斯对当代政治学的批判在政治哲学家中有相当的代表性，但无疑也有一些误解。当然，这一误解有其时代的原因。施特劳斯去世于1973年，在他一生的大部分时间里，特别在其晚年，政治哲学几乎衰落到其存在可以被忽略的地步。他对价值祛除了的政治学的批判，实质是对现代政治研究领域内政治哲学缺席的批判。从这个角度来看，他的批判是有道理的，而且20世纪70年代以后政治哲学的复兴也印证了他的判断。不过，他以此来批判政治科学就没有道理了，因为尽管政治科学能否做到完全价值中立的问题尚可探讨，但其在政治领域内的事实研究这方面所具有的优先地位是无可置疑的，而政治研究领域内"价值问题"探讨的缺席也很难说应该由政治科学来负责。

政治科学与政治哲学分立以后，由于政治科学的方法在事实研究领域的优先性，当代政治哲学的研究范围很大程度上只能局限于对政治领域内的价值问题的探讨。正如乔治·卡特林所言："政治学关心手段，政治哲学则关心目的。"②哲学是理念层面的东西，它的问题虽然源于实际生活，但又不是对这些问题的表层描述和直接解决，而总是试图深入问题

---

① 张文喜：《政治哲学为什么重要？》，《山东社会科学》2013年第8期。
② 〔美〕詹姆斯·A. 古尔德、文森特·V. 瑟斯比：《现代政治思想：关于领域、价值和趋向的问题》，杨淮生等译，北京，商务印书馆，1985，第36页。

的背后寻求更普遍、更抽象的解释和解决途径。正如有学者指出的："一个社会为什么要建立和实行这样的而不是别的政治制度，一个国家和政府为什么要制定和实施这样的而不是别的政策和政治措施，一个人或一个群体为什么会采取这样的而不是别的政治行为，凡此种种皆由人们的价值准则决定，即由他们认为是应当的行为准则决定。"①政治哲学并不研究具体的政治制度和政策方针的施行，而关注具体政治制度、政策方针得以制定背后的人类政治活动的价值观念。李福岩、韩水法等人的论述也基本上反映了这一共识。任剑涛也认为："简单地讲，政治哲学与政治学、政治科学所考虑的问题是不同的。政治哲学思考问题的进路不是政治事实，而是政治价值、政治应然之类的问题……这样的政治哲学负责的不是对政治生活进行事实描述，而是政治生活应该构成什么样的状态，以及现实的政治生活在什么意义上才是正当的。"②政治领域内的价值争论虽然不像实证主义者所说的那样全无意义，但不同价值之间冲突的解决绝不是如施特劳斯所言的一座山和一个鼹鼠丘那般一目了然、全无争议，否则价值领域也不可能有这么多的纷争。在当代政治哲学中，不管是自由主义、保守主义、马克思主义，还是社群主义等流派，加于其上的自由、功利、正义等标签所表示的无非是这些流派的政治哲学家坚信并试图去论证"最好的政治秩序"应该优先体现这些标签所代表的价值。

相对于政治哲学，政治哲学史的研究范围更是一个亟待解决的问题。古典政治哲学(Politics)包括了政治哲学(Political philosophy)和政治科学(Political Science)两部分。由于古代学科分际的模糊，在政治哲学史上，这两个部分不可能如今天这般界限分明，政治哲学史的研究也不可避免地会与政治思想史的研究发生某些重叠。但问题也正在于此：政治哲学史的研究应该如何与政治思想史的研究有所区别？换言之，我们应该如何使政治哲学史的研究看上去更加"哲学"？从哲学和政治哲学的角度来说，我们似乎又回到了学界争论已久的那个老问题——哲学和思想，从而需要辨析哲学史和思想史的区别。在中国当前的学术语境中，这个问题尤其容易引发争议。

关于中国政治哲学史的研究范围问题，国内外的研究者已经做了不少工作。孙晓春、郑维东认为，中国传统政治哲学应该主要包括以下内

---

①　陈晏清、王新生：《政治哲学的当代复兴及其意义》，《哲学研究》2005 年第 6 期。

②　任剑涛：《政治哲学讲演录》，桂林，广西师范大学出版社，2008，第 21 页。

容：中国传统的人论，中国传统的国家观，中国传统的历史观，中国传统的道义论，中国传统的君论、臣论与民论。① 周桂钿主编的《中国传统政治哲学》从以下几个方面展开论述：天命论——中国传统政治的精神支柱、经学——中国传统政治的指导思想、大一统论——中国传统政治的格局、纲常论——中国传统政治的纽带、民本论——中国传统政治的基石、德治论——中国传统政治的特色、常变论——政治改革的理论依据。② 刘泽华认为："至少如下一些问题，都可以算是政治哲学，如天人关系；人性论；中庸、中和思想；势不两立说；物极必反说；理、必然、数、道等必然性理论；历史观、圣贤观等。"③从这些论述中，我们可以看出，这些研究者的共同思路是首先寻求那些在中国政治哲学中具有普遍性的概念、命题，然后再来探讨它们之间的逻辑关联。以共同概念、命题为中心，着重研究它们之间的逻辑关系和发展演变的历史，这是哲学史的研究区别于思想史研究的重要特征。如果我们把政治哲学史的研究视为哲学史的一部分，从哲学史的角度来看，这一研究思路并无不妥。张师伟指出："中国政治哲学研究如果能寻找历代形成的诸多共同概念，并将它们之间的逻辑联系勾勒出来，贯穿中国几千年历史的世界图式就将详细地呈现在人们面前。它将直观地为我们呈现中国传统政治哲学的本体当然秩序，而本体当然秩序正是传统政治哲学内部逻辑的重要表现之一。"④这一论述可被视为对以上研究思路的总结。但我们认为，对中国政治哲学史的研究范围的探讨如果首先关注于对共同概念或命题的寻找，是存在缺陷的。

其一，由于政治哲学和哲学的其他学科从没有严格地区分开，因此，某些概念、命题既是政治哲学的，也是伦理学或其他哲学学科的。如果我们不加区别地将这些概念、命题都列为政治哲学史的研究范围，政治哲学史的研究就可能和哲学史的研究没有区别了。例如，刘泽华列举的中庸、中和思想和势不两立说等虽然也是中国政治哲学史研究所涉及的内容，但其在中国哲学中并非（或者并非首先是）政治哲学的命题。中国政治哲学史的研究虽然需要对这些命题或概念有所涉及，但它们不应该成为政治哲学史的研究重点。

---

① 参见孙晓春、郑维东：《中国传统政治哲学论纲》，《史学集刊》1997 年第 2 期。这一观点在孙晓春的另一篇论文《中国传统政治哲学的现代反省》（《政治思想史》2010 年第 4 期）中再次得到重申。

② 参见周桂钿：《中国传统政治哲学》，石家庄，河北人民出版社，2007。

③ 刘泽华：《中国传统政治思想反思》，北京，生活·读书·新知三联书店，1987，第 2 页。

④ 张师伟：《中国传统政治哲学的内部逻辑》，《政治学研究》2009 年第 4 期。

　　其二，中国政治哲学史，特别是先秦中国政治哲学史，学派众多，即使在思考同一问题时，他们各自的基本概念也各有不同。宋宽锋就认为：“如果我们把历史上的诸种政治哲学理论看作思考‘政治’的‘概念框架’，那么政治哲学史也就被转换为诸种‘政治哲学的概念框架’亮相、争论和互竞的舞台。”①不同的概念、命题构成了不同学派的政治哲学话语体系，甚至成为不同学派的标志，如儒家的“德礼”，道家的“道法”。而这些不同学派的政治哲学话语体系除了相互吸收之外，还存在相互竞争的关系。对此，张师伟也有所察觉，但他又指出：“在战国后期，诸子百家思想在争鸣的过程中发生了交互影响，而纲领性概念也开始跨越学派的藩篱成为共同概念。一方面是某个流派创造的纲领性概念被其他思想流派当作纲领性概念而日益普遍化；另一方面是各个流派创造的纲领性概念之间的逻辑联系日趋增强，出现了会通百家思想的杂家，实现了共同概念的相对集中。”②这种“共同概念的相对集中”，一方面是政治哲学史发展的必然趋势，但另一方面也意味着对此前不同学派政治哲学的某些独有的概念、命题的遮蔽。上述研究者所列举的具有普遍性的概念、命题都来自儒家，道、法、墨诸家政治哲学所独有的概念、命题基本上被无视，这就是明证。这一特征在其他研究者那里同样存在，其直接后果就是目前的中国政治哲学史研究只关注儒家，忽视了其他学派。

　　我们认为，不同时代、不同民族、不同学派的政治哲学中的概念、命题、思考方式都可以有所不同，但古今中外凡是能够称得上政治哲学的理论体系都必须有共同的问题关切。因此，对政治哲学史的研究范围的探讨可以从问题切入，首先确定哪些问题属于政治哲学探讨的问题，然后再来探讨历史上不同学派在思考这些问题时形成的概念框架、命题体系及相互间的关系。

　　我们认为，古典政治哲学的核心问题即“什么样的政治形式是最好的”。在这里，我们不使用“政治制度”一词，因为中国古代政治哲学家对政治问题的思考从来不局限于制度。换言之，“什么样的政治制度是最好的”这一问题，在中国古代一直从属于“什么样的政治形式是最好的”这一问题。“形式”一词相对宽泛，在这里代表呈现于人的“整体”的政治。从“什么样的政治形式是最好的”这一问题出发，必然会合乎逻辑地产生“为

---

① 宋宽锋：《论证与解释——政治哲学导论》，上海，复旦大学出版社，2010，第17页。
② 张师伟：《中国传统政治哲学的内部逻辑》，《政治学研究》2009年第4期。

什么这是最好的政治形式""最好的政治形式如何才能实现"等一系列问题。概括地说，这些问题就是对最好的政治形式的"合理性"的论证。吴根友认为："中国古典政治哲学的核心问题主要表现在三个方面：一是思考了政治权力来源的正当性，二是政治权力行使的道德合理性的基础问题，三是政治活动的目的的正当性问题。"①也就是说，中国古典政治哲学探讨的核心问题是政治"正当性"或"合法性"问题，即如何对"最好政治形式"进行"合理性论证"的问题。宋宽锋认为："'合理性论证'的'对象'，可以是某种制度框架，或者某种制度框架预设前提下的某种'治道'，也可以是某种制度框架自我完善的思路和方案等。当然'合理性论证'的'对象'既可以是实际存在的，也可以是政治哲学家构想的。如果'合理性论证'的'对象'是实际存在的，'论证'就具有了'辩护'的意味；如果'论证'的'对象'是政治哲学家构想出来的，'论证'就同时具有了'批判'和'应当'的意义。"②因此，我们认为，政治哲学史的研究范围就是历史上不同时期政治哲学家们提出的"最好的政治形式"和他们对其进行"合理性"论证时提出的概念、命题、逻辑及由此构成的理论体系。

三、中国政治哲学的研究现状

19 世纪下半叶，洋务运动、甲午中日战争的失败使得更多中国知识分子认识到中国的落后不仅仅是船不坚、炮不利等器物层面的落后，也是社会制度、国家能力的整体落后。要改变中国的落后面貌，实现中华民族的复兴，也不能仅仅停留在"师夷长技"的层面上，而应该全面学习西方的政治、社会思想。在这一背景下，西方政治哲学在甲午中日战争后大量传入中国，成为中国社会变革最重要的思想资源。西方政治哲学思想的传播刺激了中国学术界对中国传统政治哲学进行自觉、系统的研究。

最迟至 20 世纪 20 年代初期，"政治哲学"一词已被使用。例如，胡适的《中国哲学史大纲》和梁启超的《先秦政治思想史》中都出现过这一概念。20 世纪 30 年代，冯友兰指出："哲学本一西洋名词，今欲讲中国哲学史，其主要工作之一，即就中国历史上各种学问中，将其可以西洋所谓哲学名之者，选出而叙述之。"③尽管冯氏的这一思路并不为当时中国哲学研究界所广泛认同，但在中国政治哲学研究的开始阶段，这一步工

---

① 吴根友：《政治哲学新论》，《江西社会科学》2009 年第 11 期。
② 宋宽锋：《论证与解释——政治哲学导论》，上海，复旦大学出版社，2010，第 27 页。
③ 冯友兰：《中国哲学史》，北京，中华书局，1961，第 1 页。

作仍是不可避免的。20 世纪二三十年代，部分研究者已展开对中国传统政治哲学的研究，如五来欣造①的《儒教政治哲学》（上海商务印书馆 1934年版）、洪嘉仁的《韩非的政治哲学》、李麦麦的《中国古代政治哲学批判》（上海新生命书局 1933 年版）等。除此之外，大部分研究都是在"中国政治思想史"的名义下进行的，如吕振羽、杨幼炯、谢无量、谢扶雅、萧公权等人的《中国政治思想史》。

　　中华人民共和国成立后的很长一段时期，由于政治学在各大学及相关学术机构被取消，政治学和政治哲学的研究随之中断。从改革开放后到 20 世纪 90 年代，虽然少数研究者也在进行政治哲学方面的研究工作，但其影响基本上局限于政治思想史的研究领域。政治哲学再度为学界所注目已到 20 世纪的 90 年代中期以后了。姚大志在《何谓正义：当代西方政治哲学研究》一书的序言中写道："自 20 世纪 90 年代中期，政治哲学开始在我国逐渐发展。如果要找一个标志性的年份，那就是 1997 年。这一年的夏天，在吉林抚松，吉林大学哲学系和中国现代外国哲学会共同主办了一个政治哲学研讨会。据我所知，这是中国第一次以政治哲学为主题的学术会议。"②徐友渔在其《重读自由主义及其他》一书的前言中也说："大约 10 年前，我的专业兴趣和研究方向从当代西方分析哲学、语言哲学转向政治哲学，这个转变是慎重的、深思熟虑的。"③徐友渔此书出版于 2008 年，自此上溯十年，正好是 1998 年，与姚大志所言中国政治哲学发展的标志性年份相去不远。

　　中国传统政治哲学的研究开展得更晚，但发展迅猛，已经成为中国传统哲学研究领域中的热点。蒋孝军认为："近年的制度与政治哲学研究已经成为中国哲学研究中最活跃的领域。这表明，重构世界制度与政治观念已经成为一股不可逆转的趋势。在这种趋势下，准确把握当今时代状况，挖掘中国传统的制度与政治哲学观念的活力，无疑是具有重大意义的。"④李承贵也认为："近年来，中国传统政治哲学成为学界关注的热点，新的成果不断涌现。"⑤杨学功在分析 2010 年中国哲学的研究热点时也指出："在中国哲学研究领域中，中国古代思想家的政治哲学思想受到重视和开掘。例如，儒家政治哲学的特质及其正义论……以及中国古典

---

① 五来欣造（1875—1944），日本政治学者，著有《政治哲学》《东洋政治哲学》《儒教政治哲学》等。
② 姚大志：《何谓正义：当代西方政治哲学研究》，北京，人民出版社，2007，序言，第 2 页。
③ 徐友渔：《重读自由主义及其他》，开封，河南大学出版社，2008，前言，第 1 页。
④ 蒋孝军：《突破与重构——中国哲学研究的三个方向与未来发展》，《哲学动态》2010 年第 8 期。
⑤ 李承贵：《义理研究的推进与时代课题的关切——近年中国哲学研究述评》，《江苏社会科学》2011 年第 3 期。

政治哲学中天人关系与政权合法性的论述等。"①从研究的内容来看，近年来的中国传统政治哲学研究既有对研究方法的反思、探讨，也有对当代政治哲学的问题的回应，如对中国古代正义论的研究，对中国古代政治合法性理论的研究等，还有部分研究者试图通过对传统政治哲学智慧的开掘和重新阐释来为当代中国发展面临的迫切问题提供本土式解决思路。

国内学术界对道家黄老学派的政治哲学研究开展得比较早，大致可以分为三个阶段。

第一阶段：从 20 世纪初到 1972 年马王堆汉墓帛书出土。在这个阶段，一般中国政治思想史的专著中都有专门论述道家政治思想的章节，其中就涉及黄老学派的政治哲学思想。1923 年，梁启超所著《先秦政治思想史》一书有两章专论道家政治思想。他将道家分为四派：顺世的个人主义，代表者为杨朱；遁世的个人主义，代表者为陈仲；无政府主义，代表者为许行；物治主义，代表者为慎到。梁启超的这一区分在今天看来是相当粗糙的，陈仲、许行、慎到这三派是否归属于道家还有很大争议，而且这几个人留下的可供研究的资料可以说是寥寥无几。但梁著作为先秦政治思想史领域的开山之作，影响很大，以至于后于梁氏的杨幼炯的《中国政治思想史》在道家政治思想方面完全是梁著的翻版。陶希圣于 1932 年、1933 年陆续出版的四卷本《中国政治思想史》有专章论述黄老政治思想，但他只是将黄老思想放到汉初政治环境之下进行研究，未述及先秦黄老派。郭沫若对黄老学派有过专门研究，写成《宋钘尹文遗著考》和《稷下黄老学派的批判》两篇重要文章，但关注的重点并不是黄老学派的政治哲学思想，其主要价值在于引起学界对于稷下道家黄老学派思想的重视和研究。

吕振羽《中国政治思想史》一书较早采用了阶级分析的方法进行中国思想史研究，其中虽然有论述《老子》《庄子》《淮南子》之政治思想者，但未专门论述黄老思想。且该书重评价而少分析，在分析上有粗暴武断之嫌。如他评价老子曰："老聃之所以提出'小国寡民'的政治思想，正因为其自己所代表的社会阶层存在的依据是封建初期的社会秩序。所以他的要求是永恒不变的西周型的封建制……他主张调和统治阶级内部的矛盾、取消斗争，也主张愚民政策，正因为他出身统治阶级，又还在代表统治阶级的利益。"②他评论庄子："庄周的政治思想，是从他的宇宙论和人生

---

① 杨学功：《中国哲学的本土意识与原创冲动——2010 年度哲学学术热点述评》，《学术月刊》2011 年第 3 期。

② 吕振羽：《中国政治思想史》，上海，上海书店出版社，1992，第 56 页。

论出发的。他对当时政治上的一切制度措施感觉失望；但同时又感到新兴封建地主这一社会阶层势力的蓬勃，有'如火燎原'之势……其自己所代表的这一没落小封主集团，却已完全丧失了社会生活的依据，因而又没有勇气去进行挽回其地位的政治企图。故庄周对现实政治问题，便只有由失望而至于对一切社会人事的厌绝。所以他对当时的社会，只有消极的批评，而没有积极的政见。"① 吕氏的类似评论在当时不免有生搬硬套马克思主义阶级斗争理论之嫌，但却在中华人民共和国成立以后的很长一段时间里为学界的主流观点定下了基调。

萧公权的《中国政治思想史》出版于 1940 年，在 1949 年前曾产生过较大的影响。萧氏早年师承美国著名政治学家萨拜因教授，既有深厚的西方政治学理论功底，又不完全以西方政治学理论及历史来裁剪中国政治思想史，而是将论述建立在充分的文献基础上，融义理与考据于一炉，以清晰展现中国政治思想之发展脉络。萧氏对老子、庄子的政治思想着墨较多，认为："老子无为之政治哲学，略似欧洲最彻底之放任主义，而究与无政府主义有别"，庄子"乃最彻底之自由思想，实亦最纯粹之自由思想……谓庄学为最极端之无政府思想亦未尝不可"。② 但萧氏将黄老学派整体置于其划分的中国政治思想发展之第二阶段——因袭时期，这一处理显然囿于当时之成见，未能充分认识到先秦黄老学派政治思想的重要性。

第二阶段：从 1972 年马王堆汉墓帛书出土到 20 世纪末。1972 年至 1974 年，长沙马王堆三座汉墓相继被发掘。其中，一号墓和三号墓出土了大批重要古文献。三号墓出土的帛书《老子》乙本卷前有古佚书四篇，考古工作者分别将其命名为《经法》《十六经》《称》《道原》③。部分研究者认为这四篇古佚书就是失传已久的《黄帝四经》，因此一经公布就成为学界关注的热点，引发新一轮的黄老学研究热潮。④ 20 世纪的黄老学研究

---

① 吕振羽：《中国政治思想史》，上海，上海书店出版社，1992，第 155 页。
② 参见萧公权：《中国政治思想史》，北京，商务印书馆，2011，第 187～188 页。
③ 马王堆汉墓帛书整理小组从 1974 年到 1980 年先后发表了四种释文与注释。《十六经》之篇名，原被整理者释读为《十大经》，后 1980 年文物出版社新版《马王堆汉墓帛书（壹）》将其改为《十六经》。
④ 这四篇佚书出土后，文物出版社出版的释文中称其为《老子乙本卷前古佚书》。唐兰先生最早确认其为《黄帝四经》，后陆续有陈鼓应、余明光等学者赞同这一说法。大部分不赞同这一观点的学者则称其为《黄老帛书》，如钟肇鹏、吴光、丁原明等。还有部分学者称其为《黄帝书》，如魏启鹏等。还有学者认为这四篇佚文不是一部著作，因此还是以文物出版社所用的《老子乙本卷前古佚书》为名比较适当，如裘锡圭、李零等。虽然学界对这四篇古佚书是否为《黄帝四经》尚存争议，但都公认这四篇古佚书是黄老学派的著作，因此本文将其称为《黄老帛书》。

的重点在于采用文献学和史学的方法对黄老学派的人物、代表作、发展历程进行考证，梳理其学术谱系，为进一步研究其政治哲学奠定了基础。

吴光的《黄老之学通论》一书，是国内较早全面展现黄老学派发展史的专著。吴氏在论述《黄老帛书》《鹖冠子》《吕氏春秋》《淮南子》等几部黄老学派代表作思想的章节中，均有对其政治思想的阐述。但吴著的重点在于对黄老学派的人物、代表作进行考证，勾勒黄老学派的发展历史，对这几部作品的政治思想的分析也就较为简略。余明光的《黄帝四经与黄老思想》一书，以《黄帝四经》为中心，探讨了黄老学派产生、发展的历史。对于《黄帝四经》，余先生认为："从其内容来分析它的思想，它的主旨是甚为清楚的，即这部书的思想主要在社会政治方面，而哲学思想却是次要的。"[1]他认为："从《四经》中可以看到黄老学的文武并用、刑德并举的治国方略，以法为符、皆断于法的政策原则，也可以看到无执无处、无为而治的政治理想和以民为本的保民、爱民指导思想。"[2]这些概括既突出了道家黄老和老庄之间的差异，总体上讲也是比较准确的，但其认为黄老学派是由"黄学"和"老学"合流而形成的一个新学派的观点却少有人赞同。丁原明的《黄老学论纲》一书也以论述黄老学发展史为主，认为黄老之学经历了战国和秦至西汉初两个阶段。前一阶段是黄老学的产生、形成时期；后一阶段是黄老学作为一种"政术"得以实践的时期。丁氏继承了蒙文通道家有南北两派的观点，认为黄老道家的发展也有南北两派，前者以楚国为中心，后者以齐国为中心。[3] 这两派黄老学的共同特点在于：首先，在内容上都以道和治国的问题为探讨中心，次及于治身问题；其次，其与百家的关系，都是从道、法的结合而逐渐拓展到道与仁、义、礼、法的结合。

20世纪的黄老学研究改变了学术界对道家发展史的传统认知。熊铁基在《秦汉新道家》一书中将黄老学视为"新道家"发展的一个阶段，并扩大了"道家"的外延。陈丽桂在20世纪90年代先后完成《秦汉时期的黄老思想》和《战国时期的黄老思想》两部专著，对黄老学的发展线索做了全面的梳理。《战国时期的黄老思想》将战国黄老学的发展分为《黄老帛书》、《管子》诸篇、稷下道家三个阶段，在论述这三个阶段的黄老学思想时，

[1]　余明光：《黄帝四经与黄老思想》，哈尔滨，黑龙江人民出版社，1989，第21页。
[2]　余明光：《黄帝四经与黄老思想》，哈尔滨，黑龙江人民出版社，1989，第93页。
[3]　蒙文通的观点参见其《先秦诸子与理学》（广西师范大学出版社2006年版）中《略论黄老学》一文。

作者的分析线索正是黄老学派政治哲学中的三个关键概念：道、法、刑名。① 从中，我们可以看出作者在分析黄老学派的思想时对其政治哲学的重视。

胡家聪的《稷下争鸣与黄老新学》重在考察齐地黄老学的历史发展过程，但也指出稷下道家和老庄道家存在区别："稷下学属于官学，黄老各派阐发的道论现实性很强，其性质均属'君人南面之术'，即政治哲学。庄子学属于在社会上传承的私学，所阐发的'心斋'、'坐忘'、神游物外的逍遥游，及'天地与我并生，万物与我为一'的齐物论等，非属政治哲学，乃是人生哲学。"②胡氏自觉地区分了道家中的老庄、黄老两派，并指出二者的区别是政治哲学和人生哲学、官学和私学的区别，这是很有启发意义的。但他又认为："道家黄老学派是在稷下特定环境中孕育成长的一种新学。从哲学内涵上说，其主要特点是以道家为本位，为法家政治作论证，并融合儒家、形名、阴阳等常说。"③"'道、法'并提。其实质是以道家哲学为法家和论证，成为法家政治的理论基础，此即所谓'黄老'学。"④胡氏的这一观点颇值得商榷。如果把黄老学定位为"道家哲学为法家政治作论证，成为法家政治的理论基础"，实有模糊黄老学派和法家之间的界限之嫌，而且这样的定位无异于取消了黄老学派的独立地位，径直将其归入法家。

白奚的《稷下学研究：中国古代的思想自由与百家争鸣》虽非研究黄老学的专门之作，但他认为《黄帝四经》和《管子·心术》等篇产生于稷下。齐国稷下是战国黄老学发展的重要场所。在论述《黄帝四经》的政治思想时，作者指出："《四经》的道家哲学是作者立论的理论基础，而其政治学说才是作者真正关心之所在……《四经》的政治学说，按照《史记》中六家的分类法和《汉书》中九流十家的分类法，当属于法家的范畴，但又与一般意义上的法家不同。"⑤在论及《管子》的道、法思想时，他又指出："可见《管子》中道法结合的黄老思想，为法治主张确立了形而上的根据，是用道家哲学来论证法家政治。这种思想也可以说是'以道为体，以法为

① 参见陈丽桂：《秦汉时期的黄老学思想》，北京，文津出版社，1997；《战国时期的黄老思想》，台北，联经出版事业公司，1991。

② 胡家聪：《稷下争鸣与黄老新学》，北京，中国社会科学出版社，1998，第40、41页。

③ 胡家聪：《稷下争鸣与黄老新学》，北京，中国社会科学出版社，1998，第11页。

④ 胡家聪：《稷下争鸣与黄老新学》，北京，中国社会科学出版社，1998，第61页。

⑤ 白奚：《稷下学研究：中国古代的思想自由与百家争鸣》，北京，生活·读书·新知三联书店，1998，第120页。

用’，是对《黄帝四经》中‘道生法’命题的展开和具体化。”①

第三阶段：21 世纪初至今。进入 21 世纪，在上述前辈学者研究的基础上，学术界对黄老学派的思想进行了深入的探索，政治哲学成为重点研究对象。商原李刚的《道治与自由》一书主要从政治文化的视角来研究道家政治思想，提出道家之治是一种“道治政治文化”，简称“道治文化”。这种“道治文化”以“清静”和“自治”为主要内容和特征，与儒家的“礼治文化”、法家的“法治文化”相对应。商原李刚的这一研究视角无疑是独特而有启发性的，但其所谓“道家”，仍主要指老庄道家而非道家中的黄老学派。②

张增田的《黄老治道及其实践》虽名为“黄老治道”，但实为研究《黄老帛书》政治哲学思想的专著。该书从帛书“治道”的形上基础、“治道”的方法论、为治手段、帛书“治道”和黄老“无为而治”思想之渊源几个方面对《黄老帛书》的“治道”思想做了全面阐述。荆雨的《自然与政治之间——帛书〈黄帝四经〉政治哲学研究》一书以文本解释为基础，对《黄帝四经》的政治哲学的形上学基础、“君主”观念、“道生法”思想、“刑德”思想和“天下”观等做了具体阐发。戴黍的《〈淮南子〉治道思想研究》一书对《淮南子》政治思想的各方面都有所涉及，重点探讨了《淮南子》以道作为政治的形而上的基础、以人性作为现实基础的论治方式、调和“君本”和“民本”关系的“君势·众势”论、无为政治策略的新拓展、军事与政治的关系以及《淮南子》对儒、法等家政治思想的吸取。吕锡琛的《善政的追寻——道家治道及其践行研究》一书对道家治道的理论基础、主要内容、主要特点进行了全面的研究。

此外，近年来还有若干相关博士论文，如陈博的《从理想社会构思到社会政治实践——黄老思想与汉初政治》（2003）、王伟的《〈吕氏春秋〉体道和治道思想研究》（2010）、汲广林的《〈管子〉道法思想研究》（2011）、李耀的《〈管子〉政治思想研究》（2013）、刘黎明的《黄老治道及其现代价值新论》（2013）。这些研究成果为我们今天的进一步研究奠定了基础。综览上述研究成果，我们发现，目前学界对黄老学派政治哲学的研究还存在以下几个问题。

第一，黄老学派政治哲学研究还未得到应有的重视，相关研究多集中于儒家政治哲学而忽视道、法、墨等家。这一问题最直观地体现在各

---

① 白奚：《稷下学研究：中国古代的思想自由与百家争鸣》，北京，生活·读书·新知三联书店，1998，第 227 页。

② 参见商原李刚：《道治与自由》，北京，社会科学文献出版社，2005。

家政治哲学研究成果的数量上。我们在中国知网上，以篇名中包含"儒家""政治"两个关键词为条件进行搜索，共搜索到 2000 年到 2014 年的期刊论文 420 篇；以篇名中包含"道家""政治"两个关键词为条件进行搜索，搜索到的同期期刊论文只有 36 篇；以篇名中包含"黄老""政治"两个关键词为条件进行搜索，搜索到的期刊论文共计 33 篇。在博硕士论文库中，我们以论文主题包含"儒家""政治"两个关键词为条件进行搜索，共搜索到 2000 年到 2014 年的论文 4115 篇；以论文主题包含"道家""政治"两个关键词为条件进行搜索，只搜索到 878 篇。虽然这些论文不一定都是研究政治哲学的，但亦足以说明当前中国传统政治哲学研究偏重儒家而忽视其他各家的大致情况。

第二，缺乏对黄老学派政治哲学的整体性研究。现有研究成果多是对某一部黄老学派著作的政治哲学思想的研究，既难以横向展现黄老学派政治哲学的整体特征，也难以在时间向度上全面展现黄老学派政治哲学的逻辑发展过程。对黄老学派的政治哲学进行整体性研究的难点主要在于文献，有以下三个问题需要解决：哪些文献属于黄老学派？这些文献相互之间的关系如何，谁在前谁在后，谁影响了谁？这些流传至今的文献有没有后人增加的成分？由于文献的缺失，这些问题至今争议不断，而研究者为了避免陷入争议，只能对它们采取回避的态度。

第三，缺乏自觉的政治哲学视角。政治思想和政治哲学有联系，也有交叉，但并不是所有的政治思想都可以被当作政治哲学来研究。中国传统政治哲学有自己的问题论域、思维方式、概念体系，虽然对于哪些问题属于政治哲学的研究范围还没有公认的看法，但是研究者自己应该有一个明确的自觉的区分。诚然，政治从来不是人类生活中一个孤立的现象，对政治的哲学理解也不能脱离与对其他社会现象的哲学理解的关系，但是，政治哲学有自身的研究领域，有区别于一般政治思想之处。哲学家的思想亦具有层次性，如同并非其一切思想都是哲学思想，其政治思想亦未必就可直接被看作他的政治哲学。对于黄老学派这样一个没有中心人物、著作的学术流派来说，区分其政治思想的层次性尤为重要。

四、政治哲学研究的方法和思路

哲学作为爱智者对智慧的追寻，本无定法可循，但哲学史的研究却需要遵循一定的研究范式和方法论原则。本书以黄老学派的政治哲学为研究对象，也是一种哲学史研究，主要遵循以下方法。

第一，"史学式"的研究方法。"史学式"研究方法在政治哲学史研究中最为常见。宋宽锋认为："在这种惯常的学术研究方式之下，政治哲学史就成为广义思想史或观念史的一个类别。作为思想史或观念史的一个类别，政治哲学史研究的主要目的，就是对政治哲学思想演进历程的历史再现。"①"史学式"的政治哲学史研究追求的是对政治哲学演进的思想历程的"客观再现"。换言之，其研究目的主要在于观念地再现作为研究对象的政治哲学史的具体发展历程，历史上的政治哲人是如何思考的，特定的历史情景又是如何影响和作用于他的政治哲学思考的，历史上不同学派的政治哲人之间又是如何相互争论、汲取的，前后相继的政治哲学著作之间又具有什么样的内在思想逻辑关联。

第二，历史与逻辑相统一的方法。逻辑的东西与历史的东西相统一既是辩证逻辑的基本原则，又是辩证思维的重要方法。逻辑的推演与历史的发展相统一，这是逻辑与历史相统一方法的主要含义。辩证思维必须坚持历史主义原则，必须应用历史主义方法，这是辩证思维与抽象理论思维的本质区别之一。逻辑的东西以"纯粹状态"、抽象理论的形式再现历史发展的规律性。它对历史领域所呈现的那些偶然性的、次要的细节，历史发展过程中的曲折、倒退的现象加以扬弃，透过错综复杂的历史现象把握事物的内在本质和规律性的东西。它摆脱杂乱无章的现象，理出有规律性的条理。这就是"修正"过了的东西。这种"修正"过了的东西并不是空洞的、贫乏的、背离现实的东西，只要它不是任意的、主观主义的，而是科学的，有着客观依据的，那它就是更深刻、更正确地再现了历史发展的规律性，达到了和历史相统一的逻辑的东西。

第三，内在诠释和外在诠释相结合。程志华在《中国哲学史研究的诠释理路》一文中详细论述了这两种研究进路，并在《熊十力哲学研究——"新唯识论"之理论体系》一书的绪论部分，再次对此做了专门的探讨。他认为，治哲学史的诠释理路大致有二。一种是"外在诠释"，要求诠释者"跳出"研究对象的概念、义理框架，探究时代背景对这些概念、义理造成的影响，并揭示概念、义理的意识形态功能和社会影响。"外在诠释"侧重探讨的是哲学思想与时代背景之间的互动关系。传统的阶级分析方法就属于"外在诠释"的方法。另一种是"内在诠释"，要求诠释者在研究对象的思想框架内进行诠释；一般只就概念谈概念，就义理论义理，不

---

① 宋宽锋：《论证与解释——政治哲学导论》，上海，复旦大学出版社，2010，第12页。

去涉及时代背景，也不过多地牵涉思想的意识形态功能和社会影响。程氏认为："两种理路虽无优劣之分，但'外在诠释'应是治思想史或治社会学的方法，而非治哲学史的方法。因此，在治哲学史时应采用'内在诠释'方法。"①我们认为，由于政治哲学强烈的现实关切性，政治哲学史的研究应该采用"内在诠释"和"外在诠释"相结合的方法。

任剑涛在谈及其对中国传统政治哲学的研究时说："简单地讲，这种研究方法可以以四重推进的研究进路来概述：首先是'历史——描述'，其次是'思想——提炼'，再次是'比较——界定'，最后是'理论——重构'。之所以说这四者之间的关系是四重推进的关系，是因为它们既有一种不能倒置的逻辑递进关系，又有一种相互支撑与依赖的辩证联结关系。"②我们在研究思路方面基本上也遵循这四个步骤。

首先，"历史——描述"是指严格依照研究对象在文本中表现出来的形态做全景式的描述。这一工作虽不一定以直观的形态表现出来，但却是研究工作能够深入进行下去的基础。哲学史的研究并不反对创造性成果的出现，更何况现代解释学认为解释本身就是一个创造的过程。但是哲学史的研究，不管是个案的研究还是问题的研究，都必须以文本为依据，不能像纯粹的哲学思考那样天马行空，无所依傍。尊重文本是研究者应持的基本态度。就文本来说，它包括文献辨伪、版本鉴别、文本的产生和流传、字句考证等；就作者来说，我们需要了解作者的真实身份、所处时代环境、生活遭际、学术背景等各个方面。这些工作是我们准确理解文本的前提，需要严谨认真的态度和扎实的行动。

其次，"思想——提炼"是指排除细枝末节的干扰，提炼出文本中最具代表性、主导性的思想内容。中国古代的学科分类体系和当代存在相当大的差距，而传统哲学史上的概念、命题、理论体系又不全是政治哲学研究关注的对象，这都需要一个鉴别、选择的过程，这就是"思想——提炼"的过程。古代哲人的思想既通过理论性的专著，也通过对前代经典的注释、阐发和诗、文、语录等体现出来。同前者相比，后面的几种方式显然会给思想的表达带来更多的束缚。对前代典籍的阐释虽然也可以通过"六经注我"的形式迸发原创性的思想，但只在极少数情况下才会出现，从根本上讲，它不能脱离被阐释的原文献。思想家们寄给他人的书

①　程志华：《中国哲学史研究的诠释理路》，《西南民族大学学报（人文社科版）》2008 年第 9 期。
②　任剑涛：《从方法视角看中国传统政治哲学研究》，《中国人民大学学报》2004 年第 3 期。

牍、弟子记下的语录也是不系统的，很多都是在特定的情况下针对特定的事或人而发，不具普遍意义，虽然其中不乏思想家的一般性倾向，但无疑需要对思想家本人及其思想有全面的了解和细致的辨别。因此，在经过"历史——描述"的步骤后，我们往往会感到困惑：思想家们的思想呈现出的丰富性超出了我们的设想，甚至在某些地方自相矛盾。就黄老学派流传下来的文献来看，这一情况尤为突出。黄老学派的理论来源不一，在发展过程中又不断吸收其他各家的思想内容，这就导致了黄老道家思想的头绪纷杂、理论品质的多样化和分散化。相应于此，"思想——提炼"这一步骤在研究黄老学派的政治哲学时就尤为重要，也提醒我们在研究时要更加慎重。

再次，"比较——界定"是指将中国传统政治哲学的概念、范畴和西方政治哲学的概念、范畴进行比较，并用后者对前者进行界定。中国传统政治哲学研究的开展是对西方政治哲学传入的刺激的回应，因此，从一开始，西方政治哲学的主要概念、逻辑体系、论题和话语方式就自然而然地成了中国传统政治哲学研究的参照系。到目前为止，中国传统政治哲学的研究者如果不是全部，也至少大部分是依傍西方政治哲学的理论体系来整理、研究中国传统政治哲学的。随着研究的深入，虽然不断有学者提出反对意见，但似乎还没有出现与西方政治哲学的概念、范畴体系完全脱离关系并且有价值的中国政治哲学的研究成果。

在佛教传入中国的初期，中国哲学史上也出现过这种不同体系的哲学概念之间的"比较——界定"，即"格义"。但人们并没有觉得"格义"的做法有何不妥，因为当时被用作参照系的是中国哲学的固有概念体系，换言之，是用中国哲学原有的概念、范畴来界定佛学的概念、范畴。站在中国本土的立场上，这种"格义"是理所当然的。但现代的"格义"是用西方哲学中的概念、范畴来"格"中国经典中的"义"，参照系反了过来。用刘笑敢的话说，这是"反向格义"。① 在"反向格义"的过程中，本来应该更切己的传统经典及蕴含其中的义理成了外在的东西，而本来属于异己文化的西方哲学的概念、范畴反而成了我们日常思考、言说的切己的东西，我们甚至要借助它们来理解传统经典。学者们之所以反对这种"比较——界定"或"反向格义"，其意或许正在于此。

对于这个问题，杨国荣先生的一段话很有启发意义："在中西哲学两

---

① 　参见刘笑敢：《反向格义与中国哲学方法论反思》，《哲学研究》2006 年第 4 期。

大系统相遇的历史条件下，中国哲学的延续往往很难与运用西方哲学的某些概念系统、理论框架对自身传统进行重新理解、阐发的过程相分离。从实质层面看，参照、运用西方哲学概念系统、理论框架作为'今说'的一种历史方式，本身也参与了在新的历史背景下中国哲学生成、延续的过程。"①也就是说，我们在理解中西之学的差异时不应该将视域局限在地域上的中西之别，而更应该将之看成时间上的古今之异。既成形态和生成形态相统一的中国哲学不可避免地要采取"今说"的方式来对传统哲学的文本进行解释和阐发，这是中国哲学不断生成的过程和表现。因此，在找不到更好的替代办法的情况下，与其因为"应该""不应该"的争议而裹足不前，还不如脚踏实地地进行中西哲学概念、范畴之间的比较和界定。只有在实际的比较和界定中，方法的适合与不适合之处才会显现出来。如同在"格义"的初期，像"本无"这样颇具中国本土色彩的概念与其要表达的佛教义理之间难免有圆凿方枘之憾，但随着人们理解的深入，这样的概念终将会被淘汰，被更合适的概念代替。圆凿方枘之憾在任何两种异质文化的碰撞中都在所难免，但这种碰撞并不是一方被动地去适应另一方，而是一个相互磨合的过程。用杨国荣先生的话来说，这是一个"双向格义"的过程。杨先生的这一观点显然更具开放性，也显示了更为广阔的视野。

最后，"理论——重构"是指依据前三个步骤所得的思想资料，重新建构一个逻辑严密、首尾贯通的政治哲学体系。这样的表述难免招致某些误解，因为从字面上看，它一方面意味着古人的思想只是没有体系的零言碎语，另一方面意味着古人所使用的概念、范畴乃至命题是可以脱离其体系的孤立的东西，有如建筑房屋的砖瓦。以上两种误解体现的是学界有识之士对当代中国哲学史研究中某些倾向的担忧，也是我们需要努力避免的。从古代哲人留下来的文本的特点来看，"理论——重构"这一步骤既有其可能性，也有其必要性。古代哲学文本的特点在上文已有所提及，正是这种零散、非系统的特点使得中国古代哲人的哲学思考虽有实质的体系，但却无形式上的体系。这让我们意识到重新建构的必要性。任剑涛认为："这种重构当然不是研究者对历史随意的铺排，而是在尊重历史的基础上对中国传统政治哲学之作为分散性论述、朝代式演进、含混性存在的一个分解。它是'中国的'，因此不与'西方的'政治哲学混同。它是'传统的'，因此不与'现代的'政治哲学一致。它是'政治哲学

---

① 杨国荣：《何为中国哲学——关于如何理解中国哲学的若干思考》，《文史哲》2009 年第 1 期。

的’，因此不与一般‘政治思想的’混淆。"①任先生所列举的三个"混淆"值得我们警惕。重构虽然不可避免地会掺入研究者的个人因素，但实事求是地展现古代哲人的思想成果，仍然是我们首要的任务，也是"历史与逻辑相统一"的方法论原则的基本要求。

---

① 任剑涛：《从方法视角看中国传统政治哲学研究》，《中国人民大学学报》2004 年第 3 期。

第一章　黄老学派概述

第一节　黄老学派及其代表作

大概因为道家多隐士，所以早期道家的发展史一直混沌不清。在近代疑古思潮中，甚至连道家创始人老子是否真有其人也成了问题，道家经典《老子》更是被有些学者认为是汉初的作品。汉人盛称"黄老"，以其为道家之代表，然而魏晋以后，"黄老"湮没无闻，世人只知有老庄而不知有"黄老"。近代以来，随着黄老学研究的开展，我们才知道道家在老庄之外还有黄老一派。但两派关系如何，二者孰先孰后呢？大部分研究者受传统观点影响，认为老庄是早期道家，黄老形成于秦汉时期，是所谓的"新道家"。我们认为，先秦道家在老子之后是多头发展，黄老、老庄是其中的两个主要的学派，黄老学派产生的时间还要早于老庄学派。

一、先秦道家的发展脉络

道家创始人老子生活的年代比孔子略早。先秦至秦汉时期的不同学派的多种古籍都记载了孔子曾问礼于老子之事。《礼记·曾子问》记载孔子问丧礼于老子之事共 4 条，《吕氏春秋·当染》也有"孔子学于老聃"的记载。据当代学者陈鼓应先生统计，《庄子》书中提到老子的共 16 条，其中又有 8 条同时提到孔子，内容是老子和孔子就"至道""仁义"等问题进行的讨论。① 孔子问礼于老子的事还见于《史记·老子韩非列传》，这一记载即使在疑古思潮盛行的 20 世纪二三十年代也为大多数学者所承认，亦成为当代学界判断老子时代的最有力证据。据《史记·孔子世家》记载，孔子生于鲁襄公二十二年，即公元前 551 年。老子作为孔子的前辈，以年长二十岁计，则生于公元前 570 年左右，其生活的年代大致在公元前 570 年至公元前 470 年。

鉴于老子是老庄、黄老二派共同崇奉的祖师，老庄一派道家的形成便只能以庄子之学的出现为标志。根据《史记·老子韩非列传》的记载，

---

① 参见陈鼓应：《老庄新论（修订版）》，北京，商务印书馆，2008，第 21 页。

庄子"与梁惠王、齐宣王同时"[①]，又有过不接受楚威王重金聘请之事，则其活动的年代应与这三位诸侯在位时间约略同时。近现代学者再参考《庄子》中记述的与庄子有过交游的人物、庄子参与过的事件的年代进行考证，得出的庄子生卒年虽不一致，但其结论中最早的亦不过生于公元前 375 年，卒于公元前 295 年。[②] 据此，庄子的生年最早不会早于战国中期，与老子的卒年在时间上相距一百年左右。

　　老、庄之间这一百多年正当春秋末至战国早中期，这段时间的史料极为缺乏。顾炎武曾感叹："自《左传》之终，以至此，凡一百三十三年，史文阙佚，考古者为之茫昧。"[③]《左传》终于鲁悼公四年，即公元前 464 年；周显王三十五年正当公元前 334 年。[④] 这段时间也就是老、庄之间的那一百多年，也大致相当于孔子之后儒分为八的那段时期。由于史料缺失，这一时期内赵、魏、齐等国之世系多有紊乱，儒家发展史也不可详考，遑论多为"隐君子"的道家诸人的事迹了。虽然道家在这一百多年中的发展状况多不可详考，但其传承和发展并未中断。我们将这一百多年间的道家称为早期道家，以区别于道家成熟期的老庄、黄老二派。某些学者认为，早期道家即老庄道家的观点与先秦道家发展史不符。若果真如此，那从老子到庄子的一百多年，道家岂不是被"架空"了？

　　老子的弟子见于《庄子·则阳》的有柏矩，见于《庄子·庚桑楚》的有庚桑楚，见于《庄子·寓言》的有阳子居等。据其他古籍记载，老子的弟子还有关尹、文子、蜎渊等人。柏矩仅见于《庄子》，无著作流传，故其思想已不可考。《庄子·庚桑楚》曰："老聃之役，有庚桑楚者，偏得老聃之道。"庚桑楚又作"亢仓子"，《列子·仲尼》曰："老聃之弟子有亢仓子者，得聃之道，能以耳视而以目听。"但庚桑楚亦无著作流传，今本《亢仓子》二卷一般被认为是后人伪作。《庄子·天下》将关尹和老子并称为"古之博大真人"，并对其思想有所评论。《汉书·艺文志》著录《关尹子》九篇，虽早已亡佚，但足证其人不虚。《汉书·艺文志》又著录《蜎子》十三

① （汉）司马迁：《史记》，北京，中华书局，1959，第 2143 页。
② 任继愈曾归纳出五种历代学者对庄子生卒年的考证：1. 生于公元前 369 年，死于前 286 年（马叙伦）；2. 生于公元前 355 年，死于前 275 年（吕振羽）；3. 生于公元前 328 年，死于前 286 年（范文澜）；4. 生于公元前 365 年，死于前 290 年（杨荣国）；5. 生于公元前 375 年，死于前 295 年（闻一多）。参见任继愈：《庄子探源——从唯物主义的庄周到唯心主义的后期庄学》，《北京大学学报（哲学社会科学版）》1961 年第 2 期。
③ （清）顾炎武：《日知录集释》，上海，上海古籍出版社，2006，第 749 页。
④ 此处年代与顾炎武之计算有出入。

篇，班固自注："名渊，楚人，老子弟子。"①关于文子的记载最早见于《韩非子·内储说上》：

> 齐王问于文子曰："治国何如？"对曰："夫赏罚之为道，利器也。君固握之，不可以示人。若如臣者，犹兽鹿也，唯荐草而就。"

《汉书·艺文志》道家类著录《文子》九篇，班固于其下自注："老子弟子，与孔子并时，而称周平王问，似依托者也。"②周平王是周室东迁后的第一位王，作为老子弟子的文子后于周平王二百余年，二人之间不可能有直接的对话，故班固有"似依托者"之语。但班固怀疑的是对话为"依托"，并没有怀疑《文子》一书为后人托名文子之作，也没有怀疑文子其人的真实性。但班固后，历代皆有人怀疑《文子》之真伪，进而怀疑文子其人是否真实存在。1973 年，河北定州汉墓出土一批竹简，其中就有《文子》，其文字、内容与今本《文子》相近，足证今本《文子》并非全是后人伪托，也证明了《文子》和文子其人的真实性。

阳子居被认为是杨朱，在先秦古籍中又被称为阳生、阳子，是诸弟子中影响最大、可考见的事迹最多的一个。据《庄子》记载，阳子居是老子的弟子。而据今人之考证，杨朱为墨、孟之间的人，从时间上讲不应该是老子的弟子，可能是再传弟子。《庄子》一书各篇思想虽则有异，对杨朱却颇为一致地持批判的态度。詹剑峰先生认为："杨朱的确不是道家……杨学在战国时实为显学之一，显然是道、儒、墨外的一个独立学派。"③詹先生似乎忘了《庄子》各篇虽则一致地批评杨朱，却也一致地以杨朱为老子的弟子。难道属于同一个学派的学者不能相互批判？"兄弟阋于墙"式的争斗往往比之"外御其侮"更为激烈乃历史上的常态。《荀子·非十二子》曰："弟佗其冠，神禫其辞，禹行而舜趋，是子张氏之贱儒也。正其衣冠，齐其颜色，嗛然而终日不言，是子夏氏之贱儒也。偷儒惮事，无廉耻而耆饮食，必曰君子固不用力，是子游氏之贱儒也。"荀子为先秦儒家最后一个大师，其批评子张氏、子夏氏、子游氏之儒不遗余力，以其为"贱儒"，言辞之激烈比《庄子》之批评杨朱有过之而无不及。《庄子》虽多寓言，其对历史上真实人物言行的记载亦有不可信者，但其对历史人物之关系的记载并非随意。因此，庄子对杨朱的批评并不足以证明杨

---

① （汉）班固：《汉书》，北京，中华书局，1962，第 1730 页。

② （汉）班固：《汉书》，北京，中华书局，1962，第 1729 页。

③ 詹剑峰：《老子其人其书及其道论》，武汉，湖北人民出版社，1982，第 115 页。

朱不是道家的人物。杨朱之学在战国中期曾蔚为显学。孟子言："杨朱、墨翟之言盈天下；天下之言，不归杨则归墨。"(《孟子·滕文公下》)可见，战国早中期道家的主流是杨朱一派，其与儒、墨之学在当时有鼎足而三之势。相反，庄子之学在当时并没有多大的影响，因此，与庄子基本同时的孟子无一言及于庄子。

除了上述老子的弟子外，庄子之前还有老莱子、列子、公子牟等道家学者。只不过这些人并没有著作流传下来，其事迹和思想都已无从考证。传统观点认为，黄老学派形成于战国中后期，某些学者甚至以为当形成于秦汉之际，于是有学者便认为道家中的黄老一派是从老庄发展而来的。然而试比较庄子和黄老学派诸子的年代，我们便可以发现，黄老学派诸子虽有后于庄子者，然亦有与庄子同时甚至早于庄子者。

首先，庄子生前就已经有黄老学著作的流传。1973年年底，长沙马王堆三号墓出土的《老子》乙本卷前古佚书四篇，被认为是失而复得的黄老学派早期代表作。据唐兰先生考证，这四篇古佚书的写作年代当在"战国前期之末到中期之初，即公元前400年前后"①。这一年代早于庄子的出生年。尽管唐兰对这四篇古佚书写作年代的认定并未得到学术界的普遍赞同，但《史记·老子韩非列传》明确记载："申子之学，本于黄老，而主刑名。"申子即申不害，其著作早佚，在学派归属上一般被认为属于法家而非黄老学派，但司马迁的记载说明，黄老学至少应该是其思想渊源之一。唐兰指出："韩国灭郑在公元前376年之前，申不害既在郑国时就已是贱臣，总有三十岁左右了吧。他的学术应该已经完成了。那么，黄帝之言至晚总是在公元前四世纪的初期就已经出现了。"②唐氏的推算容小有误差，但申不害于韩灭郑之前必已成年却是可信的。据《史记》，申不害为相在韩昭侯八年，即公元前355年。即使将其学术成型的时期断在其相韩昭侯之时，亦略早于庄子，因为此年庄子不过二十来岁，而申不害学习黄老思想则应该更早。

其次，稷下诸子的活动时间与庄子约略同时。稷下为黄老学的重要发源地，稷下诸先生虽不尽是黄老学派中的人物，但黄老学派中的人物在其中占有重要比例。目前，学界关于稷下学宫创立的时间大致有三种说法。

其一，创于齐桓公时。此说最早见于东汉徐干《中论·亡国》："昔齐

---

① 唐兰：《马王堆出土〈老子〉乙本卷前古佚书的研究》，见马王堆汉墓帛书整理小组：《经法》，北京，文物出版社，1976，第154页。
② 唐兰：《马王堆出土〈老子〉乙本卷前古佚书的研究》，见马王堆汉墓帛书整理小组：《经法》，北京，文物出版社，1976，第154页。

桓公立稷下之官，设大夫之号，招至贤人而尊崇之，自孟轲之徒皆游于齐。"这里的齐桓公即田午，其在位时间是公元前 375 至前 357 年。钱穆曰："盖齐之稷下，始自桓公，历威、宣、湣、襄，前后五世，垂及王建，终齐之亡，逾百年外，可谓盛矣。"①白奚、胡家聪等亦主此说。②

其二，创于齐威王初年。据今人孙开泰考证，稷下学宫之立当在齐威王初年，齐威王的在位时间是公元前 356—前 320 年，其初年则当在公元前 350 年左右。③

其三，创于齐宣王时。《史记·田敬仲完世家》曰："宣王喜文学游说之士，自如驺衍、淳于髡、田骈、接予、慎到、环渊之徒七十六人，皆赐列第，为上大夫，不治而议论。是以齐稷下学士复盛，且数百千人。"有学者据此认为，稷下学宫创立于齐宣王之时。但既言"复盛"，就说明稷下学宫在齐宣王之前必已存在且经过一个由盛而衰的变动，否则司马迁不当言稷下学宫在齐宣王时是"复盛"。

齐稷下学宫之设即使在齐威王初年，其时庄子也不过二十余岁，而稷下学宫所招之学士，必有相当部分当时已成名，其年至少应与庄子相当，有些可能还要更早。《史记·孟子荀卿列传》又云："田骈之属皆已死，齐襄王时，而荀卿最为老师。"齐襄王元年当公元前 283 年，田单复齐在公元前 279 年，距前举今人考证所得庄子卒年最早的公元前 295 年亦不过迟 16 年，距最晚的公元前 275 年还要早 4 年。可见，田骈、慎到、接予、环渊这批稷下学者的活动时间与庄子大致相当。田骈、彭蒙都是稷下黄老学派的重要代表人物。《庄子·天下》又载田骈学于彭蒙，且记彭蒙之师之言，若田骈与庄子约略同时，则彭蒙及彭蒙之师之年又当早于庄子。

庄子和稷下诸子有无关系已不可考，但他没有参加过稷下学宫这一点是可以肯定的。不但史籍所载稷下诸子中没有庄子之名，以庄子的学术性格也不太可能参加稷下这一群体。《庄子》所载多宋、楚与三晋之事，于齐国之事独少。郭沫若认为："他不曾到过齐国，没有参加过稷下学宫，因而他和宋钘、尹文、田骈、慎到、环渊、接予的关系似乎都是间接的。"④因此，庄子在当时学术界的影响实在很有限，与他交流的只有惠施等少数几个人。

---

① 钱穆：《先秦诸子系年》，北京，商务印书馆，2005，第 269 页。

② 参见白奚：《稷下学研究：中国古代的思想自由与百家争鸣》，北京，生活·读书·新知三联书店，1998，第 41～43 页；胡家聪：《管子新探》，北京，中国社会科学出版社，2003，第 394 页。

③ 参见孙开泰：《稷下学宫创建于齐威王初年考辨》，《管子学刊》1994 年第 1 期。

④ 郭沫若：《十批判书》，北京，人民出版社，1954，第 163 页。

　　庄子死后,其后学也出现了分化。今人多认为《庄子》一书为先秦道家老庄一派著作之汇集,其中外杂篇多为庄子后学所作。20 世纪 30 年代,罗根泽在《〈庄子〉外杂篇探源》一文中,率先根据思想内容,把《庄子》外杂篇分为十二类,将其中的《天地》《天道》《天运》三篇归属于"道家右派"之作。20 世纪 60 年代,关锋在《庄子〈外杂篇〉初探》一文中,又将罗氏所谓"道家右派"之作的三篇归属于宋尹学派,而宋尹据郭沫若先生考证,即稷下道家学者中的宋钘、尹文。到 20 世纪 80 年代,刘笑敢根据《庄子》外杂篇的不同思想倾向,又将庄子后学分为述庄派、无君派和黄老派,其中《天地》《天道》《天运》诸篇正是黄老学派的代表。① 可见,先秦道家中的老庄一派在庄子身后即迅速分化并衰微,而与此同时,黄老学派却正蓬勃发展,遂造成一种黄老学派继老庄而起的假象。

二、"黄老""新道家""杂家"等概念辨析

　　先秦诸子争鸣虽号称"百家",但传统学术界根据班固《汉书·艺文志》将其划分为"九流十家"。九流十家中并无"黄老",近代以来黄老学研究兴起后,它究竟是独立的一家,还是属于九流十家中的哪一家就成了问题。尽管目前大部分学者都认为黄老学派是道家中的一个学派,但仍有不少研究者在九流十家之外另造诸如"新道家""道法家""杂家"等新概念来指称"黄老"。这些新概念也代表了他们对黄老学派的形成过程、思想特征的某些看法。

　　熊铁基提出"新道家"这一概念,以之指代战国末年和秦汉时期形成的有别于以老庄为代表的早期道家的道家学派。他说:"黄老之学出现很早,几乎有《老子》书的流传,就有黄老之学的产生,但黄老道家这一派的形成并不很早,当在秦汉之际,或可以《吕氏春秋》做重要标志。这样,它就比老庄道家的形成要晚一些,所以又可称为新道家。老庄道家以庄子其人其书为标志,在秦以前,一般也就视之为先秦道家,是所谓'纯粹道家'或'正宗道家'。"② 可见,熊氏所谓"新道家",实即本书所谓的"黄老学派",但从其《秦汉新道家》一书实际论述的范围来看,其所谓"新道家"概念的外延又比"黄老学派"大。熊氏认为,虽然《老子》出现之后就有"黄老之学"流行,但"黄老道家"作为一个学派的形成应以《吕氏春秋》出现为标志。因此,战国时期只有"黄老之学"而不存在"黄老道家",战国

---

① 　三人观点分别参见罗根泽《〈庄子〉外杂篇探源》[最初发表于《燕京学报》第 39 期(1936 年),后收入《诸子考索》一书],关锋《庄子〈外杂篇〉初探》(《哲学研究》1961 年第 2 期),刘笑敢《庄子哲学及其演变》(中国社会科学出版社 1988 年版,第 261 页)。
② 　熊铁基:《秦汉新道家》,上海,上海人民出版社,2001,第 15 页。

时期的道家只能被称为"老庄道家"。其理由是："黄老道家的形成，与儒、墨的形成不同，与老庄道家的形成也不同，它的形成是一个较长的过程。它没有一个事实上的师祖（如孔、墨），也始终没有很大影响的中心人物（如庄子），在形成过程中不断变化。不少人对这一派的理论学说做出了贡献，既有不少'发明'，又有积极的传播，但是有些人自身的发展又走向了别的学派，如慎到、宋钘乃至驺衍等人的发展变化。他们本来都可说是'发明'黄老道德之意的人，由于其某些内容有独到之处，如慎到言势，驺衍谈阴阳，因而被后人列入法家、阴阳家，宋钘甚至被列为小说家。据以上这些情况，战国时黄老道家似又不成为一个学术派别，故通常只谓'黄老之学'。稷下黄老尚未成为黄老道家学派，它不像'墨子'那样有严密组织的派别，也不像儒者那样有明显的师徒关系，而是在形成发展的过程之中。派别的形成应在秦汉时期。"①

我们认为，熊氏以"新道家"代替"黄老道家"并不妥当，其以"黄老道家"为相对于"老庄"之"新道家"的理由也不能成立。

首先，上文已经论述过，黄老学派的产生时间与庄子所处的时代大致相同，甚至更早。先秦道家从老子以后，不是老子—庄子—黄老这样单线发展，而是多头发展的。陈鼓应认为："有人称黄老之学为新道家，也不合适。这种提法的出现，是以老庄为道家的正宗和早期形态，而黄老之学只是兴起于汉初为前提的，但现在随着帛书《黄帝四经》的出土，以及人们对道家认识的深入，那样的前提已经不能成立了。事实上，黄老之学之出现可能比庄子还要早，这当然就无所谓'新'了。而且道家的正宗，如果按照汉代人的看法，再衡之于先秦思想史的实际，正是老学和黄老之学，而不是世人常说的老庄。这样的话，新道家的提法也就不能成立了。"②詹石窗等人认为："道家进入战国以后，正如儒分为八、墨分为三一样，至少形成了两大派别，一是继承老子'清静无为'的人生哲学；一是继承老子'修天下'的治国思想。前者如庄子，后者历史上称为'黄老之学'，学术界或称之为'黄老道家'，以与老庄道家相区别。"③王中江亦认为："整体上说，作为合治国与治身于一体的老子哲学，后来主要是沿着两个不同的方向展开的，一个是以庄子为代表的注重个人生命、心灵自由和超脱的庄学'个人化'方向；与此相对的另一个则是以《管子》、彭蒙、田骈、慎到和新出土的《黄帝四经》、上博简《三德》等为代表的关

① 熊铁基：《秦汉新道家》，上海，上海人民出版社，2001，第28页。
② 陈鼓应：《黄帝四经今注今译》，北京，商务印书馆，2007，第35页。
③ 詹石窗、谢清果：《中国道家之精神》，上海，复旦大学出版社，2009，第208页。

注社会政治生活的黄老学'政治化'方向。"①因此，我们很难说"老庄"是"纯粹道家"或"正宗道家"，其他学派就不那么"纯粹"或不那么"正宗"。黄老学派诸子的年代与庄子相当，甚至早于庄子，这样的话，"黄老"相对于"老庄"的"新"也就无从谈起。

其次，学派的形成不一定以是否存在师徒相承关系为标志。熊氏以有无组织作为标准来判别学派之是否形成失之笼统。究竟什么性质的组织才意味着一个学派的形成呢？难道一个学派一定要有墨家那样的宗教性的严密组织？以此标准来衡量，则儒家、法家、名家等都难称学派。对于这个问题，冯友兰先生曾说："如果说，先秦没有道家，因为没有这种组织，这个理由也是不充足的。先秦哲学派别，除了墨家有严密组织之外，儒家都宗奉孔子，可以说是有一定的师承关系，但是像名家和法家，既无组织，也很难说其中的人有什么师承的关系。"②道家黄老学派的确存在传承不明的情况，但不仅黄老学派如此，道家中的其他各派又何尝不是如此？我们在目前的文献中找不到任何老子和庄子之间有过直接接触的证据，庄子其师和庄子的弟子也不见于文献的记载。至于另一位一般被认为是早期道家代表人物的杨朱，虽然其言曾经"盈天下"，但其弟子的名字并不见于史籍，其著作也早就散佚了。班固著《汉书》时已经不见杨朱著录，《史记》则根本就没有提到杨朱这么一位人物。道家人物中本来就有许多是"隐君子"类型，不见于史籍的记载再正常不过。由于文献的散佚，先秦诸子百家中又有哪一家的传承是清楚的呢？儒家自孔子后到孟子之间这一百多年的传承不也是模糊得很吗？韩非曰"儒分为八，墨离为三"，但儒、墨两家所分化出的这些派别的具体传承情况在今天几乎都已不可考。熊氏认为，黄老道家作为一个学派形成于秦汉之际，以《吕氏春秋》为标志。但《吕氏春秋》是秦相吕不韦召集门客编撰而成，史书上对这些门客的师承甚至姓名都没有任何交代，又如何能认定他们是一个传承有序的学派呢？司马迁在《史记·乐毅列传》中记载了一个相对可靠的齐地黄老道家的传承系统：

> 乐臣公学黄帝、老子，其本师号曰河上丈人，不知其所出。河上丈人教安期生，安期生教毛翕公，毛翕公教乐瑕公，乐瑕公教乐臣公，乐臣公教盖公。盖公教于齐高密、胶西，为曹相国师。

① 王中江：《简帛文明与古代思想世界》，北京，北京大学出版社，2011，第 427 页。
② 冯友兰：《三松堂全集》第 12 卷，郑州，河南人民出版社，2001，第 352 页。

　　这个系统的传承从河上丈人到盖公共历六代，而盖公为秦汉之际人，则这个系统的传承始自战国当无可疑，而这正好从反面证明了熊氏所谓黄老道家形成于秦汉之际之说的不正确。①

　　最后，"新道家"一名，本来是学术界用来称呼魏晋时期玄学化的道家的，再用它来称呼道家黄老学派就很容易引起混淆。玄学在思维方式、关注问题上都与先秦、秦汉哲学有极明显的区别，是中国哲学发展的一个新阶段，用"新道家"来称呼玄学笼罩下的魏晋道家显然更为合适。从理论上讲，秦汉时期的道家思想更多的是先秦道家思想的总结和应用，并没有什么"新"的发展。丁原明认为：

　　　　黄老学的发展情况比较复杂。从时间向度上说，它经历了战国和秦至西汉初两大阶段。前一阶段是黄老学产生形成的时期，它主要是被当作一种学术而提出来的；后一阶段是黄老学与现实封建政治密切结合的时期，也可以说是黄老学的应用时期，它主要是被当作一种政术而加以运用的。②

　　我们赞同丁氏对黄老学两个阶段的发展特点的把握。现存的几部被认为是秦汉黄老之学的著作几乎都存在杂钞前人著作的情况：《吕氏春秋》是吕不韦集门客而作，杂钞性质极明显；《淮南子》几乎是先秦道家著作的分类摘抄；《文子》的情况与《淮南子》相似。这些都是具有明显的总结性特征的作品，而非创新性的作品。而熊铁基先生在《秦汉新道家》一书中将陆贾、扬雄、诸葛亮等人也算在新道家之中，只会使得概念更为混乱，新道家的边界更为模糊。

　　"杂家"之名不见于先秦古籍，也不见于司马谈《论六家要旨》。西汉刘向、刘歆父子校定图书时分诸子书为十家，杂家为其中之一。班固在《七略》的基础上撰成《汉书·艺文志》，其中著录杂家"二十家，四百三篇"。班固以为："杂家者流，盖出于议官。兼儒、墨，合名、法，知国体之有此，见王治之无不贯，此其所长也。及荡者为之，则漫羡而无所归心。"（《汉书·艺文志》）司马谈在《论六家要旨》中论述道家的特点时说："其为术也，因阴阳之大顺，采儒墨之善，撮名法之要，与时迁移，应物变化，立俗施事，无所不宜，指约而易操，事少而功多。"司马谈对道家

---

① 关于河上丈人的具体年代，近现代学者多有考辨，结论有早有晚。但安期生为秦始皇时人，这一系统始于战国当无可疑。

② 丁原明：《黄老学论纲》，济南，山东大学出版社，1997，第41页。

特点的概括与班固所言杂家的特征极为相似，且班固在《汉书·艺文志》中所列二十种杂家著作，流传至今的只有《吕氏春秋》《淮南子》和《尸子》残篇，而前两部书又经常被认为是秦汉之际黄老学派的代表作。因此，后人也有将杂家与黄老学派混为一谈的，如蒙文通在《略论黄老学》一文中就认为："司马谈说的道家，显然是杂家，这就是黄老。它和庄周一流的道家是不同的。司马谈说的道家和刘班九流所谓的道家，内容也是有区别的。"①黄老学派和庄周一流的道家不同，这没有问题，但是否就可以认为司马谈说的道家就是杂家呢？

　　首先，"杂家"本是目录学家进行图书分类时所创之名，班固用其来指称思想史上的学派，这种不知"类"的做法是今人对"杂家"和"黄老道家"这两个概念辨析不清的根源。刘向、刘歆父子在《七略》中将诸子书分为十家，其根据与着眼点首在图书分类而非学术思想上之"考镜源流，辨章学术"。这一点，前人所论甚多。吕思勉曰："数术与阴阳家，尤相为表里。《汉志》所以析之诸子之外者，以本刘歆《七略》，《七略》所以别之者，以校书者异其人。《七略》固书目，非论学术派别之作也。"②此说甚是。诸子十家中最后一家是小说家，这一家明显在思想上无可观者，连班固自己也说"可观者九家而已"，并未把小说家计算在内。但是班固在分类时又将其列为十家之一，这种矛盾的态度只能从他所言的这十家是从图书分类而不是从思想史上而言的学派这一角度得到理解。

　　刘向、刘歆父子和班固的图书分类标准既不是学科，也不是体裁，而是图书的思想内容。但先秦古籍的存在形态的特殊性使得这种图书分类法和思想史上学派的划分并不能完全重合。先秦古籍虽多题为"某子"，归诸一人名下，但往往不是或不全是"某子"自著。这些书有的是"某子"及其后学著作的汇编，如《庄子》一书显然杂有庄子后学的某些作品；有的是某一学派的著作汇集起来而托名"某子"，如《鹖子》《伊尹》等；更有甚者是由后来的学者杂集许多单篇作品而成，如《管子》等。从刘向《管子序录》可以看出，《管子》一书在刘向之前并无定本，刘向在谈到它们时是以篇为单位的，今本是刘向编次的结果。傅斯年甚至认为："战国书除《吕览》外，都只是些篇，没有成部的书。战国书之成部，是汉朝人集合的。"③余嘉锡亦云："秦汉诸子，惟《吕氏春秋》《淮南子》之类为有统系条理，乃一时所成，且并自定篇目，其他则多是散篇杂著，其初原无一定

---

① 蒙文通：《先秦诸子与理学》，桂林，广西师范大学出版社，2006，第192页。
② 吕思勉：《经子解题》，上海，华东师范大学出版社，1995，第97～98页。
③ 傅斯年：《"战国子家"与〈史记〉讲义》，天津，天津古籍出版社，2007，第74页。

之本也。"①由于先秦古籍的这一特点，有些书的思想内容就会出现不一致甚至自相矛盾的现象。以思想内容为标准进行分类时，这些古籍就很难归为某一家之著作，便只能以杂家目之。有些书虽然由一人自著，但个人的思想是多方面的，诸家思想都有可能对作者产生影响。这些人本非坚定的某一家的信徒，以其名命名的著作也就可能于这一篇中体现某家的思想，于那一篇中又体现另外某家的思想。班固将《吕氏春秋》和《淮南子》列为杂家，今人则多以其为道家黄老学派的代表作，其中的原因在于班固和今人对这两本书的思想内容的理解的不同。在班固看来，这两本书的思想内容是纯粹的"杂"，今人则认为这两本书内容虽杂，却是以道家黄老学派的思想为骨干的。这种因对同一本书的思想内容的理解不同，而在图书归类时将其归入不同的类的现象在目录学史上屡见不鲜。例如，《淮南子》一书，班固归为杂家，后来的诸多史书却多著录在道家；《管子》一书，班固归为道家，《隋书·经籍志》却将其归为法家。班固在论诸子源流时提出诸子皆出于王官的观点，有其道理，但他以十家分属十种职官，则自清代以来学者多辨其牵强，不足为据。因此，我们在研究先秦学术流派时可以参照但不必固守班固诸子十家的分类标准。古人讲"异类不比"，也就是说不同质的东西，不能用一个度量标准进行比较。"杂家"概念之提出着眼于图书分类，而"黄老"概念指的是思想史上的一个学派，故以"黄老"为"杂家"有不知"类"之嫌。

其次，任何一个学派要成其为一个学派都必须在理论上有所树立，有其独特的不同于其他学派的理论体系。杂家虽"兼儒、墨，合名、法"，但难免使人联想到它不过是不同思想的大杂烩。近代的许多学者也认为"杂家"不宜用来作学派之名，如蒋伯潜就批评道："专门乃可名家。家而曰'杂'，实为不词。"②在日常语言中，我们可以偶尔因某个人研究的领域多、知识面广而称其为"杂家"，但这个"杂家"实有戏谑的成分，在学派意义上不可能出现"杂家"。

"道法家"这一概念和所谓"新道家"一样，亦为今人所创。冯友兰先生曾把"黄老之学"定义为"道家和法家的统一"，此为以"黄老"为"道法家"之滥觞。③ 从黄老之学的理论形态来看，它呈现出以道为主、道法结合、熔铸各家的特点。但道法结合只是"黄老"思想的特征之一，以之指代整个黄老学派或黄老之学有以偏概全之弊。此外，"道法家"这一概念

---

① 余嘉锡：《目录学发微》，北京，中国人民大学出版社，2004，第249页。
② 蒋伯潜：《诸子通考》，杭州，浙江古籍出版社，1985，第18页。
③ 参见冯友兰：《中国哲学史新编》第二册，北京，人民出版社，1984，第199页。

有模糊道家和法家界限之嫌。道、法二家并非全无关系，司马迁将老子、韩非合传，就是着眼于他们在思想上的渊源，但二者毕竟有不同的本质特征，不能混为一谈。如果说黄老学派因为其道法结合的特点就要被称为"道法家"，那么荀子的思想明显呈现出儒、道、法结合的特色，我们是不是又要据此另创出"儒法家"或者"儒道家"等新概念呢？

三、"黄老"探源

就当前可资考证的古籍资料看，"黄老"并称始自汉代的司马谈、司马迁父子，先秦并无"黄老"这一概念。这一点，已有诸多学者指出。吴光认为："在司马谈《论六家要旨》提出'道家'或'道德家'的名称以前，无论是'道家'还是'黄老'，都是有其实而无其名。'道家'一词，盖发端于司马谈；而'黄老'连称，则开始于司马迁。"①但"黄"与"老"究竟所指为何，二者连称，形成"黄老"这一概念又意味着什么呢？对此，司马氏父子并没有给出确切的说明。曾有研究者认为，"黄老"之"黄"即司马谈曾经向之"习道论"的"黄子"，但这一观点很快就被否定了。② 东汉的王充解释道：

> 贤之纯者，黄老是也。黄者，黄帝也；老者，老子也。黄老之操，身中恬淡，其治无为。（《论衡·自然》）

他明确指出"黄老"之"黄"即黄帝，"老"即老子，这也是目前我们能够看到的对"黄老"二字最早的直接解释。

有研究者认为，"黄老之学"或"黄老学派"是由"黄帝之学"或"黄学"与"老学"合流后形成的学派。此说以余明光为代表。他认为，"黄学"和"老学"是先秦道家中独立存在的两个学派，"黄学"与"老学"的混淆始自汉初的司马谈、司马迁父子。余明光说："黄老与老学虽同属道家，但分属两个不同的流派。这个问题在先秦时代是分得很清楚的。但到了汉代则为之一变，《史记》首倡'黄老'，将黄老混同在一起。致使后世学者步趋汉人之后，黄老并提，不加分辨，以为当然。"③他提出的最有力的根据是："在先秦的古籍里，从来没有'黄老'合称的。'黄'是'黄'，'老'是

---

① 吴光：《黄老之学通论》，杭州，浙江人民出版社，1985，第1页。
② 夏曾佑于其1902年所著之《中国历史教科书》"黄老之疑义"一节中提出"黄老"之"黄"指黄生的观点。
③ 余明光：《黄帝四经与黄老思想》，哈尔滨，黑龙江人民出版社，1989，第158页。

'老'，界线非常分明。"①张增田亦主此说，认为："在《史记》中，'黄老'只是分指黄帝之学和老学这两个旨趣和思维方式相近的学派；而在《淮南子》作者看来，黄老并称是道家人物出于推崇道学的目的，而将本派创始从老子推至更为远古、更具影响力和号召力的黄帝那里。"②

我们认为，概念和概念所指称的对象在产生时间上不必同时。先秦确无"黄老"并称的现象，但先秦无"黄老"之名，并不代表无"黄老"之实。黄老学派在先秦是有其实而无其名的。

首先，中国古代并无作为一个学派存在的"黄学"或"黄帝之学"。战国时期，随着黄帝神话的盛行，各种托名黄帝的著作纷纷涌现。但司马迁已经对诸子记载的黄帝事迹表示了怀疑："学者多称五帝，尚矣。然《尚书》独载尧以来；而百家言黄帝，其文不雅驯，荐绅先生难言之。"（《史记·五帝本纪》）用我们今天的话说，即诸子所言黄帝事迹都是民间传说，不是官方记载，缺乏可靠性。司马迁此语在今存上古文献中仍可得到印证：孔孟所言之上古帝王只及于尧舜，先秦和秦汉古籍产生时间较早的儒家之《五经》亦无一语及于黄帝。③《汉书·艺文志》著录的托名黄帝的作品共有十二类二十六种之多，其中道家五种、阴阳家一种、小说家一种、兵阴阳五种、天文二种、历谱一种、五行二种、杂占一种、医经一种、房中一种、经方二种、神仙四种。可见，当时诸家皆有托名黄帝的作品，托名黄帝是当时流行的风气，此即《淮南子·修务训》所言："世俗之人，多尊古而贱今。故为道者必托之于神农、黄帝而后能入说。"在《汉书·艺文志》著录的托名黄帝的二十六种作品中，道家只有五种，所占比例不到五分之一，但余明光却说"属于道家的书则占了主要的部分"④，实不知这一说法从何而来。

托古立言是战国时期流行的学术风气，《淮南子》所谓"必托之于神农、黄帝而后能入说"非专门就道家而言，而是在描述一种当时普遍的情况。如果将诸子百家各自根据自己的学派观点来托名黄帝的那些著作都算在"黄学"名下，那我们今天看到的就只能是一系列面目各异、全无关系甚至相互矛盾的托名黄帝的著作，所谓"黄学"概念的提出也就全无意义。

其次，中国古代不但没有"黄学"之实，也无"黄学"之名。先秦和秦

---

① 余明光：《黄帝四经与黄老思想》，哈尔滨，黑龙江人民出版社，1989，第160页。
② 张增田：《基于治道理据的〈黄帝四经〉学派归属新说——兼论黄帝学与老学关系》，见徐炳：《黄帝思想与先秦诸子百家》，北京，社会科学文献出版社，2014，第13页。
③ 《周易·系辞下》中曾出现"黄帝"，但学界一般认为《系辞》非孔子作，而是战国后期的作品。
④ 余明光：《黄帝四经与黄老思想》，哈尔滨，黑龙江人民出版社，1989，第11页。

汉时期的古籍中出现的"黄""老"都是指黄帝和老子两个具体的人，不是指"黄学"和"老学"两个学派。据我们统计，"黄帝"在《庄子》中出现 36 次，在《管子》中出现 15 次，均是以上古帝王的形象出现的，而不是以学问家、智者、思想家等形象出现的。上文我们论证了先秦并不存在作为学派的"黄学"，但古籍中"黄""老"之间界线分明的现象只表明古人并没有将黄帝和老子这两个人混为一谈，并不能说明这两个学派之间界线分明。而司马迁所言"黄老"，"已不仅是黄帝与老子两个人名的并列，而是一种有别于老子之学的新学说——'黄老之学'——的称谓了"①。也就是说，司马迁所说的"黄老"是指一个学派，只不过这个学派用"黄帝""老子"做代表并以之命名，不能说司马迁把"黄学"和"老学"这两个学派弄混，生造出一个"黄老"学派。司马氏父子之提出"黄老"这一概念，如丁原明所言："只是反映了他们对黄老学这个对象性存在的解悟，而不是对黄老学仅存于汉初的时间定位。如果我们把从战国到秦汉的黄老学视作一个共时态结构（非时间性的内在结构）的话，按照结构主义和系统论原则，它应当是在历时态中得以拓展自身的。从这个意义上说，倘若没有战国时期形成的黄老学及其演化，那么汉时人就不会提出'黄老'这个名称。"②

除了以上观点，国内主流学界还认为，"黄老"是道家中托名黄帝、老子的一个学派，其本质特征在"老"而不在"黄"。张维华认为："黄老之说的黄帝之言，主要是后人假托黄帝之口，从老子中引申出来的一些道家言论，合成一流而称之'黄老'的。某些吸收道家说法，进一步阐明自己学派之宗旨者（如法家者流）不在其内。"③丁原明认为："黄老学的基本内容应当是'老'而不是'黄'，应当是'道'及其对百家思想的提取，而不是老学与黄帝学的结合。"④白奚也认为："黄老之学是道家学派在战国时期出现的一个分支，它肇始黄帝，本宗老子，以热衷于探讨治国之道的鲜明特色而有别于约略同时出现的以庄子为代表的另一个道家分支。"⑤近年来，随着对马王堆汉墓帛书中的《十六经》《称》以及上博楚简《恒先》《三德》等古佚书研究的深入开展，有研究者认识到，"'黄帝'绝非虚无的假托，而是有着具体的内容和实际的功用"，即"依靠了黄帝代表的规则、禁忌系统，从天道到人道的一切才得以真正落实"⑥。据此，曹峰提出："'黄学'一词确不适当，但为了研究

①　吴光：《黄老之学通论》，杭州，浙江人民出版社，1985，第 110 页。

②　丁原明：《黄老学论纲》，济南，山东大学出版社，1997，第 5～6 页。

③　张维华：《释"黄老"之称》，《文史哲》1981 年第 4 期。

④　丁原明：《黄老学论纲》，济南，山东大学出版社，1997，第 22 页。

⑤　白奚：《学术发展史视野下的先秦黄老之学》，《人文杂志》2005 年第 1 期。

⑥　曹峰：《近年出土黄老思想文献研究》，北京，中国社会科学出版社，2015，第 25～27 页。

的需要，必须暂时找出一个名称来代表和'老学'不同层次的、极为杂驳又极为丰富的内容。笔者暂且使用'黄帝之言'这一名称。"①曹氏此说可供参考。

我们认为，不管是"黄老之学"还是"黄老学派"，"黄老"之并称，"黄"只是托名，"老"才是实质。"黄老之学"或"黄老学派"是指战国早中期出现的托名黄帝而实宗老子的一种学说或学派，先秦也并无学派意义上的，与儒、道、法、墨相提并论的"黄学"或"黄帝之学"。从思想特征上看，黄老学派表现出以道为主、道法结合、熔铸各家的特点，与传统意义上以老庄为代表的道家存在理论形态上的差异，但在其学派归属上，目前学界大多数学者仍将其视作道家的一个派别。② 事实上，在许多研

---

① 曹峰：《近年出土黄老思想文献研究》，北京，中国社会科学出版社，2015，第38页。

② 郭沫若说："黄老学派，汉时学者称为道家。"而他划分的道家三派即"宋钘尹文派，田骈慎到派，环渊老聃派"，都局限于稷下黄老道家。(参见郭沫若：《十批判书》，北京，人民出版社，1954，第134、141页)郭氏此说为侯外庐等人所认同，他们认为："宋钘、尹文学派，就其思想本身而言，是稷下学宫中道家的一个支流，其学术内容并没有突出之处。"(侯外庐：《中国思想通史》第1卷，北京，人民出版社，1957，第351页)蒙文通指出："司马谈说的道家，显然是杂家，这就是黄老。"(蒙文通：《先秦诸子与理学》，桂林，广西师范大学出版社，2006，第192页)冯契认为："法家原是实际的政治家，而道家学派的一部分转向地主阶级，假黄帝、老子之名来著书立说，称为黄老之学。黄老之学和法家相结合，就为法家提供了哲学基础。"冯先生似无意追究"黄老"的学派归属问题，而更倾向于论述其与道、法二家的学术渊源。任继愈等人认为："司马迁所谓的'黄老'是习惯地使用了汉人的词汇，实际上指的是老子后学中向法家转化的一派，也就是早期的道法家。""道法家"是一个新词汇，强调的是"黄老"与道、法二家的理论渊源。在这点上，他们和冯契的观点是一致的。但他们又说："黄老之学，汉代属于道家思潮，故又可简称道家。"[任继愈：《中国哲学发展史(秦汉)》，北京，人民出版社，1985，第105页]可见，他们仍然将"黄老"视为道家中的一派。冯友兰认为："春秋时期的重要各家，到战国时期都起了分化……道家也一分为二，分化为晋人所说的老庄和汉人所说的黄老。"(冯友兰：《中国哲学史新编》第二册，北京，人民出版社，1983，第184～186页)冯先生在此显然已经将老庄和黄老视为道家的两大派别了。在研究黄老学的专著中，学者们仍多倾向于将其看作道家的一个派别。例如，陈鼓应不但持这一观点，而且将黄老学研究视为先秦道家研究的新方向。(参见陈鼓应：《先秦道家研究的新方向——从马王堆汉墓帛书〈黄帝四经〉说起》，见《黄帝四经今注今译》，北京，商务印书馆，2007)吴光将黄老学派简称为"黄老道家"，认为："司马谈所谓的'道家'或'道德家'，实际上并不是指老聃、庄周那样的早期道家，而是指西汉初期的黄老道家。"(吴光：《黄老之学通论》，杭州，浙江人民出版社，1985，第1页)余明光认为，"黄老之学"由"黄学""老学"混同而成，"同为道家"。(参见余明光：《黄帝四经与黄老思想》，哈尔滨，黑龙江人民出版社，1989，第七章)白奚指出："黄老之学是道家学派在战国时期出现的一个分支。"(白奚：《学术发展史视野下的先秦黄老之学》，《人文杂志》2005年第1期)熊铁基不采用"黄老学派"或"黄老道家"等提法，而另提"秦汉新道家"的概念，其范围则将黄老之学包括在内。丁原明认为："所谓黄老学，从狭义上讲，就是指正式托名于黄帝而推行老子道家某些思想的那一派；从广义上讲，则是指在老庄道家之外所兴起的以道为中心思想和指导思想，而兼取百家学说的道家思潮。"(丁原明：《黄老学论纲》，济南，山东大学出版社，1997，第14页。丁氏之说又见于牟钟鉴：《道家学说与流派述要》，见陈鼓应：《道家文化研究》第一辑，上海，上海古籍出版社，1991)

究者的相关著作中，黄老之学、黄老学派、黄老道家三个概念常常不加区别，交替出现。鉴于以上各种原因，本文主要以"黄老之学"指代以道家思想为主而兼取百家的这样一种学说和思潮，以"黄老学派"指代这一学术流派，在具体分析时则将其放在道家发展史的框架内进行论述。

此外，还有部分研究者认为，"黄老之学"或"黄老学派"有广义和狭义之分。牟钟鉴认为："从广义上讲，以黄帝的名义或者不用黄老的名义，只要它是以道法为主、兼采各家的综合性思潮，都可以被看作黄老之学。从狭义上讲，只有正式以黄帝、老子命名的学说才是名实相符的黄老之学。"①丁原明也说："从狭义上讲，就是指正式托名于黄帝而推行老子道家某些思想的那一派；从广义上讲，则是指在老庄道家之外所兴起的以道为中心思想和指导思想，而兼取百家学说的道家思潮。"②李锐认为："按照司马迁叙述，汉朝的黄老之学有两个方向，一个是保持学派师承的特色者，只谈黄老；一个是可与刑名法术相结合的从宗旨、学术渊源而论的泛黄老。"③此说实际上是以司马迁所述齐地有详细传承的黄老为狭义之黄老学派，而以司马迁于《史记》中记载的某某"学于黄老"或"其言黄老意"为"泛黄老"，其实质也是于"黄老"中分出广义"黄老"和狭义"黄老"。我们认为，如果我们的研究只局限于狭义之"黄老"，则这种研究根本无法开展，因为所谓狭义之"黄老"留给我们的文字资料是十分有限的。因此，我们所说的"黄老之学"或"黄老学派"主要是从广义上来说的。

四、老庄、黄老之异同

清代学者魏源已认识到道家有老庄、黄老二派，并在《老子本义序》中指出两派思想有异有同：

> 有黄、老之学，有老、庄之学。黄、老之学出于上古，故五千言中动称经言及太上有言，又多引礼家之言、兵家之言。其宗旨见于《庄子·天下篇》，其旁出者见于《灵枢经》黄帝之言及《淮南·精神训》。其于六经也，近于《易》。其末章欲得小国寡民而治之，又言以身治身、以家国天下治家国天下，则其辄言天下无为者，非枯坐拱

① 钟肇鹏：《求是斋丛稿》，成都，巴蜀书社，2001，第507页。
② 丁原明：《黄老学论纲》，济南，山东大学出版社，1997，第14页。
③ 李锐：《道家与黄老辩义》，《中国哲学史》2012年第1期。

手而化行若驰也。①

由于时代限制，魏源不可能看到久佚的《黄帝四经》，似乎也没有仔细考察过《管子》《庄子》《鹖冠子》等文献中的相关篇章，但他仍然敏锐地指出了黄老、老庄二派思想最重要的区别：老庄一派道家对政治和社会持一种完全消极的态度；黄老一派的态度则相对积极。随着《黄帝四经》等久已失传的黄老学文献的出土，黄老学派这一先秦哲学史上的重要学派成为哲学史界研究的热点，道家老庄、黄老两派思想之异同的比较亦得以在此基础上进一步展开。

首先，老庄、黄老两派的道论有异。道论是老子哲学的核心内容之一，道家之所以得名就在于此。老子的"道"具有极强的形而上学色彩，"道"既是宇宙间万物运行的总规律，又是产生天地万物的总根源，而道本身却"惟恍惟惚"，与天地间任何具体的事物都不同质。从宇宙论的角度来讲，老子认为，道是万物产生的根源，但道本身却不在这一万物生灭的无穷序列之中。正因为道不是天地间的具体存在物，所以用来命名这些具体存在物的名言是不足以名道的，人的思维也不足以把握道。老子认为，道作为规律内在于万物的产生、发展和衰亡，道作为规律体现为一种自然而然的趋势而非人为的操纵。据此，掌握了道也就掌握了事物发展变化的总规律。同样地，道也可以从万物变化发展的自然趋势中被悟出。

老子道论为老庄、黄老二派共同继承。相对于老子，庄子对于道这一"不可说之神秘"没有太大的兴趣，但他亦不否定道作为天地万物之根源的地位。庄子曰："夫道，有情有信，无为无形；可传而不可受，可得而不可见；自本自根，未有天地，自古以固存；神鬼神帝，生天生地；在太极之先而不为高，在六极之下而不为深，先天地生而不为久，长于上古而不为老。"（《庄子·大宗师》）如果说在老子那里，道还有些"惟恍惟惚"，从而让人怀疑老子的道究竟是"有"是"无"的话，庄子则极肯定地认为道的"无"不过是无形和不可见，其存在是有各种确凿的征象和证据的。

黄老学派经过长期的发展，对道的认识也表现为不断深化的过程，并呈现出多样性。较早的《黄帝四经·道原》将道和宇宙分化联系起来，描述了一幅宇宙之初万物未曾分化的原始状态，这基本上与老子所论相同，只是更为详细。《道原》明确将道作为一种与万物异质的存在物看待，

---

① （清）魏源：《魏源集》，北京，中华书局，1976，第253～254页。

因为道只有作为异质的存在物，方能"天地阴阳，〔四〕时日月，星辰云气，蚑行蛲（蛲）动，戴根之徒，皆取生，道弗为益少；皆反焉，道弗为益多"。当然，道作为异质的存在物和作为万物之源和复归之所之间又是存在矛盾的，所以一些晚出的黄老学作品对此又有所修正。在《管子四篇》中，道已经不是与万物异质的存在，而被解释成"精气"这一组成万物的必需元素。《内业》曰："夫道者所以充形也，而人不能固。其往不复，其来不舍，谋乎莫闻其音，卒乎乃在于心，冥冥乎不见其形，淫淫乎与我俱生。不见其形，不闻其声，而序其成，谓之道。凡道无所，善心安爱，心静气理，道乃可止。"这个"充形"的"道"就是精气，是一种细微而纯粹的气，是人的生命力的来源。《心术上》曰："虚无无形之谓道，化育万物之谓德。"《心术下》曰："形不正者德不来，中不精者心不治。正形饰德，万物毕得。翼然自来，神莫知其极……气者，身之充也。"道、德、精、神本为一物之异名，其本名曰"道"，以其独立的存在形态而言则曰"精"或"精气"，万物得之则曰"德"，人若能得之则曰"神"。只有精气存在于人体，人体才能表现出各种生命征象，而且精气越多，生命的征象也就越强烈，从而超过正常的水平，具有神奇的功效。《内业》曰："抟气如神，万物备存。能抟乎？能一乎？能无卜筮而知吉凶乎？能止乎？能已乎？能勿求诸人而得之己乎？思之思之，又重思之。思之而不通，鬼神将通之。非鬼神之力也，精气之极也。"像预测未来等神奇的功效，在以往因不能得到理性的解释而被称为鬼神的作用，《内业》的作者用精气来解释之无疑具有进步的意义。

其次，老庄、黄老二派理论宗旨的不同主要不在于他们的道论，而在于他们对待人生、社会的态度。老庄和黄老在人生观上的大异其趣决定了两派对个体生命、对社会政治事务的迥异态度。魏晋之人盛称老庄，将《老子》《庄子》《周易》并称为"三玄"，但魏晋士人虽同崇老庄，其之所以崇老庄的原因又有不同：其尊崇老子是因为老子玄之又玄的形而上学，其推崇庄子却是因为他们和庄子有共同的人生体验以及在共同的人生体验基础上对庄子放达的人生态度的认同。这种放达的人生态度对几乎所有的社会性价值都持否定的态度，或一种超然的、无所谓的态度。老子虽然提倡自然无为，但并不提倡人完全放任自然、一无所为。老子在较早的传说中就已经是擅长养生的长寿者，他至少是尊重生命的。我们说老子提倡自然无为，毋宁说老子所倡导的自然和无为只不过是手段，个体生命的保全才是目的。老子曰："天长地久。天地所以能长且久者，以其不自生，故能长生。"（《老子·第七章》）在这里，"长生"是最终的目标，

"自生"或"不自生"都只具有较次要的工具性地位。《老子》中也有明显与修身养寿有关的方法的记载。例如，老子曰："载营魄抱一，能无离乎？专气致柔，能婴儿乎？涤除玄览，能无疵乎？爱民治国，能无知乎？"《老子·第十章》后人对这章的解释虽有不同，但无不认为它与保养生命有关。不同于老子，庄子对个体生命、对此世存在的遭遇表现出一种无可奈何后的超然和豁达。庄子独特的经历使他体验到个人生命的脆弱、人生的痛苦和绝望。庄子曰：

> 一受其成形，不亡以待尽。与物相刃相靡，其行尽如驰，而莫之能止，不亦悲乎！终身役役而不见其成功，苶然疲役而不知其所归，可不哀邪！人谓之不死，奚益？其形化，其心与之然，可不谓大哀乎？人之生也，固若是芒乎？其我独芒，而人亦有不芒者乎！（《庄子·齐物论》）

死悬临于人生之上，使一切皆失其意义，以至于生命的获得这一本值得庆幸的事情，在庄子看来只不过意味着从生到死的乏味旅程。人作为万物中的一员，本应与万物同享生命的欢欣，但万物却无时不在束缚着生的自由。无数的人终身劳碌却不见成功，死之将至仍不知所归。在庄子看来，这样的人生即使能够千万年地延续下去，又有何益处？更令人绝望的是，这样的人生境遇并不是个别的现象，而是人类的普遍遭遇，是此在无法摆脱的命运。庄子由此体会到人生的幻灭，死生的虚妄。所以庄子并不提倡修身养寿，在他看来，生死就如昼夜更替一样是再平常不过的自然现象。万物有生必有死，有死必有生，当生到来时人不能阻止，当死降临时又何必逃避呢？所以才会有庄子妻死鼓盆而歌这样在常人看来不可理喻的事情，也才会有对"以无为首，以生为脊，以死为尻"，以"死生存亡为一体"的境界的称许。如果说自然和无为在老子那里只有工具的意义，在庄子这里则升格为生命的最高境界，从而成为人的本真之"在"。

与庄子不同，黄老学派对生命的态度更多地继承了老子人生观的积极方面。他们不仅重视生命，而且发展出一套如何养生长寿的理论体系。黄老学派的这一理论倾向与杨朱不无关系，因此，杨朱至少可以说是黄老学的先驱之一。《孟子·尽心上》曰："杨子取为我，拔一毛而利天下，不为也。"《吕氏春秋·不二》曰："杨生贵己。"《淮南子·氾论训》曰："全性保真，不以物累形，杨子之所立也，而孟子非之。"在杨朱看来，己之一毛虽小却与个体存在切身相关，天下虽大却与个体生命没有直接的关系，因此己之一毛重于天下。杨朱对生命的重视和执着，与庄子对生命放任自然的超然态度截然相反。杨朱之言曾经"盈天下"，其后学有不少演变成黄老学派的学者。黄老学派虽然提倡身国共治，但在二者的次序上，治身先于治国，其治国之术也与治身之术有密切的关系。《管子·心术上》曰："心之在体，君之位也；九窍之有职，官之分也。心处其道，九窍循理；嗜欲充益，目不见色，耳不闻声。故曰上离其道，下失其事。"人的身体与国家可以相比附，则养生之学加以引申自然可以演变为治国之术。养生之学在黄老学派的思想体系中占有重要的地位。汉武帝独尊儒术以后，黄老学派虽然在政治上失势，但其养生之学仍继续发展。

最后，对于现实社会和政治，老庄一派道家的态度是批判的、疏离的，黄老学派的态度却是积极的、入世的。老子指出，统治者虽各以仁义道德相标榜，所掩盖的却是残酷的争权夺利的实质。仁义道德作为虚伪的口号，已完全丧失其本来的意义和作用。所以他说："故失道而后德，失德而后仁，失仁而后义，失义而后礼。夫礼者，忠信之薄而乱之首。"（《老子·第三十八章》）相对于老子理想的社会，现实的以礼乐来维系并以之为标志的社会其实是一种倒退。对政治虚伪性的深刻体会使老子思想中有极强的愤世嫉俗的一面，认为不仅仁义礼乐，连圣智、巧利等几乎一切统治的工具都是违反人性的，都是应当被摒弃的。庄子继承了老子思想中对现实政治的批判和愤世嫉俗的一面，并且表现得更为极端。在庄子看来，不仅政治，现实社会的一切都是对人的束缚和摧残，使人不得自由。所以，庄子哲学表现出极强的对自由的渴望，这在先秦诸子中是极为少见的。庄子的愤世嫉俗和对个人改变社会能力的失望无可避免地引发了悲观主义和对人生虚幻的感悟。如果说自然主义和无为在老子那里具有的更多是工具意义，在庄子这里则变成了一种人生的最高境界和价值追求。这种境界泯灭人与物的界限：人生既不堪如此，那么所谓人为万物之灵而比他物高贵的观念又如何值得相信呢？所以，庄子对现实政治秩序几乎没有表现出任何建构的兴趣，其所追求的自由也并非政治上的自由。这正是其与黄老道家的最直观的不同，在先秦"诸子务为治也"的学术风气中也属异类。

黄老学派表现出强烈的建构现实政治秩序的兴趣。他们将老子的道论和社会、政治联系起来，以形上之道作为建构社会政治秩序的理论基础，这是黄老学派和老庄一派道论最重大的差别。老子已有将道和人事联系起来的倾向。例如，《老子·第二十五章》曰："域中有四大，而王居其一焉。人法地，地法天，天法道，道法自然。"这里虽言及人事与道的关系，但亦只是泛泛而言。人事包含多个方面，既指个人在世为人之道，也可以指政治运行之道。黄老学派则更具体地对道和政治统治的工具，即仁义礼法的关系进行论证。《黄老帛书·经法·道法》曰："道生法。法者，引得失以绳而明曲直者也。故执道者生法而弗敢犯也，法立而弗敢废也。"《管子·心术上》亦曰："故事督乎法，法出乎权，权出乎道。"相对于老子的攘弃礼法独任自然，庄子的愤世嫉俗以天下为混浊，黄老学派却试图以道论为基础，容纳仁义礼法而建构一套具有现实性和可操作性的政治制度。

在黄老学派的重要活动地齐国稷下学宫中，稷下先生们"不治而议论"，并且得到齐王"赀养万钟"的丰厚待遇。和统治者的密切关系使得黄老学派关注政治，力图以一套完美的政治理论赢得统治者的支持，进而"为帝王师"。在中国古代的政治文化和传统笼罩下，"得君行道"是唯一能够使自己的政治理想得以实现的途径。因此，黄老学派与统治者的密切关系并不足以表明他们只不过是一群为统治者服务的政客，也并不意味他们缺乏对现实政治的批判。他们并不如老子一般视仁义、礼法等统治工具的出现为人类社会从自然之境中的堕落，也一反庄子激烈批判儒墨的极端立场，而是在道论的基础上统合儒家的礼乐，法家的法、术、势，名家的形名，集百家之长而最终在先秦诸子中独领风骚。

五、黄老学派的代表作

哲学史研究要求观点与材料的统一，文献是哲学史研究的基础。对于像黄老学派这样一个在历史上湮没甚久、面目模糊的学派来说，首要的问题是确定现存的文献中哪些是他们的著作。按一般的规律，如果某个思想家是黄老学派的学者，那么他的著作自然也是研究黄老学思想的文献依据。但是，一方面，大量先秦文献已经散佚。据《汉书·艺文志》记载，道家文献有三十七家，九百九十三篇，其中多为黄老学派的作品，但这些作品中的大部分今天都已经失传。另一方面，现题为某人所著的作品其实并不一定是他的作品，有的是后人根据散佚后的残本纂辑增益而成，有的根本没有任何周秦旧文，而是后人的伪作。例如，《关尹子》《列子》《鹖冠子》等书一直以来都被人怀疑为伪作。另外，有些先秦子书，如《吕氏春秋》，是集体著作，属不属于黄老学派、哪些篇章属于黄老学派的作品还存在很大的争议。由于这些原因，我们认为有必要说明一下哪些文献属于黄老学派的作品，为进一步的研究奠定文献基础。

　　确定哪些文献是黄老学派作品的关键在于找到一个公认的判定标准。我们已经指出，目前学术界所称的黄老之学有广义、狭义之别。狭义上的黄老学派或黄老之学指托名黄帝而实宗老子的那部分学者及其著作。这个狭义的标准为目前学术界所普遍认同，它确立了能够作为黄老之学作品的一个形式要件，即要托名黄帝。但符合这个要件的作品实在少之又少，不足以以之为依据展开对黄老之学的研究。白奚在探讨这一问题时指出："首先，不能拘泥于是否言黄帝，言黄帝的未必是黄老，不言黄帝的也未必不是黄老……其次，亦不能拘泥于是否言老子，言老子的未必是黄老，不言老子的未必不是黄老……再次，即使是既言黄帝也言老子，或既不言黄帝也不言老子，也不能机械地做是否黄老的确凿依据。"①我们赞同这一观点，认为判定哪些著作是黄老学派的代表作不能拘泥于上述形式要件。换言之，这里的"黄老之学"只能是广义的"黄老"。

　　不能以形式要件为判定黄老学派之代表作的标准，那就只能根据作品本身的思想特征来判定了。学界一般以司马谈《论六家要旨》所述"道家"的思想特征为判定的标准，其具体内容如下：

　　　　道家使人精神专一，动合无形，赡足万物。其为术也，因阴阳之大顺，采儒墨之善，撮名法之要，与时迁移，应物变化，立俗施事，无所不宜，指约而易操，事少而功多……道家无为，又曰无不为，其实易行，其辞难知。其术以虚无为本，以因循为用。无成势，无常形，故能究万物之情。不为物先，不为物后，故能为万物主。有法无法，因时为业；有度无度，因物与合。故曰"圣人不朽，时变是守。虚者道之常也，因者君之纲"也。群臣并至，使各自明也。其实中其声者谓之端，实不中其声者谓之窾。窾言不听，奸乃不生，贤不肖自分，白黑乃形。在所欲用耳，何事不成。乃合大道，混混冥冥。光耀天下，复反无名。凡人所生者神也，所托者形也。神大用则竭，形大劳则敝，形神离则死。死者不可复生，离者不可复反，故圣人重之。由是观之，神者生之本也，形者生之具也。不先定其神[形]，而曰"我有以治天下"，何由哉？

　　丁原明将司马谈对道家特征的论述概括为三点："一是'道'论（'气化'论或规律论），二是'虚无为本、因循为用'的'无为'论，三是在对待

────────────

① 白奚：《先秦黄老之学源流述要》，《中州学刊》2003 年第 1 期。

百家之学上'采儒墨之善，撮名法之要'。"①司马谈的论述是我们判定哪些作品属于"黄老之学"的重要参照，但问题在于，司马谈所论的"道家"的思想特征基于的是对汉初道家的总体考察，而黄老之学作为一种学术思潮有着数百年的发展历程，是一个历时性的存在，在发展过程中不可能每一时代、每一学者的著作都能完全符合司马谈所论的"道德家"的思想特征。其实，司马谈总结的那些特征，目前公认为黄老之学代表作的《黄老帛书》也不完全具备。而且，研究者对司马谈所述"道家"特点理解不一，对同一文献的思想主旨概括也不一样，甚至观点相互对立。因此，司马谈的概括虽然是我们重要的参考标准，但没有必要拘泥于此。

目前，学术界在黄老之学文献范围的划定问题上没有统一的看法，但诸多学界前辈在一个世纪以来的黄老学研究过程中，就文献问题也达成了某些共识。蒙文通在其《略论黄老学》一文中将《吕氏春秋》《淮南子》《管子》视为黄老一派的著作。吴光《黄老之学通论》的考察范围基本限定在《黄老帛书》《鹖冠子》《吕氏春秋》《淮南子》四部书。他还认为："《管子四篇》从其内容与稷下道家学派'学黄老（应为学老子）道德之术，因发明序其指意'的倾向一致分析，应是稷下道家学者所作。"②而稷下道家，我们现在一般将其看作黄老学派的一部分。熊铁基《秦汉新道家》讨论的范围上起《吕氏春秋》，下迄诸葛亮，但他的新道家与黄老之学在外延上并不一样。他认为："慎到的论著，应看作黄老之学的著作。"③除此之外，他还认为《汉书·艺文志》道家类著录的图书除了《庄子》《列子》及与之思想相近的书外都可以算是黄老学派的作品。这样一来，他划定的黄老学派著作的范围就非常之广了。胡家聪认为，《管子》中的《形势》、《宙合》、《枢言》、《心术》上下、《内业》、《白心》、《九守》、《正》、《形势解》、《版法解》都属于黄老学体系。④刘笑敢认为，庄子后学发生分化，其中一部分受黄老学思潮影响而成为黄老派。《庄子》包含他们的作品，即《天地》《天道》《天运》《在宥》《刻意》《缮性》《天下》七篇。⑤

丁原明分战国黄老学为南北两派，认为南方黄老学的作品有《黄老帛书》、《庄子·天道》诸篇、《鹖冠子》；北方黄老学的作品有《慎子》、《管

① 丁原明：《黄老学论纲》，济南，山东大学出版社，1997，第3～4页。
② 吴光：《黄老之学通论》，杭州，浙江人民出版社，1985，第99页。他还认为"秦汉之际的黄老学代表作，主要有《黄老帛书》《鹖冠子》《吕氏春秋》三书"，并将《淮南子》视为"集大成的黄老学著作"。
③ 熊铁基：《秦汉新道家》，上海，上海人民出版社，2001，第31页。
④ 参见胡家聪：《稷下争鸣与黄老新学》，北京，中国社会科学出版社，1998，第216页。
⑤ 参见刘笑敢：《庄子哲学及其演变》，北京，中国社会科学出版社，1988，第299页。

子·法法》诸篇、《心术》等四篇以及田骈、接予的某些言论。此外，他认为，《吕氏春秋》也吸收了黄老之学的某些思想。汉代的黄老学著作有《文子》和《淮南子》，此外陆贾、贾谊、韩婴等人也受黄老学影响。张增田认为："《黄老帛书》是迄今为止被确认为的属于黄老之学的最为可靠和最具代表性的著作。"而"如《管子》中的某些篇章、《慎子》、《尹文子》、《庄子》中的《天道》诸篇、《吕氏春秋》、《鹖冠子》、《淮南子》和《文子》……严格说起来，这些文献都不能算是典型的黄老学文本，只能充当间接性的研究资料"①。陈鼓应先生认定的黄老著作范围最广。在《黄帝四经今注今译》中，陈鼓应不仅将以上诸人所言的传世文献基本上都认定为黄老学派的作品，而且将马王堆出土的帛书中的《伊尹·九主》《缪和》《二三子问》《易之义》《要》与《易》相关的几部佚书，甚至《易·系辞传》也视为黄老学派的作品。白奚认为："能够称得上战国黄老代表作的，当推帛书《黄帝四经》和《管子》中的有关篇什。"②陈博认为："黄老思想因顺时代之需，孕育、成说于稷下；奠基于《黄老帛书》；经《管子四篇》、《庄子》外杂篇、《文子》、《鹖冠子》等著作的不断丰富与完善，遂成为战国中后期占主导地位的社会意识形态；又经《吕氏春秋》的政纲化改造，从而上升为秦汉之际的政治指导思想，并在汉初的社会政治实践中发挥了重大作用；《淮南子》在借鉴黄老思想社会政治实践的经验教训基础上，对其进行了更为全面、系统的理论总结，将黄老思想推向了自身发展历程中的顶峰。"③李笑岩认为，现存黄老学的文献包括《管子》、《庄子》外杂篇的某些篇章、《尹文子》、《鹖冠子》，还有《黄老帛书》《恒先》《九主》等出土文献。④

为了更直观地展现不同研究者的观点，我们将部分研究者认定的黄老学派作品以表格的形式呈现出来(见表 1.1)：

表 1.1　部分研究者认定的黄老学派作品

研究者	其所认定的黄老学派作品
蒙文通	《吕氏春秋》《淮南子》《管子》
吴　光	《黄老帛书》《鹖冠子》《吕氏春秋》《淮南子》

① 张增田：《黄老治道及其实践》，广州，中山大学出版社，2005，第16～19页。
② 白奚：《先秦黄老之学源流述要》，《中州学刊》2003年第1期。
③ 陈博：《从理想社会构思到社会政治实践——黄老思想与汉初政治》，西北大学，博士学位论文，2003。
④ 参见李笑岩：《先秦黄老之学渊源与发展》，山东大学，博士学位论文，2009。

续表

研究者	其所认定的黄老学派作品
陈鼓应	最广泛
熊铁基	《吕氏春秋》、《慎子》(新道家)
胡家聪	《管子》中的《形势》、《宙合》、《枢言》、《心术》上下、《内业》、《白心》、《九守》、《正》、《形势解》、《版法解》
刘笑敢	《庄子》中的《天地》《天道》《天运》《在宥》《刻意》《缮性》《天下》
丁原明	《淮南子》、《慎子》、《管子·法法》诸篇、《心术》等四篇、《吕氏春秋》、《文子》、《黄老帛书》、《庄子·天道》诸篇、《鹖冠子》
白　奚	《黄帝四经》、《管子》中的有关篇什、《鹖冠子》、《文子》、《慎子》
陈　博	《黄老帛书》、《管子四篇》、《庄子》外杂篇、《文子》、《鹖冠子》、《淮南子》、《吕氏春秋》
陈丽桂	《黄老帛书》、《管子》诸篇
张增田	《黄老帛书》
李笑岩	《管子》、《庄子》外杂篇的某些篇章、《尹文子》、《鹖冠子》、《黄老帛书》、《恒先》、《九主》

综合以上观点，我们认为，现存文献（包括传世文献与出土文献）中，《黄老帛书》和《管子四篇》是最无争议的黄老之学的代表作，本书进行的理论分析就以这两种文献为中心。《黄老帛书》尽管不一定是《汉书·艺文志》著录的《黄帝四经》，但其作为黄老学派最具代表性作品的地位已为学界公认，并无太大的争议。从内容上看，《黄老帛书》突出表现出以道家为主，结合刑名法术之学、阴阳家思想的特点，可视为黄老学派的作品中道法结合的代表作。在《黄老帛书》出土以前，学界对黄老之学的研究所依据的主要材料为《管子四篇》，包括《心术》上下、《白心》、《内业》四篇，旁及《枢言》《宙合》两篇。这几篇文献一方面体现了黄老学派身国同构、身国共治的国家观，另一方面也表现出以道综合儒、法、名等各家治国理论的特点。郭沫若先生曾将这几篇视为宋钘、尹文学派的作品，但目前学界一般认为是稷下黄老学的代表作，其具体作者已不可考。

除了上述两种文献，像《鹖冠子》《文子》《淮南子》，以及《庄子》《吕氏春秋》中的某些篇章也具有明显的黄老学派的思想特征，本文在具体论述时对它们也有所参考。

第二节 黄老学派产生的时代背景

黄老学派产生、发展的时间跨度较长，究竟把它放到哪一时代背景下探讨更为合适呢？目前，学术界有将其放到战国的，也有将其放到汉初这一时代背景下来探讨的。① 丁原明指出：“黄老学的发展情况比较复杂。从时间向度上说，它经历了战国和秦至西汉初两大阶段。前一阶段是黄老学产生形成的时期，它主要是被当作一种学术而提出来的；后一阶段是黄老学与现实封建政治密切结合的时期，也可以说是黄老学的应用时期，它主要是被当作一种政术而加以运用的。”② 我们赞同丁氏的这一判断，认为黄老学派的形成和发展主要是在战国时期。汉代黄老学派的著作，如《淮南子》《老子河上公章句》《道德指归》等和先秦黄老学派的著作相比，在基本理论上并没有突破性的进展，而像《淮南子》这样的著作还存在杂钞先秦其他著作的情况。这说明，汉代黄老学派的发展实际上是对先秦黄老学思想的总结。因此，我们认为，将黄老学派的政治哲学放在战国这一时代背景下探讨更为合适。

一、时代的课题与诸子的兴起

春秋之世，周天子的权威虽已衰落，但至少在名义上他仍然是天下共主，“尊王攘夷”的口号还具有相当的号召力。终春秋之世，除了南方被目为蛮夷的楚、徐、吴、越之外，还没有哪个中原诸侯国敢于试图取周天子而代之。③ 但战国之世，周天子已经失去了天下共主的地位，沦落为仰人鼻息的小诸侯。不仅原来被目为蛮夷的楚、徐、吴、越僭号称“王”，中原各诸侯国也已“相王”。④ 明末清初的顾炎武在论及春秋战国之际风俗之变时说：

---

① 劳思光在其《新编中国哲学史》中，于第一卷（先秦卷）只述老庄，将黄老之学放在第二卷第一章“汉代哲学”中。金春峰将《黄老帛书》的思想放在其《汉代思想史》的第一章。

② 丁原明：《黄老学论纲》，济南，山东大学出版社，1997，第41页。

③ 春秋末期，楚、徐、吴、越都曾称王，但并不敢僭号称天子。参见李若晖：《东周诸侯称王与中华正统观念之形成》，见刘擎：《权威的理由——中西政治思想与正当性观念》，北京，新星出版社，2008，第42～68页。

④ 公元前334年（魏惠王三十七年），魏惠王率领韩国和一些小国到徐州（山东藤县东南）朝见齐威王，尊齐威王为王。齐威王不敢独自称王，于是承认了魏的王号，史称这一事件为“会徐州相王”。

春秋时犹尊礼重信，而七国则绝不言礼与信矣。春秋时犹宗周王，而七国则绝不言王矣。春秋时犹严祭祀，重聘享，而七国则无其事矣。春秋时犹论宗姓氏族，而七国则无一言及之矣。春秋时犹宴会赋诗，而七国则不闻矣。春秋时犹有赴告策书，而七国则无有矣。邦无定交，士无定主，此皆变于一百三十三年之间。史之阙文，而后人可以意推者也。①

顾氏说的"一百三十三年之间"正当战国之初，是政治形势剧烈变动的一个时期。经过春秋晚期到战国初期各诸侯国争夺统治权的一系列斗争和变法运动，各诸侯国内部暂时建立起了新的政治秩序。但这种政治秩序并不稳定，缺乏社会的整体认同，也缺乏理论上的深层次支撑。战国七雄中的四雄，即齐、赵、魏、韩，都已非周初的旧封国。新诸侯是通过阴谋和暴力的方式完成对旧诸侯统治权的谋夺的，从政治哲学的角度上讲，这种统治不具备合法性。和政权的更替几乎同时进行的是各诸侯国内部的改革，往往通过各种形式的变法来进行，但这些改革往往取决于国君的个人喜好，也经历了反复的阶段。最有名的两个变法者的命运便很能说明问题：商鞅得到秦孝公的赏识在秦国变法，秦孝公一死，商鞅便被车裂；吴起在楚国变法，支持他的楚悼王尸骨未寒，吴起就丧命于旧贵族的乱箭之下。这些情况说明，新政治秩序的建立不仅包括实践层面上新的政治力量取代旧的政治力量，还必须从形而上学的高度建立新的政治价值观。也就是说，时代向诸子百家提出的第一个课题就是如何创制一套新的政治哲学，以之取代已经崩溃的天命论政治神学在政治生活中的地位。百家争鸣中的各家都自觉或不自觉地参与了这一过程，黄老学派自然不能置身其外。

《吕氏春秋·谨听》曰："今周室既灭，而天子已绝，乱莫大于无天子。"此语虽有可能写于公元前256年秦灭周之后，但"乱莫大于无天子"却一语道出当时中国最迫切需要解决的社会问题。诸侯混战造成的苦难，使得整个社会急切地呼唤统一。当时敏锐的学者已经意识到了时代的这一主题。例如，据《孟子·梁惠王上》记载，梁襄王有次问孟子："天下如何才能够安定？"孟子回答道："天下统一也就可以安定了。"孟子称仲尼门下羞言齐桓、晋文之事，这固然是对齐桓、晋文借"尊王攘夷"的口号而行争霸之实表示道德上的蔑视，但从另一角度来看，又何尝不是对霸、

---

① （清）顾炎武：《日知录集释》，上海，上海古籍出版社，2006，第749～720页。

王这两种方式分别适应春秋和战国两个不同时代的深刻认识呢？齐桓、晋文之时尚有王可尊，诸侯所能争的也就只有"霸"的名分了；到孟子所处的时代已无王可尊，诸侯都可以称王了。

春秋时期的争霸战争进入战国后逐渐演变为统一战争，战争的敌对方不再以迫使对方承认自己的霸主地位为目的，而是要最大限度地消灭对方的战争实力，最终兼并对方的土地和人民，实现新的统一。因此，战争规模越来越大，持续时间越来越长，在战争中死亡的人数也越来越多。春秋时期，一般的战争死亡人数不过数千，较大的战争亦不过上万。到了战国早中期，一次就死亡数万人的战争已屡见不鲜。到了战国后期，在一次战争中死亡的人数则动辄以数十万人计。例如，公元前293年，秦败韩魏联军，歼敌二十四万。公元前260年的秦赵长平之战，秦坑杀赵国降卒竟达到惊人的四十万。至此，战争双方所比拼的已不单纯是军事实力，而是政治、经济力量的全方位比拼。以政为本、以兵为末几乎是当时所有学者的共识。《孙子兵法》开篇提出决定战争胜负的五件事，列在首位的就是"道"，即君主无道还是有道，能否得到国内人民的拥戴。商鞅则更直接地说："凡战法必本于政。"（《商子·战法》)孟子在和魏惠王讨论曾经强大的魏国为什么会遭到"东败于齐，长子死焉，西丧地于秦七百里，南辱于楚"（《孟子·梁惠王上》）这一系列军事上的失败时，也将原因归结为魏惠王不行仁政于民。在这一背景下，如何增强国家实力，富国强兵，从而统一中国，就成了当时有为的诸侯国君最关心的问题。齐国几代君主都热衷于稷下学宫的建设，招徕各国学者，加以厚待，让他们"不治议论"。稷下先生虽然不亲自参与政治，但其议论的主题显然与政治相关，这点我们看看被认为是稷下学宫的文章结集的《管子》一书就会很明了。因此，现实政治给诸子百家提出的第二个课题就是，如何创制一套能够实现富国强兵之目的的"治道"学说。法家之耕战、儒家之仁政、道家之无为皆以此为目的。

从战国时期社会结构和各阶层关系的变动来看，学术的下降和士阶层的崛起为诸子和黄老学派的兴起提供了客观前提。按周代的礼制，学在官府，即各种"王官"。官学对入学者都有一定的等级身份要求，非贵族子弟没有接受礼乐文化教育的权利。随着周王室的衰落，典籍文章散佚，许多掌管文化的官员也纷纷离开周王室。《史记·历书》记载："幽、厉之后，周室微，陪臣执政，史不记时，君不告朔，故畴人子弟分散，或在诸夏，或在夷狄。"《论语》则曰："大师挚适齐，亚饭干适楚，三饭缭适蔡，四饭缺适秦，鼓方叔入于河，播鼗武入于汉，少师阳、击磬襄入于海。"(《论语·微子》)这里所描述的都是当时掌管文化典籍的官员四散于诸侯的现象。官学制度不再能够维持，民间出现私相教授的现象，学术也就逐渐普及开来。我们在《左传》中也可以看到曹刿、宫之奇等在诸侯身边执掌仪式、解述卜筮、预言凶吉、阐述思想的文化人。他们逐渐把过去"王官"独占的文化知识话语带到各诸侯国，出现了"天子失官，学在四夷"(《左传·昭公十七年》)的局面。

学术从官府降落到民间，一方面，意味着可以有更多的人接触到它；另一方面，官方学术的权威地位的衰落也给新的思想和学派的产生提供了契机。在"官师合一"的时代里，文化传承者都是王朝的官员，传授文化的活动也是重要的政治活动。他们所传授的内容凭借政治的权威而具有不容置疑的性质。这就是章学诚在《文史通义》中所说的"治教未分，官师合一"的制度。这里的"未分"和"合一"实质上指出当时还未有独立的学术活动的开展，学术是附属于政治的。其他人即使提出纯粹学术上的质疑也会被视为政治上的反对，这样的时代不存在异端学说产生和存在的社会基础。周王朝的衰落和周礼的崩坏对于原来依附于政治的学术来说是一种松绑，官方学术失去政治威权的凭借，也就不再是不可置疑的，这才会有对学术的理性思考。

诸子和黄老学派兴起的第二个前提是战国时期"士"阶层崛起并在政治舞台上扮演重要角色。葛兆光把"士"的崛起分为两个阶段，春秋时期多是本属王官的知识人流入诸侯之采邑，或一些本是贵族的文化人家族衰颓为"士"，主要是身份的下降，而这种阶层下降造就了春秋时代思想与知识权力的下移。但到了春秋末期及战国时期，主要是下层平民中大量受过教育的"士"或进入诸侯大夫的机构，或独立于社会，形成一个不拥有政治权力却拥有文化权力的知识人阶层。思想话语的承担者与政治权力的拥有者出现了分离。思想话语与实用知识在这时也出现了分离。这种"思想"与"权威"的疏离正好造就了思想者，使他们可以独立地思考更深入的问题。在周代，"士"是封建贵族的最低一级，其地位仅高于庶人。春秋之世，虽然政治权力从周天子而诸侯，从诸侯而大夫，从大夫而陪臣，逐级下降，但当时政治舞台的主角是大夫而不是士。各诸侯国之间的婚丧嫁娶、聘问、会盟等活动，组织和参加者都以大夫为主，战争中作为统帅的人也至少是大夫的级别。《论语·宪问》记载：

　　陈成子弑简公。孔子沐浴而朝，告于哀公曰："陈恒弑其君，请讨之。"公曰："告夫三子。"孔子曰："以吾从大夫之后，不敢不告也。

君曰'告夫三子'者!"之三子告，不可。孔子曰："以吾从大夫之后，不敢不告也。"

　　孔子一再强调"以吾从大夫之后"，可见在当时，大夫才有这个义务，士是没有这个义务的。孔子虽然父亲早逝，家道中落，曾经"少而贱"，但因为是大夫之后，所以仍能够做到鲁国的司寇，齐景公还想以"季、孟之间"待之。孔子那些没有"大夫之后"出身的弟子就大多只能给诸侯的大夫做家臣、邑宰一类的小官，其原因正在于春秋时政治舞台的主角是大夫而不是士。孔子虽告诫弟子"学也，禄在其中矣"（《论语·宪问》），但实际上当时的用人标准是出身在先，才学在后。

　　这一标准到战国发生了重大变化。一方面，大批旧贵族降而为士，使得士阶层的人数大为增加。士又能掌握文化，遂成为政治上一支重要的力量。另一方面，各诸侯国之间你死我活的斗争形势使得各诸侯国国君不得不重视人才，利用各种手段招徕智谋之士，出现了"主卖官爵，臣卖智力"（《史记·仲尼弟子列传》），各取所需的局面，即所谓"天下诸侯方欲力争，竞招英雄，以自辅翼，此乃得士得昌，失士则亡之秋也"（《孔丛子·居卫》）。许多原本身份低微的士甚至庶人也能够以才学、智谋取高官厚禄，一朝而从平民为诸侯卿相，甚至为"诸侯师"，甯越就是一个典型的例子。① 得士还是失士，直接影响到各诸侯国的国力。不仅诸侯注意招徕人才，在上层贵族中，养士之风也非常盛行。诸侯对士的重视其实是对士所掌握的知识谋略、富国强兵之术的重视，这在客观上促进了战国学术的繁荣。

二、诸子的学术渊源

　　古人对先秦诸子学术渊源的探讨，最早见于《庄子·天下》：

　　　天下大乱，贤圣不明，道德不一，天下多得一察焉以自好。譬如耳目鼻口，皆有所明，不能相通。犹百家众技也，皆有所长，时有所用。虽然，不该不遍，一曲之士也。判天地之美，析万物之理，察古人之全，寡能备于天地之美，称神明之容。是故内圣外王之道，暗而不明，郁而不发，天下之人各为其所欲焉以自为方。悲夫，百

---

① 《吕氏春秋·博志》："甯越，中牟之鄙人也。苦耕稼之劳，谓其友曰：'何为而可以免此苦也？'其友曰：'莫如学。学三十岁则可以达矣。'甯越曰：'请以十五岁。人将休，吾将不敢休；人将卧，吾将不敢卧。'十五岁而周威公师之。"

家往而不反，必不合矣！后世之学者，不幸不见天地之纯，古人之大体，道术将为天下裂。

作者认为，古之道术裂为诸子百家，也就意味着在诸子出现之前，存在统一的"古之道术"作为诸子共同的学术渊源。作者进一步指出，所谓"古之道术"的载体就是《六经》：

> 《诗》以道志，《书》以道事，《礼》以道行，《乐》以道和，《易》以道阴阳，《春秋》以道名分。其数散于天下而设于中国者，百家之学时或称而道之。

汉代的刘向、班固则认为，诸子皆出于"王官"。班固在《汉书·艺文志》中对此有详细论述：

> 儒家者流，盖出于司徒之官……道家者流，盖出于史官……阴阳家者流，盖出于羲和之官……法家者流，盖出于理官……名家者流，盖出于礼官……墨家者流，盖出于清庙之守……纵横家者流，盖出于行人之官……杂家者流，盖出于议官……农家者流，盖出于农稷之官……小说家者流，盖出于稗官。

这一观点，近人章太炎、吕思勉仍之。傅斯年、冯友兰诸先生谓诸子出于职业，可谓这一传统说法的进一步发展。① 胡适认为，诸子皆起于救世之弊，应时而兴，不出于"王官"，并作《诸子不出于王官论》反驳之。胡适说："诸子自老聃、孔丘至于韩非，皆忧世之乱而思有以拯济之；故其学皆应时而生，与王官无涉。"② 胡适的"诸子皆起于救世之弊"之说并非不能成立，刘向、班固对此也是认可的。班固亦云：

> 诸子十家，其可观者九家而已。皆起于王道既微，诸侯力政，时君世主，好恶殊方，是以九家之术蜂出并作，各引一端，崇其所善，以此驰说，取合诸侯。其言虽殊，辟犹水火，相灭亦相生也。

---

① 刘向、班固的"诸子出于王官说"包括两层意义，其一即"诸子出于王官"，其二是刘、班还详细指出诸子分别出于王官中的哪一家，如谓儒家出于司徒之官、道家出于史官、墨家出于清庙之守等。今人多肯定其说的第一层意义，而对其中包含的第二层意义颇有异议。

② 顾颉刚：《古史辨》第四册上编，上海，上海古籍出版社，1982，第7页。

仁之与义，敬之与和，相反而皆相成也。《易》曰："天下同归而殊涂，一致而百虑。"今异家者各推所长，穷知究虑，以明其指，虽有蔽短，合其要归，亦六经之支与流裔。（《汉书·艺文志》）

班固此说与胡适之说并无实质上的差异，但"起于"和"出于"是两个不同的问题。"起于"讨论的是诸子之学兴起的时代背景，传统的诸子出于"王官"之说所论的是诸子的学术渊源。胡适以"起于救世之弊"去否定"出于王官"的说法，不但混淆了这两个问题，而且完全割裂了"王官"之学与诸子学内在的学术联系，使诸子之学成了无源之水。如果我们承认先秦诸子哲学不可能凭空出现且春秋以前学在王官这两个事实，就能明白诸子之学渊源于"王官之学"实为不刊之论。

随着周礼的崩坏，"学在官府"之制在春秋时就已无法维持，"王官之学"的传承自然也就不能局限于"王官"，而只能以上古文献为载体而流传于民间。这些上古文献之结集即儒家所谓之"六经"。刘勰在《文心雕龙·诸子》中认为，诸子"繁辞虽积，而本体易总，述道言治，枝条五经"。六经不仅是儒家之经典，也是前诸子时代文化的共同结晶，是先秦各学派共同尊奉、学习的经典，并非儒家的专利。只不过儒家的创始人是最早开始私人讲学，并把六经传播于民间的，这就使儒家在一开始就占据了独特的文化优势。六经即《诗》《书》《礼》《乐》《易》《春秋》这六部典籍，据清代学者章学诚考证，"皆是先王之政典"。就六经的内容来看，这一说法并非无据。

六经中的《乐经》早就散佚，其内容无从考证，但乐本是广义的礼的一部分，通过对礼的考证或可得其内容之一二。周代以礼治天下，礼不仅是礼仪制度，还是文化体系和政治秩序。周代封建众多诸侯以屏藩周室，而实行封建的根据就是宗法制度。宗法制度既是政治的又是伦理的，周礼就是宗法制度的形式化表达。"经礼三百，曲礼三千"的繁文缛节几乎无所不包地规定了君臣、父子、上下、尊卑、长幼、亲疏等的差别及其在政治体系中的地位。故《左传·隐公十一年》曰："礼，经国家，定社稷，序民人，利后嗣者也。"国家、社稷、民人是传统社会的政治中最重要的三个要素，礼通过对三者关系的协调来实现维持政治秩序的功能。《礼记·乐记》更是直接指出："礼、乐、刑、政，其极一也。"也就是说，四者都是为政治服务的。《礼》为政典，最为无疑。

《尚书》保存了尧、舜、禹三代至春秋时期的典、谟、训、诰、誓、命之文。这些典、谟、训等无一不是当时重大政治事件的见证，体现了上古君臣对政治事务的理解和为政、治民之道。《尚书》绝不仅仅是一部上古的史料集，更是一部给后世为政者做借鉴的政书。荀子曰："故《书》者政事之纪也。"(《荀子·劝学》)孔安国论孔子删订《尚书》之意云："先君孔子……所以恢弘至道，示人主以轨范也。帝王之制，坦然明白，可举而行，三千之徒并受其义。"①《尚书》所记载的时代虽为神权政治所笼罩，但其中已经有突破神权而对于政治的理性思考。例如，《泰誓上》曰："天矜于民，民之所欲，天必从之。"《泰誓中》曰："天视自我民视，天听自我民听。"此外，还有《洪范》篇中箕子对政治原则的论述等。这些都可以说是中国政治哲学之先声。

《诗经》在今人看来大部分是文学作品，但在先秦却承担着重要的政治功能。《汉书·艺文志》曰："哀乐之心感，而歌咏之声发。诵其言谓之诗，咏其声谓之歌。故古有采诗之官，王者所以观风俗，知得失，自考正也。"《诗经》中的许多诗歌是当时的采诗官收集而来的，承担着作为统治者与被统治者之间的沟通途径的功能。另外，诸侯朝见周天子，诸侯和卿、大夫之间进行会盟、享燕等政治活动，特别是外交活动时都要赋诗。这样的记载《左传》中多有。赋诗是在外交活动中表达自己意思的重要途径，一旦所赋之诗不合适，就有可能遭到讥嘲。孔子曰："诵《诗》三百，授之以政，不达；使于四方，不能专对。虽多，亦奚以为？"(《论语·子路》)这里所强调的正是《诗经》在政治活动中的重要作用。

《易》分经、传两部分，本为卜筮之书，经即卜辞之汇编。卜筮在上古夏、商、周三代是一项重要的政治活动，三代各有卜筮之书，夏曰《连山》，商曰《归藏》，《易》为周代卜筮之书，故又称《周易》。夏、商、周三代为神权政治的时代，在处理重大政治事件前与上天进行沟通具有极重要的意义，而卜筮是神、人之间最重要的沟通渠道。殷墟出土的甲骨，其内容绝大部分是卜辞，周代甲骨和金文中也有不少卜辞，从中可见当时卜筮之风的盛行。卜辞内容多与出征、立嗣、封国等政治活动相关。三代鼎革，连其卜筮之书一并易之，亦可见卜筮与政治关系之密切。故《易·系辞》曰："《易》之兴也，其当殷之末世、周之盛德邪！当文与纣之事邪！"从中，我们可以知道《周易》产生于周初，为周初政治变革的产物。从这一意义上说，《周易》本身也是广义的周礼的组成部分。

可见，上述五经皆可称为"先王之政典"，为上古先民政治智慧之结晶。诸子之学源于这些"先王之政典"，又面临礼坏乐崩、社会失序、诸侯混战的社会现实，便不能不以政治问题的解决为中心课题。司马谈曰：

---

① 　(汉)孔安国：《尚书序》，见《尚书正义》，北京，北京大学出版社，1999，第8～11页。

"夫阴阳、儒、墨、名、法、道德，此务为治者也。"（《论六家要旨》）也就是说，尽管六家具体的政治主张不同，但其"为治"的目的是一样的。张舜徽先生曰："余尝博考群书，穷日夜之力以思之，恍然始悟先秦诸子之所谓'道'，皆所以阐明'主术'，而'危微精一'之义，实为临民驭下之方，初无涉乎心性。"①所谓"主术""临民驭下之方"，也就是治国之术，其中包含着丰富的政治哲学智慧。李泽厚亦曰："先秦各派哲学基本上都是社会论的政治哲学。"②孙开泰也认为，诸子百家"著书立说往往有明确的政治目的"③。

就黄老学派而言，所谓"黄老"，"黄"只是托名于黄帝，黄帝本人并没有什么学说流传下来；"老"即老子，这部分才是实质。老子是道家的始祖，做过周朝的柱下史，掌管图书典籍，对于周王室收藏的那些"先王之政典"自然非常熟悉。就《老子》一书的内容看，除了对"道"的玄思，对为人处世和政治问题的思考占了相当大的比重。吕思勉谓："《老子》全书之旨，可以两言括之：（一）曰治国主于无为，（一）曰求胜敌当以卑弱自处而已。"④吕氏所概括的《老子》全书之旨几与魏晋人所乐称之"玄学"无涉，而皆与政治的、人生的内容相关。因此，先秦诸子关注的首要问题是如何为重建社会政治秩序提供理论的论证，而不是如何进行个人道德的修正。即使诸子哲学中有道德哲学的内容，也如赵明所说："这种道德哲学的展开直接与政治相关联，毋宁说，它是政治的道德哲学，'成人'问题实质上关注的是'政道'，是'治道'，是'王道'。"⑤所以说，战国时期的中国哲学，从一开始就以政治哲学为主要内容和表现形态。从这个意义上讲，从政治哲学的视域来诠释先秦哲学在各种诠释进路中无疑具有优先性。

第三节　黄老学派产生的观念背景

一、天命论的崩溃

列奥·施特劳斯认为，在前哲学的时代，人们将好的等同于祖传的，祖先崇拜又往往与对本族特有的神的崇拜结合在一起。在当时人的观念

① 张舜徽：《周秦道论发微》，北京，中华书局，1982，第31页。
② 李泽厚：《中国古代思想史论》，北京，生活·读书·新知三联书店，2008，第88页。
③ 孙开泰：《先秦诸子精神》，南京，凤凰出版社，2010，第203页。
④ 吕思勉：《经子解题》，上海，华东师范大学出版社，1995，第111页。
⑤ 赵明：《先秦儒家政治哲学引论》，北京，北京大学出版社，2004，第2页。

中，祖先即神之子，或至少是与神比较接近的人。这一时期，从远古祖先那里传来的统治资格和统治秩序都是自然而然的，其合法性不会受到怀疑，也就根本不用为其统治的合法性寻找辩护的理由。古希腊由原始的氏族村社直接进入城邦阶段，在哲学产生前一直没有形成拥有较大范围的疆域和多个氏族部落的统一国家，各城邦都有各自崇祀的神。因此，古希腊各城邦都有以不同的神之名制定的法典和制度。文德尔班认为，对不同国家、民族的习俗和道德呈现出来的多样性的经验，导致古希腊人去思考这样的问题："是否存在任何时间任何地点都有效的东西，是否存在不分民族、国家、时代，因而对一切都有权威的法律。"[1]列奥·施特劳斯也认为，形形色色的神圣法典之间的冲突导致了对神圣和社会法典本身的怀疑。从此以后，好的不再等于祖传的。对什么是最好的东西的追问导致了哲学和政治哲学的出现。[2]

古代中国在哲学和政治哲学产生以前，作为政治之观念支撑的也是神学。《左传·成公十三年》载刘康公之言曰："国之大事，在祀与戎。""戎"指军事活动；"祀"指祭祀，祭祀的对象是各部落的神。与古希腊各城邦崇祀不同的神类似，各氏族崇拜的神也有极强的部落专属性，专属某个部落的神不会被其他部落认可。各部落专属的神其实就是各部落的祖先神。中国商、周二朝的始祖契和后稷的诞生都与神迹有关，他们本人在传说中也具有半神半人的特征。因此，除非这两个部落的起源能追溯到某位共同的祖先，否则各部落专属的神不会接受非其后代的人的祭祀，也不会庇佑他们。从春秋时期的某些宗教祭祀规范中，我们仍然可以看出早期氏族部落时期神专属某一部落这一原始宗教观念的遗存。《左传·僖公十年》载狐突之言，曰"神不歆非类，民不祀非族"，《左传·僖公三十一年》载甯武子之言，曰"鬼神非其族类，不歆其祀"，即是其证。孔子也曾批评祭非其鬼的现象，称："非其鬼而祭之，谄也。"（《论语·为政》）

与古希腊不同的是，中国自夏朝以后就建立了统一的王朝，统一王朝的建立也要求神的谱系的统一。夏朝并没有多少文字记载流传下来，据现有较可靠的文字资料考证，至上神的观念在商代后期就已经有了。郭沫若认为：

> 殷时代是已经有至上神的观念的，起初称为"帝"，后来称为"上

---

① 〔德〕文德尔班：《哲学史教程》上卷，罗达仁译，北京，商务印书馆，1987，第104页。

② 参见〔美〕列奥·施特劳斯：《自然权利与历史》，彭刚译，北京，生活·读书·新知三联书店，2003，第85～94页。

帝"，大约在殷周之际的时候又称为"天"：因为天的称谓在周初的
《周书》中已经屡见，在周初彝铭如大丰簋和大盂鼎上也是屡见，那
是因袭了殷末人无疑。由卜辞看来可知殷人的至上神是有意志的一
种人格神，上帝能够命令，上帝有好恶，一切天时上的风雨晦冥，
人事上的吉凶祸福，如年岁的丰啬，战争的胜败，城邑的建筑，官
吏的黜陟，都是由天所主宰，这和以色列民族的神是完全一致的。
但这殷人的神同时又是殷民族的宗祖神，便是至上神是殷民族自己
的祖先。①

殷人的至上神和祖先神是重合的，但其称呼从"帝"而"上帝"而"天"，
所表现的正是至上神和祖先神逐渐分离的趋势。"帝"的祖先神意义明显
要强于"上帝"和"天"，"上帝"和"天"之间的关系并不明晰，二者有时有
区别，有时又没有区别。从殷墟出土的甲骨卜辞中可以看出，殷人是非
常虔诚的宗教徒，政治生活中事无巨细都要向"帝"或"上帝"卜问。相应
地，殷人自然而然地把自己对他族的统治看作上天的赐予，这就是殷人
的天命论。殷人天命论的具体内容已不可得知，但商代后期的统治者显
然将天命看作自己政治统治合法性的唯一来源。《史记·殷本纪》载商纣
王之语曰："我生不有命在天乎！"在后人看来，这是商纣王无道的罪证之
一，而在当时却更可能是人们真实信仰的反映。

周之代商采取的是暴力征伐的途径，《尚书·周书·武成》记载武王
伐纣之战"血流漂杵"，可见战争进行得非常激烈。周朝建立后，殷人仍
有相当大的势力，原来殷的旧封国也基本上没有变动。武王灭商后立即
封纣的儿子禄父为诸侯，以奉商祀，此举一定程度上是对殷人旧势力的

----

① 郭沫若：《青铜时代》，上海，新文艺出版社，1951，第9页。对于中国历史上至上神观念
起源的时间，人们一直存有争议，争议的焦点是商代有无至上神观念。郭沫若认为殷人的
"上帝"就是至上神，傅斯年则认为殷代的上帝只是部族宗神。顾立雅、李玄伯、徐旭生等
人所持观点大体与傅说同，徐复观则赞同郭说。（参见郑开：《德礼之间——前诸子时期的
思想史》，北京，生活·读书·新知三联书店，2009，第245～246页）郑开认为，"把殷之
上帝归于超宗神的普世上帝无论如何是轻率的……商代宗教传统中的'神的世界与祖先的世
界'"几乎是重合的。本文赞同郭说，即至晚在商代已有至上神观念，而中国有文字可考的
历史只能追溯到商代，无文字可考的商以前的夏代有无这一观念则已不得而知。上帝之为
至上神与上帝之不是"超宗神的普世上帝"之间并不矛盾。至上神观念表示的是在众神谱系
中某个神取得最高的地位和权威，这个神同时有可能仍然是殷人的宗神。天上众神的秩序
和地上的政治秩序存在对应的关系，殷人取得对其他部落的统治地位，其部落所崇祀之神
也就自然而然地具有了相对于其他部落神的至高无上的地位。殷人的"上帝"是宗神和至上
神的重合，但他仍然是殷人独有的神，只有殷人才有权祭祀。后世尽管出现至上神和祖先
神的分离，但只有天子才有祭天之权，可见这种分离并不是很彻底，至少还有遗存。

妥协。但不久禄父就和管叔、蔡叔合谋叛乱，可见周初的统治并不稳固。在周初由周公主持的制礼作乐运动中，周人继承了殷人的天命论，又做了相应的改进来为自己取代殷的合法性进行辩护。周人所做最重要的改进有二：一是进一步促进了作为至上神的"上帝"和"天"与祖先神的分离；二是发明了"德"的观念来作为受命的根据。张光直认为：

> 我们切不能忘掉，周的王室属于与殷的王室厥然不同的氏族。不论周人承袭了多少殷人的"文化遗产"，中间绝不能包括商代之把上帝与子姓祖先拉凑在一起这种观念。在武王伐纣的前后，周族的长老在这一点上显然有两条路好走：或者是把上帝是子姓祖先的关系切断，而把他与姬姓的祖先拉上关系，要不然就是把上帝与祖先之间的关系根本截断，把他们分到两个截然不同的范畴里去。姬姓的始祖诞生的神话颇可以证明，第一条路并非完全没有尝试，但周代后日宗教观念的发展史实证明了，第二条路是周人所采取的办法，因而从西周开始，祖先的世界与神的世界逐渐分立，成为两个不同的范畴。这个现象，是商周宗教史上的大事。①

周人要论证周之代商是"天命"的转移，周人的所作所为是遵从上天意旨的正当行为，有两条路可走。张光直认为，周人最终选择的是第二条路，即根本截断上帝与祖先之间的关系，也就是确立"天"的至上神地位。天之用作神祇义，在周初史料中已相当普遍。"据顾立雅（H. G. Creel）统计，《周易》中有八次。《诗经》中有一百零四次作天神意，而帝或上帝只有四十三次。《尚书》的'周诰'十二篇中，'天'为神祇义，见了一百十六次，而帝或上帝只见廿五次。"②但如果我们不局限于宗教观念的变革这一视角，就可以发现，周人一方面截断了祖先和上帝之间的关系，另一方面也一直在和商人的祖先拉关系，即论证商人和周人有共同的祖先。宗教和血统在传统社会中都是统治具有合法性的理由，甚至在整个中国封建社会都有其有效性。在上帝与祖先神重合的宗教观念的支配下，作为人间政治秩序的决定者的上帝，当然只会将统治权赐予作为自己后裔的氏族。上帝和祖先的分离是"德"这一观念出现的前提，只有二者分离，上帝成为一切氏族的神，才有可能使人相信"天命靡常"，

---

① 张光直：《中国的青铜时代》，香港，香港中文大学出版社，1982，第305～306页。
② 许倬云：《西周史》，北京，生活·读书·新知三联书店，1994，第106页。

有德者居之，因为没有人相信自己的祖先不赐福于自己而赐福于外人。当然，从殷周制度变革的角度来看，周人彻底截断"天"与祖先的关系而确立其至上神地位的做法无疑更具时代性，也更值得关注。

上帝与祖先之间的关系被截断后，"德"取代血缘成为神、人之间联系的枢纽。天命的下降和转移，不取决于血缘而取决于"德"之所在：有"德"者必"受命"，无"德"者则要被"革命"。"德"成为西周以来政治合法性论证中的核心概念，其内容包括敬神和保民两个方面。武王伐纣，历数纣的多项罪行，概括起来也无非不敬神和虐民。纣之丧"德"使其失去承受天命的资格，其统治也就不复具有合法性。《尚书》中作于周初的几篇反复强调文王和周先王的"德"，以论证"小邦周取代大邦殷"的正当性：

> 有夏不适逸，则惟帝降格，向于时夏。弗克庸帝，大淫泆有辞。惟时天罔念闻，厥惟废元命，降致罚。乃命尔祖成汤革夏，俊民甸四方。自成汤至于帝乙，罔不明德恤祀，亦惟天丕建，保乂有殷。殷王亦罔敢失帝，罔不配天其泽。在今后嗣王，诞罔显于天，矧曰其有听念于先王勤家？诞淫厥泆，罔顾于天显民祗。惟时上帝不保，降若兹大丧。惟天不畀不明厥德，凡四方小大邦丧，罔非有辞于罚。（《尚书·多士》）
>
> 惟乃丕显考文王，克明德慎罚，不敢侮鳏寡，庸庸，祗祗，威威，显民，用肇造我区夏。（《尚书·康诰》）
>
> 王惟德用，和怿先后迷民，用怿先王受命。（《尚书·梓材》）
>
> 天亦哀于四方民，其眷命用懋。王其疾敬德，相古先民有夏……王敬作所不可不敬德……惟不敬厥德，乃早坠厥命。（《尚书·召诰》）

这几篇文献反复阐述"命"与"德"之间的关系，指出殷之灭亡乃因为纣的不敬德，周之兴则正因为文王、武王的敬德，由此造成天命的转移。周革殷命和殷革夏命一样都是遵奉天命行事，天才是那个有权威、有意志的主宰，周人不过是天实现自己意志的工具。周初的这一观念固定下来以后，敬德就成了受命的充分必要条件，大德者必受命成了西周以来所公认的政治信念，以至于大德如孔子者虽未受命，后世的儒生也要给他一个"素王"的头衔。

春秋时期，当政者已经普遍地将"德"视为拥有政治权威的首要条件。《左传·僖公二十四年》有这样一段记载：

　　郑之入滑也，滑人听命。师还，又即卫。郑公子士、泄堵俞弥师师伐滑。王使伯服、游孙伯如郑请滑。郑伯怨惠王之入而不与厉公爵也，又怨襄王之与卫、滑也，故不听王命而执二子。王怒，将以狄伐郑。富辰谏曰："不可。臣闻之：大上以德抚民，其次亲亲以相及也……郑有平、惠之勋，又有厉、宣之亲，弃嬖宠而用三良，于诸姬为近，四德具矣……周之有懿德也，犹曰'莫如兄弟'，故封建之。其怀柔天下也，犹惧有外侮；扞御侮者，莫如亲亲，故以亲屏周。召穆公亦云。今周德既衰，于是乎又渝周、召以从诸奸，无乃不可乎？"

　　郑文公囚禁了周天子的使者，周襄王欲以狄人伐郑。富辰阻止周襄王伐郑的理由有二：其一，周郑为同姓，同姓之间应遵循亲亲原则；其二，周德既衰而郑有四德，周之伐郑缺少"德"的支撑。讨伐不听命的诸侯本就是天子的权力，但在富辰看来，由于周襄王之乏"德"，竟然失去了行使这一权力的资格。子产与范宣子书曰：

　　夫令名，德之舆也；德，国家之基也。有基无坏，无亦是务乎？有德则乐，乐则能久。《诗》云，"乐旨君子，邦家之基"，有令德也夫！（《左传·襄公二十四年》）

　　在这里，子产将"德"看成国家得以维持的基础。即使在诸侯争霸的过程中，"有德""无德"也是一个关键的因素。晋郤缺曾言于赵宣子曰："无德，何以主盟？子为正卿，以主诸侯，而不务德，将若之何？"（《左传·文公七年》）晋楚弭兵之盟，楚与晋争先歃，叔向谓赵文子曰：

　　夫霸王之势，在德不在先歃。子若能以忠信赞君，而神诸侯之阙，歃虽在后，诸侯将载之，何争于先？若违于德而以贿成事，今虽先歃，诸侯将弃之，何欲于先？（《国语·晋语八》）

　　可见，以德服诸侯的观念即使在诸侯争霸的过程中也具有相当的号召力。

　　"德"这一观念的引进在论证周的统治的合法性问题上起到了决定性的作用，但也一定程度上成为天命论神学崩溃的诱因。首先，以"有德"

和"丧德"区分政治统治的有无合法性虽然还没有突破天命论的框架，但无疑在这一框架内容纳了最多的人道主义因素，最大限度地冲淡了政治的神学意味，因为"德"毕竟是人之"德"，不管这个"人"是个体之人还是群体之"人"。既然有德是承受天命的充分必要条件，那么信奉、崇敬天，祭祀鬼神对于现实政治还有多大的意义就值得怀疑了。这一思路最终在春秋时期演变成为人文主义思潮。它扬弃了天的神学意味，而关注天所代表的道德秩序。

其次，郑开认为："作为政治理论的'德'触发了思想观念的'德'，政治革命导致了思想革命。"①他这里所谓"政治革命"，指周之代商及以"德"为核心的天命论的出现。不过，"思想革命"何指呢？从广义上讲，相对于祖先神崇拜，天命论也是思想革命的一部分，但思想革命不局限于国之兴亡、家族的盛衰，个人的祸福也都与"德"联系起来，取决于"德"之有无。而在周代的宗法制社会中，人的地位的高下取决于血缘。有"德"之人不见得有位，也不见得必然有福。因此，从一开始，周代的宗法制度就和以"德"为枢纽的天命论神学传统存在矛盾。这一矛盾随着人类理性的发展而日渐凸显，当有"德"之人命途多舛、无辜之人遭灾受祸成为普遍现象时，人们对天命的信仰自然而然地发生了动摇。在《诗经》中某些作于幽、厉二王时期的诗篇里，天已经不再是以前那个高高在上、为人所敬畏的对象，而是怨恨、指责甚至咒骂的对象：

> 天方荐瘥，丧乱弘多……昊天不佣，降此鞠讻。昊天不惠，降此大戾……昊天不平，我王不宁。（《诗·小雅·节南山》）
>
> 浩浩昊天，不骏其德。降丧饥馑，斩伐四国。旻天疾威，弗虑弗图。舍彼有罪，既伏其辜。（《诗·小雅·雨无正》）
>
> 荡荡上帝，下民之辟。疾威上帝，其命多辟。天生烝民，其命匪谌。（《诗·大雅·荡》）
>
> 上帝板板，下民卒瘅……天之方难，无然宪宪。天之方蹶，无然泄泄。辞之辑矣，民之洽矣。辞之怿矣，民之莫矣……天之方虐，无然谑谑……天之方懠，无为夸毗。（《诗·大雅·板》）

这一类诗，后来被学者称为变风、变雅，它们在西周末年的集中出

---

① 郑开：《德礼之间——前诸子时期的思想史》，北京，生活·读书·新知三联书店，2009，第 270 页。

现是对幽、厉二朝政治黑暗的反映。在混乱的政治秩序中，天命也失常了。天不再是明明在上，根据世人之德而赐予祸福的公正无私的天，而成了昏庸、残暴的天。在敬神之外，"德"亦包括保民。神已不可信任，民的力量则在周末国人暴动，放逐周厉王的事件中得到空前的体现。《左传·桓公六年》曰："夫民，神之主也，是以圣王先成民而后致力于神。"《左传·僖公十九年》宋司马子鱼亦云："祭祀以为人也。民，神之主也。"《左传·庄公三十二年》载虢史嚚之言："吾闻之，国将兴，听于民；将亡，听于神。"《左传·僖公十六年》周内史叔兴说："吉凶由人。"这些言论都把民对于国家的意义提到神之上，认为国之兴亡、统治能否维持的关键在于民而不在于神，也不在于天命。上帝和天的权威如同周天子一样只保留了一个虚名，天命论神学的框架最终被其中的人道主义因素所冲决。

二、从"天命"到"道"

语言是思想的载体，言说方式的转变往往是思维方式发生变化的外在征兆。从西周末年开始，作为传统政治之支撑的天命论逐渐崩溃，这一过程反映到政治话语上就是天的神性的隐退和"道"的话语的滋长。从"天命"到"天道"，虽一字之差，却蕴含着思想史上的重大转进。"天命"是上天发布的命令，是其意志的表达。在天命论传统中，天是有意志的至上神，既是自然界秩序的来源，也是人间政治秩序的决定者。这是一种典型的宗教神学政治论的思维方式。天作为至上的所在，只是人崇祀、敬畏的对象。与天相比，人至为渺小，试图去认识、把握天简直就是不可饶恕的僭越。识与知是人类理性能力的运用，但在崇高的上帝面前，人类的理性微不足道，因此，只能被动地"顺帝之则"，是所谓"不识不知，顺帝之则"①。在上帝的威临下，人所能做的只是通过各种巫术、祭祀去体会何者是天之所"命"，如何领受天之所"命"。换言之，人类的理性能力只能在天与人的沟通方式上做文章，龟卜、占筮，星象、历数、灾异都被曾认为是上帝意志在人间的表达。

"道"的本意为道路。道路为人出入所常经行，每条都通向固定的某些地方。如果其所通向之处变幻无定，道路也就非人常行的道路了。有

---

① 　此语在先秦早期文献中多见，《列子·仲尼》载小儿所歌《康衢歌》曰："立我蒸民，莫匪尔极。不识不知，顺帝之则。"《诗·大雅·皇矣》亦曰："帝谓文王，予怀明德，不大声以色，不长夏以革。不识不知，顺帝之则。"可见此语由来甚早，正是早期宗教神学笼罩下，人对于天的敬畏的写照。

常、可重复、可预测正是规律的主要特征，因此，"道"引申而有规律之意。规律是人可以运用理性能力去认识和掌握的。"天道"概念出现于当时的政治话语中，表明人对于天已至少不仅仅是敬畏，而是试图去认识天，并且通过生产生活的实践掌握天的某些运行规律。尽管在中国思想中，天的多重含义从来就没有相互剥离，但"天道"话语系统中的"天"和神学意义上的"天"在意义上已经有了相当的差距。陈来认为："春秋时代的'天道'观念，略有三义：第一种是宗教的命运式的理解……第二种用法是继承周书中的道德之天的用法……第三种就是对'天道'的自然主义的理解。"①而这三种意义又"来自两条线索，一是人文主义，一是自然主义"②。这两条线索都与传统的天命论相去甚远。郑开认为："'天德'双关科学意义上的自然法（Laws of nature）和法律意义上的自然法（Natural laws）。"③如果我们把这里的"天德"换成"天道"，那这一论述所揭示的正是"天道"的两重含义。"科学意义上的自然法"泛指一切自然事物的运行规律。在旧天命传统下，某些不正常的自然现象往往被看作上帝意志的表达，或者预示着吉祥，或者预示着凶灾。在"天道"观念所指向的思维模式下，人们不再将其归诸上帝的指示而试图用自然事物的运行规律去解释它们。作为"法律意义上的自然法"的"天道"指向人类社会的政治事务，既指人类社会的发展规律，也是价值评价的终极体系。自然法是相对于人为法而言的。人为法——不管是成文法还是不成文法，习惯法还是制定法——建立在约定的基础之上，需要被制定或认定；而自然法代表一种终极的价值体系，是自然而然就"好的""善的"或"正义"的。它不需要人们的肯定，反倒是对人们的一切活动进行价值评价的标准。西方的自然法传统肇始于古希腊，其概念体系与宗教神学、自然哲学的概念体系有明确的区分。在中国，由于"天道"这一概念改造自宗教神学的"天命"概念，其上又承载了自然哲学性质的自然规律的意义和人类社会价值评判标准的意义，这三者并没有形成截然分离的独立话语体系。因此，

① 陈来：《古代思想文化的世界——春秋时代的宗教、伦理与社会思想》，北京，生活·读书·新知三联书店，2002，第63～64页。
② 陈来：《古代思想文化的世界——春秋时代的宗教、伦理与社会思想》，北京，生活·读书·新知三联书店，2002，第61页。
③ 郑开：《德礼之间——前诸子时代思想史》，北京，生活·读书·新知三联书店，2009，第434页。郑开认为："殷周以来常说的'天理''天性''天志''天行''天运''天则''天工''天常''天命''天德'等，都是天命和天道的同义语，这些词所折射的观念是：自然过程中的秩序和人类社会中的秩序都出自天命的赋予。"（同上书，第280页）此处的论述和他所说的"'天德'双关科学意义上的自然法和法律意义上的自然法"显然是自相矛盾的。我们认为，天理、天性、天则、天常、天德等概念与天道几乎是同义语，天志则和天命的意义更为接近。

尽管自然法意义上的"天道"具有人类理性在政治事务上的投射的意味，却又显得不那么清晰。

先秦及秦汉文献所载的有关"天命"和"天道"的论说，充分反映了在先秦政治哲学的话语中确实存在这样一个转折。在上古文献《尚书》和《诗经》中，"天命"一词反复出现，而且几乎都与政治相关。当时的统治者声称一切政治活动无不是秉承天命而为。《尚书》中虽亦有"天道"一词，但并不可靠。①《诗经》所收诗歌上自周初，下迄春秋中叶，其中并无"天道"一词。"道"在《诗经》中只有"道路"和"言说"两意，还没有解作"规律"的用法。因此，"天道"于政治哲学话语中的出现不早于春秋中叶，其意义也经过了一个逐渐变化的过程。"天道"在《国语》中始见于"晋语一"：

> 献公伐骊戎，克之，灭骊子，获骊姬以归，立以为夫人，生奚齐……史苏朝，告大夫曰："二三大夫其戒之乎，乱本生矣！日，君以骊姬为夫人，民之疾心固皆至矣。昔者之伐也，兴百姓以为百姓也，是以民能欣之，故莫不尽忠极劳以致死也。今君起百姓以自封也，民外不得其利，而内恶其贪，则上下既有判矣，然而又生男，其天道也？"

"天道"在《左传》中始见于"襄公九年"：

> 晋侯问于士弱曰："吾闻之，宋灾，于是乎知有天道，何故？"对曰："古之火正，或食于心，或食于咮，以出内火。是故咮为鹑火，心为大火。陶唐氏之火正阏伯居商丘，祀大火，而火纪时焉。相土因之，故商主大火。商人阅其祸败之衅，必始于火，是以日知其有天道也。"

襄公九年即公元前564年，较《国语》所载史苏朝之言晚了约一百年。这两处"天道"出现于春秋时期，其意近于陈来所言"宗教的命运式的理解"。但到了春秋时期，"天道"已经明显具有科学意义上的自然法和法律意义上的自然法的双重意义。比孔子稍早的郑子产曰："天道远，人道

---

① 今本《尚书》（包括《今文尚书》和《古文尚书》）中，"天道"分别于《大禹谟》《仲虺之诰》《汤诰》《说命中》《毕命》中出现。《今文尚书》不一定是先代之旧典，是由后人编订而成的；《古文尚书》出于孔壁，汉末已经失传，东晋梅赜所献《古文尚书》之伪已成定案。以上出现"天道"的几篇恰好都是《古文尚书》中的，因此并不可靠。

迩。非所及也。何以知之？灶焉知天道？是亦多言矣。"（《左传·昭公十八年》）子产所言"天道"的具体意义虽不十分清楚，但其区分"天道"与"人道"用意正在于使"人道"从"天道"中独立出来，其对"天道"的理解显然不是"宗教的命运式的"。《国语·越语》记载了不少春秋末期范蠡的言论，在这些言论中，"天道"诸意项中的"自然规律"意更为突出。

> 天道盈而不溢，盛而不骄，劳而不矜其功。（《国语·越语下》）
>
> 臣闻古之善用兵者，嬴缩以为常，四时以为纪，无过天极，究数而止。天道皇皇，日月以为常，明者以为法，微者则是行。（《国语·越语下》）
>
> 凡陈之道，设右以为牝，益左以为牡，蚤晏无失，必顺天道，周旋无究。（《国语·越语下》）

范蠡所言的"天道"既非上天的命令，亦非不可改变的命运，甚至不是直观可见的天体运行的过程，而是抽象的具有普遍意味的自然规律。孔子的弟子子贡感叹"夫子之言性与天道不可得闻"，可见，孔子曾对"天道"有所探讨。春秋时的某些思想家还表现出对"天道"的疏离，上引子产"天道远，人道迩"的言论就是极好的例证。其原因在于，一方面，天命论神学传统的崩溃使人们经历了一个对天"祛魅"的过程，《管子·枢言》已经喊出了"天道大而帝王者用"的响亮口号；另一方面，当时的"天道"主要与天象有关，天象与人间祸福吉凶的关联是通过占星术等一系列巫术式的解释过程而建立起来的，但人文主义和理性主义的滋长使人们不再满足于这些近似巫术的解释方式。

据"天道"立论的高潮出现于战国至汉初这一段时间。写作于战国至汉初的古籍中，"天道"的出现频率远高于"天命"。《周易》一书分经、传两部分，"传"的部分现在一般认为完成于战国时期。《周易》经文中没有"天命"和"天道"，全书"天命"出现两次，"天之命"一次；"天道"出现三次，但"天之道"出现两次，"天地之道"四次，"天下之道""天之理""天则"亦有出现，其意义与"天道"相近。可见，"天道"及与之意义相近的概念的出现频率远高于"天命"。在完成于战国至汉初的《礼记》一书中，"天命"出现两次，"天道"出现九次，前者的出现频率明显低于后者。

这一趋势在道家文献中表现得更为明显。《老子》和《庄子》中没有出现"天命"一词，却屡次出现"天道"一词。在《老子》中，"天道"或"天之道"共出现七次：

富贵而骄，自遗其咎。功成、名遂、身退，天之道。（第九章）

不出户，知天下；不窥牖，见天道。（四十七章）。

天之道，不争而善胜，不言而善应，不召而自来，繟然而善谋。天网恢恢，疏而不失。（七十三章）

天之道，其犹张弓与！高者抑之，下者举之，有余者损之，不足者补之。天之道，损有余而补不足。人之道则不然，损不足以奉有余。孰能有余以奉天下？唯有道者。是以圣人为而不恃，功成而不处，其不欲见贤。（七十七章）

天道无亲，常与善人。（七十九章）

天之道，利而不害。圣人之道，为而不争。（八十一章）

在《庄子》中，"天道"出现六次：

何谓道？有天道，有人道。无为而尊者，天道也；有为而累者，人道也。主者，天道也；臣者，人道也。天道之与人道也，相去远矣，不可不察也。（《在宥》）

天道运而无所积，故万物成；帝道运而无所积，故天下归；圣道运而无所积，故海内服。（《天道》）

夫春与秋，岂无得而然哉？天道已行矣。（《庚桑楚》）

《黄老帛书》不但有"天道"一词，而且"天行""天之道""天地之道""天运""天德""天常""天理"等词反复出现，频率很高，其意义与"天道"相当或相近。例如：

称以权衡，参以天当，天下有事，必有巧验。（《经法·道法》）

天地有恒常，万民有恒事，贵贱有恒位，畜臣有恒道，使民有恒度。（《经法·道法》）

明以正者，天之道也。（《经法·论》）

动静不时，种树失地之宜，则天地之道逆矣。（《经法·论》）

始于文而卒于武，天地之道也。四时有度，天地之李（理）也。（《经法·论约》）

不循天常，不节民力，周迁而无功。（《经法·论约》）

天道已既，地物乃备。（《十六经·观》）

夫天地之道，寒涅燥湿，不能并立。(《十六经·姓争》)
……

至于时代稍晚的《鹖冠子》和《文子》，"天命"只在后者中出现一次，
"天道"或"天之道"却出现二十余次。《吕氏春秋》中并无"天命"一词，"天
道"或"天之道"出现七次。在《淮南子》中，"天命"出现三次，"天道"或
"天之道"出现二十余次。

以上统计表明，战国时期各子书中"天道"或"天之道"的频繁出现并
逐渐取代"天命"是普遍的趋势，并非偶然的现象。这一趋势在道家著作
中表现得尤为明显。这说明，当时学者据以立说言政的最高根据已经从
"天命"转移到了"天道"或与之相近的概念。当然，"天道"也多次出现在
荀子和韩非的著作中，而荀、韩的思想又与黄老之学有深厚的渊源。可
见，在先秦政治话语从"天命"到"天道"的转进过程中，道家(包括黄老学
派)是主要的促成者。

从学术性格上看，儒家一直以继承和发展周代的宗法政治制度和礼
乐文明为己任。例如，孔子虽屡遭打击，其"为东周"的志向却矢志不渝。
而周礼和整个周代的宗法政治制度都是以天命论神学为合法性支撑的，
想要恢复周礼，就不得不连带承认其背后的天命论传统。因此，孔子虽
然不语"怪、力、乱、神"，表现出一定的重视人文理性和"祛魅"的倾向，
但又言"祭神如神在""畏天命"。可见，孔子的这种倾向很不彻底，他对
待"天命"的态度是相当矛盾的。儒家对"天命""祛魅"得不彻底也就为"返
魅"留下了空间。从某种意义上讲，阴阳家的五德终始说是周代天命论的
变形，其目的正在于论证天命转移和承受天命的条件。周代的天命论以
"德"为枢纽，阴阳家则对"德"的内容进行了修改。他们将"德"与金、木、
水、火、土五行的属性相配合，五行又按一定的顺序循环，相生相克。
王朝的更替和五行循环有着对应关系，一个朝代代表其中一"德"。例如，
秦谓周为火德，灭火者水，就自居水德。因此，秦汉间的儒生一接触到
五德终始说，就将其接受了过来，阴阳家与儒家也就合流了。

道家和法家对周礼和宗法政治制度都持激烈批判的态度。相应于此，
道家和法家都对天命论及相应的政治神学话语进行了清理。这种清理部
分由从"天命"到"天道"的转进而实现，部分通过"道"的话语的滋长来实
现，但"道"与"天道"之间也有着密切的意义关联。与此相对的是，黄老
学派尽管也受到阴阳家思想的影响，并且从中吸取了不少内容，但是在
五德终始说这一问题上，二者之间的界限始终是分明的。

第二章　以虚无为本

司马谈曰："道家无为，又曰无不为，其实易行，其辞难知。其术以虚无为本，以因循为用。"(《论六家要旨》)有研究者认为："所谓'以虚无为本'，实际乃就'道'体而言，指在道家的哲学架构中，'道'乃一体虚不实之存在，即不是一实体。"①我们认为，司马谈在这里说的"以虚无为本"明确是就道家之"术"而言的。在中国哲学的话语体系里，"道""术"之间的区别很明显，而且这种区别在大多数时候都是本质性的。在《论六家要旨》中，司马谈还讲过这样一段话："道家使人精神专一，动合无形，赡足万物。其为术也，因阴阳之大顺，采儒墨之善，撮名法之要。"司马谈在"使人精神专一，动合无形，赡足万物"之后才说"其为术也"，明显是将上述内容排除在道家之"术"以外，而"其为术也"之后所说的内容都是"务为治者"，因此，司马谈所谓道家之"术"，特指"为治"之术。所谓"以虚无为本"，指道家之"治术""以虚无为本"。在政治哲学的视域中，这里的"虚无"即"无为"，"以虚无为本"意味着道家政治哲学既以"无为"为最高之政治理想和归宿，又把"无为"当作最为根本的"治术"。

第一节　诸子言"无为"

在传统观念中，"无为而治"是道家政治哲学的特征，但近年来，不少学者都指出，先秦诸子百家的政治哲学存在一个共同特点——以"无为而治"为最高之政治理想。张舜徽先生说："吾尝博观周秦诸子，而深疑百家言主术，同归于执本秉要，清虚自守，莫不原于道德之意，万变而未离其宗。"②他所说的"执本秉要，清虚自守"正是"无为"治道模式的典型特征。黎红雷亦认为，"无为而治"是儒、道、法、墨、名等各家各派在"最大"的治国效果上的共同追求，各家的区别在于为达到这一目标所设计的具体途径。③ 张分田称："'虚静无为'是法、道、儒三家的共同话题。在若干最基本的思路上，三家存在共识。甚至可以说，'无为而治'

---

① 唐少莲：《道家"道治"研究》，北京，中国社会科学出版社，2011，第40页。
② 张舜徽：《周秦道论发微》，北京，中华书局，1982，第36页。
③ 参见黎红雷：《儒家管理哲学》，广州，广东高等教育出版社，1997，第八章。

是中华帝制统治思想的重要组成部分。"①还有研究者在比较了孔子和道家的"无为而治"思想后，认为二者"殊途而同归"。②

　　我们认为，先秦儒、道、法等诸家虽都有崇尚"无为而治"的理论倾向，但其所崇尚之"无为而治"的具体内涵有异，"无为而治"在其政治哲学理论体系中的地位亦各不相同，有必要先对此进行分析。

一、"无为而治"的理论框架

　　何谓"无为而治"？"治"即治理，其意义相对固定，但与"治"相关的理论却有不同层次。牟宗三先生将中国古人对政治的思考分为"政道"和"治道"两个层次，他认为："政道是相应政权而言，治道是相应治权而言。中国在以前于治道，已进至最高的自觉境界，而政道则始终无办法。"③在牟氏的区分中，"政道"相应于政权，"治道"相应于治权。或者说，"政道"解决"谁来统治"的问题，"治道"解决"如何统治"的问题。"谁来统治"的问题即当代政治哲学中的"合法性"问题。他认为，中国古代对于"政道""始终无办法"，即中国古代的历代王朝都没有解决其统治的合法性问题。但如果"政道"问题没有得到很好的解决，"治道"又如何能进至最高的境界呢？

　　黎红雷认为："广义的'治道'，既包括'治之道'，即治国的思想原则；也包括'治之具'，即治国的制度措施。"④黎氏的说法稍嫌简单，但并非无据。古代文献中的"治道"一词所涵括的内容确实十分宽泛，既可以指形而上的、抽象的治国原则，也可以指形而下的、具体的治国策略。因此，我们今天对其进行广义、狭义的区分并无不可。

　　王绍光不同意牟宗三对于"政道""治道"的区分和界定。他认为，"政道"既是关于政权的道理，也是关于治权的道理。换言之，"政道"包含"治道"。而对于"治道"，他说："我理解的'治道'是指治国的理念，是政治之最高目的，是理想政治秩序。"⑤除了"治道"，"政道"还包括"治术"。

①　张分田：《秦汉之际法、儒、道三种"无为"的互动与共性——兼论"无为而治"是中国古代的一种统治思想》，《政治学研究》2006年第2期。

②　参见黄有东：《"同归而殊途"：孔子与老子"无为而治"治道思想之比较》，《船山学刊》2007年第1期。

③　《牟宗三先生全集》第10卷，台北，联经出版事业公司，2003，第1页。

④　黎红雷：《中国传统治道研究总序》，见张增田：《黄老治道及其实践》，广州，中山大学出版社，2005。

⑤　王绍光：《政体与政道：中西政治分析的异同》，见《理想政治秩序：中西古今的探求》，北京，生活·读书·新知三联书店，2012，第90页。

他说："我理解的'治术'是指治国的方式，包括古代典籍中所谓'治制'（治理国家的法制、体制）；'治具'（治理国家的各项措施）；'治术'（治理国家的方针、政策、方法）。"①王绍光所谓的"治术"有广义、狭义之分，其对广义"治术"的划分则显得凌乱，作为"治理国家的各项措施"的"治具"和作为"治理国家的方针、政策、方法"的狭义"治术"显然无法截然区分。

在中国古代的哲学话语中，客观存在被划分为道、器两个层次，此即《周易·系辞》所说的"形而上者谓之道，形而下者谓之器"。而在人的实践领域，除了通过某些技术、方法达到某一具体目的之外，中国人还有更高层次的追求，即庄子所说"技进乎道"的追求。天下治理既是人的重要实践活动，又涉及具体的制度、体制。换言之，它既涉及事，又涉及物的领域。因此，我们将中国古人对国家治理的思考分为三个层次，即"治道""治术"和"治具"。"治道"即王绍光所说的"治国之最高理念、政治之最高目的"；"治具"之"具"本指器物、器械，引申为各种政治制度、体制；"治术"指治国的具体方法、策略。就"道""具""术"三者的关系而言，"道"高于"具"，"术"需要"进乎道"。因此，"治具"和"治术"都从属于"治道"。《庄子·天道》曰：

> 古之明大道者，先明天而道德次之，道德已明而仁义次之，仁义已明而分守次之，分守已明而形名次之，形名已明而因任次之，因任已明而原省次之，原省已明而是非次之，是非已明而赏罚次之……古之语大道者，五变而形名可举，九变而赏罚可言也。骤而语形名，不知其本也；骤而语赏罚，不知其始也。倒道而言，迕道而说者，人之所治也，安能治人！骤而语形名赏罚，此有知治之具，非知治之道；可用于天下，不足以用天下。

在这段话中，从道德、仁义等到因任、原省、是非，再到赏罚的次序，所代表的其实就是"治道""治术""治具"之间的次序。

根据上述划分，先秦诸子百家虽皆倡言"无为而治"，但其所谓"无为而治"的内容有层次高低之分：有"治道"层面，即作为政治理想的"无为而治"；有"治术"层面，即作为治国具体方法、策略的"无为而治"；亦有

---

① 王绍光：《政体与政道：中西政治分析的异同》，见《理想政治秩序：中西古今的探求》，北京，生活·读书·新知三联书店，2012，第91页。

"治具"层面，即国家制度设计中体现的"无为而治"。

二、"无为而治"的类型

"无为而治"的"无为"是对"为"的否定。由于古代文献中"为"有多意性，"无为"之所指不同，因而"无为而治"也有不同的形态。

其一，"不治而治"式"无为而治"。《小尔雅·广诂》："为，治也。"《商君书·农战》："善为国者，仓廪虽满，不偷于农。"这里的"为国"即治国，"无为而治"也就是"不治而治"。近人萧公权曰："我不为君，君不立治，此庄子最后之理想也。然个人苟不免居君之位则当求治世之术。治术无他，以不治为治而已。"①庄子理想中的"至德之世"或"建德之国"是"不治而治"式"无为而治"的代表。何谓"至德之世"？庄子是这样描述的：

> 子独不知至德之世乎？昔者容成氏、大庭氏、伯皇氏、中央氏、栗陆氏、骊畜氏、轩辕氏、赫胥氏、尊卢氏、祝融氏、伏牺氏、神农氏，当是时也，民结绳而用之，甘其食，美其服，乐其俗，安其居，邻国相望，鸡狗之音相闻，民至老死而不相往来。若此之时，则至治已。（《庄子·胠箧》）

> 至德之世，不尚贤，不使能；上如标枝，民如野鹿；端正而不知以为义，相爱而不知以为仁，实而不知以为忠，当而不知以为信，蠢动而相使，不以为赐。是故行而无迹，事而无传。（《庄子·天地》）

庄子坚定地相信"不治而治"的"至德之世"在容成氏、大庭氏等上古帝王统治时期实现过。他的这一政治理想直接承自老子，《胠箧》中对"至德之世"的描述与《老子》中对"小国寡民"的社会的描述完全一致。这种"无为而治"的社会中没有国家、礼法制度，也没有军队、监狱等国家机构。容成氏、大庭氏、伯皇氏等上古帝王虽在名义上是帝王，但并不施行实际的统治，不过"太上有之"而已。他们"不治"的另一面是人民满足于简单、原始的物质生活，人和人之间、人和自然之间关系和谐。"不治而治"式的"无为而治"也是绝对意义上的"无为而治"。

其二，"萧规曹随"式"无为而治"。《尔雅·释言》："作，为也。"孔子曰："述而不作，信而好古，窃比我于老彭。"（《论语·述而》）"作"即创

---

① 萧公权：《中国政治思想史》，北京，商务印书馆，2011，第182页。

作，制作；"无为"即无所创作。这种形态的"无为而治"指统治者继承前代之政治制度、统治策略，乃至于在人事安排等方面都无所创新、更改，一仍其旧。西汉初年，曹参为齐相，接受黄老学者盖公的建议，施政"贵清静"，齐国大治。汉惠帝二年（前193年），相国萧何卒，曹参继萧何为汉相国，于萧何之制度、政策无有改易。《史记·曹相国世家》载：

> 参代何为汉相国，举事无所变更，一遵萧何约束。择郡国吏木讷于文辞，重厚长者，即召除为丞相史。吏之言文刻深，欲务声名者，辄斥去之。日夜饮醇酒。卿大夫已下吏及宾客见参不事事，来者皆欲有言。至者，参辄饮以醇酒，间之，欲有所言，复饮之，醉而后去，终莫得开说，以为常。

曹参为汉相国三年，去世后，百姓歌曰："萧何为法，颟若画一；曹参代之，守而勿失。载其清静，民以宁一。"（《史记·曹相国世家》）这段史实被后人概括为"萧规曹随"，汉初政治亦被后世视为"无为而治"的代表。

其三，"君无为而臣有为""上无为而下有为"式"无为而治"。这是"治术"层面的"无为而治"，具体而言，是作为"君人南面之术"的"无为而治"。这种类型的"无为而治"屡见于《申子》《韩非子》等法家文献中，亦见于《管子四篇》等黄老学派的代表作中。汉文帝时，周勃为右丞相，陈平为左丞相，三人之间有这样一段对话：

> 居顷之，孝文皇帝既益明习国家事，朝而问右丞相勃曰："天下一岁决狱几何？"勃谢曰："不知。"问："天下一岁钱谷出入几何？"勃又谢不知，汗出沾背，愧不能对。于是上亦问左丞相平。平曰："有主者。"上曰："主者谓谁？"平曰："陛下即问决狱，责廷尉；问钱谷，责治粟内史。"上曰："苟各有主者，而君所主者何事也？"平谢曰："主臣！陛下不知其驽下，使待罪宰相。宰相者，上佐天子理阴阳，顺四时，下育万物之宜，外镇抚四夷诸侯，内亲附百姓，使卿大夫各得任其职焉。"孝文帝乃称善。（《史纪·陈丞相世家》）

"上无为而下有为"中的"上无为"是相对于"下有为"而言的"无为"，不是绝对的"无为"。"上无为而下有为"式"无为而治"的前提是官僚体系中上下级各有职司，其实质是不同职司的官僚做好分内之事，互不干涉。

陈平对汉文帝问中的"有主者"一语道出了这种形态的"无为而治"的精髓。

其四，"德化"式"无为而治"。这是儒家崇尚的"无为而治"形态。孔子曾言："无为而治者，其舜也钦。"（《论语·卫灵公》）后儒在解释孔子的这句话时，从儒家政治哲学的基本理论逻辑出发，形成"德化"式"无为而治"思想。朱熹曰："无为而治者，圣人德盛而民化，不待其有所作为也。"①也就是说，舜通过自己高尚的德行来教化、影响民众，提高民众的道德水平。如果每一个社会成员都是道德高尚的人，那么人与人之间就能和谐相处，没有争斗，整个社会刑措不用，从而实现"无为而治"。

其五，"神化"式"无为而治"。黄老学派以"精气"释"道"。精气是细微的、具有神秘力量的物质，能够在人体与外界之间进行交流、感通，起到沟通君臣上下的作用。《吕氏春秋·精通》曰：

> 圣人南面而立，以爱利民为心，号令未出，而天下皆延颈举踵矣，则精通乎民也。

《淮南子·主术训》曰：

> 至精之所动，若春气之生，秋气之杀也，虽驰传骛置，不若此其亟。故君人者，其犹射者乎！于此豪末，于彼寻常矣。故慎所以感之也。

黄老学派认为，如果君主能够修身体道，则体内精气充盈，当其有所思虑时，精气流溢于外，与民众体内的精气交流、感通。由此，其思虑之所及能够很快地为他人所感知，从而对民众产生影响。这种影响也是一个"化"的过程，与儒家的"德化"相比，它不通过道德的示范，也不通过教育，具有一定的神秘性，故以"神化"名之。

三、儒家的"德化"式"无为而治"

儒家反对"有为"、崇尚"无为"的论述屡见于儒家经典，尤以秦汉之际的儒家著作最为常见。例如：

> 《易》无思也，无为也，寂然不动，感而遂通天下之故。非天下

---

① （宋）朱熹：《四书章句集注》，北京，中华书局，1983，第162页。

之至神，其孰能与于此？（《周易·系辞上》）

王，前巫而后史，卜筮瞽侑皆在左右，王中心无为也，以守至正。（《礼记·礼运》）

公曰："敢问君子何贵乎天道也？"孔子对曰："贵其不已。如日月东西相从而不已也，是天道也；不闭其久，是天道也；无为而物成，是天道也；已成而明，是天道也。"（《礼记·哀公问》）

博厚，所以载物也；高明，所以覆物也；悠久，所以成物也。博厚配地，高明配天，悠久无疆。如此者，不见而章，不动而变，无为而成。天地之道，可一言而尽也。（《礼记·中庸》）

故大道多容，大德多下，圣人寡为，故用物常壮也。（《韩诗外传》卷三第一章）

福生于无为，而患生于多欲。知足，然后富从之。（《韩诗外传》卷五第二十七章）

汉初陆贾的《新语》专设《无为》篇，提出"夫道莫大于无为"的观点，认为"事逾烦天下逾乱，法逾滋而奸逾炽"，要求"君子尚宽舒以苟身，行中和以统远"。过去，我们传统上都认为汉初儒家文献中这些崇尚"无为"的言论是受黄老学影响之结果，但为何这一时期的儒学能够接受黄老学的影响？追根溯源，儒家政治哲学中本有之崇尚"无为"的倾向当是更为重要的"内因"。

现存儒家文献中最早的崇尚"无为"之语出自孔子。孔子曰："无为而治者，其舜也欤？夫何为哉？恭己正南面而已矣。"（《论语·卫灵公》）在这里，孔子略显突兀地将舜政概括为"无为而治"。这句话究竟应该如何理解呢？

20 世纪 20 年代，顾颉刚提出了对中国史学界影响巨大的"层累地造成中国古史"说。顾氏这一理论的基本观点是：中国早期历史是一层一层累积起来的，后人不断添加新的材料，使它越来越丰富。这一现象主要表现在两方面。其一，"愈后，传说的古史期愈长"[1]。也就是说，时代越晚的典籍所记载的历史时代越悠久。其二，"时代愈后，传说中的中心人物愈放愈大"[2]。也就是说，时代越晚的典籍对早期历史人物的记载越详细。为什么时代早的典籍对古代史的记载更简略，时代晚的典籍的记

---

[1] 顾颉刚：《古史辨》第一册中编，上海，上海古籍出版社，1982，第 60 页。

[2] 顾颉刚：《古史辨》第一册中编，上海，上海古籍出版社，1982，第 60 页。

载反而更详细呢？其原因就在于后人不断加入新的材料，而这些新的材料不免有后人根据当时需要而进行的虚构和捏造。

托古言今是春秋战国时期各家的共同特点。《淮南子·修务训》在提到这一现象时说："世俗之人，多尊古而贱今。故为道者必托之于神农、黄帝而后能入说。"这是"层累地造成中国古史"的原因之一。孔子在谈到夏政时已慨叹"文献不足征"，舜"无为而治"的具体细节又究竟如何呢？事实上，除了这句话，《论语》提到《书》的地方有三次，无一次及于舜政；《孟子》引《书》达二十次，亦无一语及于舜政。孟子对齐宣王曰："我非尧舜之道，不敢以陈于王前。"（《孟子·公孙丑下》）然观《孟子》书，其所谓"尧舜之道"乃仁义之道，亦即孔子所谓"博施于民而能济众"之道，非"无为而治"之道。可见，孔子将舜政归结为"无为而治"不是对舜时政治制度的历史考证，而是借舜政之名表达对"无为而治"的推崇。换言之，与其说这是一个事实判断，毋宁说这是孔子做出的一个价值判断。正因为孔子此语不是一个事实判断，或者说是一个无法考证的"事实判断"，所以历代儒者根据其对儒家政治哲学之整体的理解而对这句话中的"无为而治"做出了不同的解释，指向"无为而治"的不同形态。

其一，以汉儒董仲舒为代表，将舜的"无为而治"理解为"萧规曹随"式"无为而治"。董仲舒曰：

> 孔子曰："无为而治者，其舜乎！"改正朔，易服色，以顺天命而已。其余尽循尧道，何更为哉！故王者有改制之名，亡变道之实。（《贤良对策》）

董仲舒一贯主张改正朔、易服色，以示新朝上承天命之合法性，但这与舜之"无为"相矛盾，故曰"王者有改制之名，亡变道之实"。也就是说，舜之"无为"实即无改于尧之道。他还进一步解释了舜乐之所以名《韶》："舜时，民乐其昭尧之业也，故《韶》。韶者，昭也。"（《春秋繁露·楚庄王》）苏舆释曰："《白虎通·礼乐篇》：'舜曰箫韶者，舜能继尧之道也。'《汉书礼乐志》：'舜作招，招，继尧也。'继亦绍义，此作'昭'，为异文。"[1]可见，这里的"昭"即"绍"，舜继承尧之道，无有改易，故名其乐为《韶》。王夫之亦主此说，他认为：

---

[1] 苏舆：《春秋繁露义证》，北京，中华书局，1992，第20页。

　　三代以上，与后世不同，大经大法，皆所未备，故一帝王出，则必有所创作，以前民用。《易传》《世本》《史记》备记之矣。其聪明睿知，苟不足以有为，则不能以治著。唯舜承尧，而又得贤，则时所当为者，尧已为之，其臣又能为之损益而缘饰之；舜且必欲有所改创，以与前圣拟功，则反以累道而伤物。舜之"无为"，与孔子之"不作"同，因时而利用之以集其成也。①

　　其二，以宋儒邢昺为代表，将舜的"无为而治"理解为"君无为而臣有为"式"无为而治"。这种理解滥觞于汉代。《大戴礼记·主言》载有这样一段对话：

　　　　曾子曰："敢问不费、不劳，可以为明乎？"孔子愀然扬麋曰："参！女以明主为劳乎？昔者舜左禹而右皋陶，不下席而天下治。夫政之不中，君之过也。政之既中，令之不行，职事者之罪也。明主奚为其劳也？"

　　尽管我们不能肯定这段话是否真正发生过，但其能载于儒家典籍，至少说明其观点是为当时儒家所接受的。在孔子看来，舜之所以"不费、不劳"而天下大治，正因为有禹、皋陶等贤臣的辅佐。类似的记载又见于刘向《新序·杂事》："故王者劳于求人，佚于得贤。舜举众贤得位，垂衣裳恭己无为而天下治。"王充《论衡·自然》亦云："舜、禹承安继治，任贤使能，恭己无为而天下治。"邢昺根据《尚书·舜典》的记载，对《论语》中关于舜无为而治的这段话做了详细的补充论证：

　　　　《舜典》命禹宅百揆，弃、后稷、契作司徒，皋陶作士，垂、共工、益作朕虞，伯夷作秩宗，夔典乐教胄子，龙作纳言，并四岳十二牧，凡二十二人，皆得其人，故舜无为而治也。②

　　今人亦有曰："孔子之所以认为舜'无为而治'，是因为舜通过'任贤授能'而达到'优游自逸'的状态，也即舜的'无为'以所任'贤人'的'有为'为前提。"③"垂衣裳""恭己"即"无为"。

①　（清）王夫之：《读四书大全说》，北京，中华书局，1975，第430页。
②　（魏）何晏、（宋）邢昺：《论语注疏》，北京，北京大学出版社，1999，第208页。
③　刘全志：《孔子眼中的舜"无为而治"新论》，《中国哲学史》2013年第1期。

根据上述诸人的解释，可见舜之所以能够实现"垂衣裳"而天下治，是因为他有禹、皋陶等贤良辅佐：各得其任，各司其职。这种形态的"无为而治"可称"君无为而臣有为"式。作为"治术"，"君无为而臣有为"又可进一步引申为"上无为而下有为"式"无为而治"。

我们认为，虽不能绝对肯定地认为儒家式"无为而治"的治道模式不包括"君无为而臣有为"式和"萧规曹随"式"无为"，但孔子概括的舜政"无为"的本质不是"君无为而臣有为"式和"萧规曹随式""无为而治"，而是"德化"式"无为而治"。只有"德化"式"无为而治"才符合儒家政治哲学的基本逻辑，体现儒家政治哲学之理论特质。

其一，在"治道"层面，即作为政治理想，儒家"德化"式"无为而治"的社会是一个人人道德高尚，从而法律、刑罚没有存在之必要的和谐社会。儒家认为人性本善，每个社会成员都可以通过道德教养成为道德上之圣人、贤人。如果每个社会成员都是道德上的圣人、贤人，他们相互之间自会相亲相爱，整个社会就会处于一种和谐有序的状态，法律、刑罚也就毫无用武之地了。这一社会理想又被孔子概括为"无讼"。孔子曰："听讼，吾犹人也，必也使无讼乎。"（《论语·颜渊》）"讼"即打官司，指通过司法的途径来解决纠纷。儒家认为，通过司法的途径解决纠纷在道德上是不高尚的。孔子和后世儒家相信"无讼"的社会状态在上古圣王的统治下实现过。《孔子家语·好生》记载：

> 虞、芮二国争田而讼，连年不决，乃相谓曰："西伯仁也，盍往质之？"入其境，则耕者让畔，行者让路；入其朝，士让为大夫，大夫让为卿。虞、芮之君曰："嘻！吾侪小人也，不可以入君子之朝。"遂自相与而退，咸以所争之田为闲田也。孔子曰："以此观之，文王之道其不可加焉。不令而从，不教而听，至矣哉！"

这一记载以不同形式出现在许多儒家典籍中。[1] 在上述案例中，周文王治理下的周人以其高尚的品德使虞、芮之君感到惭愧，继而放弃了对利益的争夺，达到了"无讼"的目的。类似的案例在舜生活的时代亦曾发生。[2]

---

① 汉儒毛亨认为，《诗·大雅·绵》"虞芮质厥成，文王蹶厥生"一句所咏即此事，参见（汉）毛亨、（汉）郑玄、（唐）孔颖达：《毛诗正义》，北京，北京大学出版社，1999，第993～994页。

② 《淮南子·原道训》曰："昔舜耕于历山，期年而田者争处埆境，以封壤肥饶相让；钓于河滨，期年而渔者争处湍濑，以曲隈深潭相予。"舜的这段事迹虽出自道家文献，但显然来自儒家，因为舜并非道家理想中的圣王，他们自然不会认为舜的事例具有说服力。

在儒家看来，这种记载显然不是空想或寄托，而是真实存在过的历史。

其二，儒家为了实现其"德化"式"无为而治"的理想，在"治术"层面一贯强调道德教化的优先地位。孔子曰："为政以德，譬如北辰，居其所而众星共之。"(《论语·为政》)"北辰"即北极星，示人以不动之相。包咸曰："德者无为，犹北辰之不移而众星拱之。"①君主若"无为"，又如何"为政"呢？《论语·为政》的一段对话为我们理解这一问题指明了方向：

> 或谓孔子曰："子奚不为政？"子曰："《书》云：'孝乎惟孝，友于兄弟，施于有政。'是亦为政，奚其为为政？"

有人以居官为"为政"，孔子则认为，虽不居官而能行孝友之道亦为"为政"，并且反问他："除了这个，还怎么为政呢？"孝、友为私德，行于家人、朋友之间，以其"为政"即以己身为榜样，以自己的道德实践为示范，影响带动其他社会成员，促进社会整体道德水平的提高。君主的"为政以德"即指此。

安乐哲指出："儒家的理想政治是，君主治天下用不着事事必亲躬，而是通过确立某一积极的榜样以及通过他自己之懿德的神圣影响，引导人民依照某种彝伦规范，去追求道德之完善……君主的'无为'即在于只是通过其个人的修养与民众产生相互的影响，而不需要以专制的方法统辖其臣民。"②"为政以德"的理论逻辑与《大学》一致。《大学》曰：

> 古之欲明明德于天下者，先治其国；欲治其国者，先齐其家；欲齐其家者，先修其身；欲修其身者，先正其心；欲正其心者，先诚其意；欲诚其意者，先致其知；致治在格物。物格而后知至，知至而后意诚，意诚而后心正，心正而后身修，身修而后家齐，家齐而后国治，国治而后天下平，自天子以至于庶人，一是皆以修身为本。

从格物、致知到修身、齐家、治国、平天下的递进，表现了理想人格与理想政治之间的联系。而之所以以修身、齐家为治国、平天下之前提，则在于儒家重视道德教化，强调以道德教化而非严刑峻法治理国家。宋明儒者将《大学》从《礼记》中抽出作为四书之一，其地位甚至在五经之

---

① （魏）何晏、（宋）邢昺：《论语注疏》，北京，北京大学出版社，1999，第14页。
② 〔美〕安乐哲：《主术——中国古代政治艺术之研究》，滕复译，北京，北京大学出版社，1995，第32页。

上。《大学》中修、齐、治、平的理想实即儒家"德化"式"无为而治"的理想，宋明儒者对《大学》的推崇也就是对"德化"式"无为而治"的推崇。

其三，在"治具"层面，儒家一方面强调省刑、省事；另一方面为了施行道德教化，又自上而下设计了经筵、科举、宗族等一整套道德教养制度。经筵负责对最高统治者——皇帝——的教育。"作为一项帝王教育制度，其主要职责是利用儒家学说提高皇帝素养、规范皇帝言行，使皇帝能够做到修德、勤学、安天下。"①经筵制度确立于北宋，讲授的内容以四书、五经为主，还包括一些为教育皇帝而专门编纂的如何处理政务的教材。儒家对经筵制度寄予厚望。北宋理学家程颐曰："天下重任，唯宰相与经筵；天下治乱系宰相，君德成就责经筵。"②在重要性上，程颐将经筵与宰相并列，其意正在于通过自上而下的道德教化使君成尧舜之君，使民为尧舜之民。

学校、科举负责士人的道德教育和官员的选拔。古代的学校制度主要由官学和私学两部分组成，汉代以后，不管是官学还是私学，都为儒家所掌控。在学校中负责学校教育事务的基本都是儒家学者，学生学习的内容为儒家经典，学校的章程、学规也处处体现儒家的道德要求。士人在学校中修身养性，并得以熟悉儒家经典，最后通过科举的选拔成为各级官员，而科举考试的内容也以儒家经典为主。

宗族负责对普通民众的道德教养。宗族教养族人的职能主要通过制定族规、家训和设立族学的形式来实现。族规、家训基本上是儒家传统伦理道德的通俗化和细化。宗族依据族规、家训对族人进行教育，对违规的族人进行惩责。族学由宗族设立，招收族人子弟，其教育内容也以儒家伦理政治类书籍为主。

四、法家的"无为"治术

法家对"无为而治"的态度较为复杂。一般我们认为，战国法家分为法、术、势三派，至韩非而总其大成。蒙文通曰："法者商子之所立，而慎子承之，又益之以言势；势者慎子之所立，而申子承之，又益之以言术；韩非则直承申子而已。其书言术者大半，于法与势亦略言之。"③慎到之著作多散佚，《商君书》今存，但其中并无崇尚"无为"之语。

秦国从秦孝公任用商鞅变法开始，在治国理念上就以法家为主，但

---

① 许静：《明清经筵制度特点研究》，《聊城大学学报（社会科学版）》2013 年第 2 期。
② （宋）程颢、程颐：《二程集》，北京，中华书局，2004，第 540 页。
③ 蒙文通：《先秦诸子与理学》，桂林，广西师范大学出版社，2006，第 143 页。

秦国在政治方面的表现是"有为"而非"无为"。秦未统一天下之前，以"有为"而富国强兵，并以雄厚的国力为基础不断攻伐六国，最终灭掉六国，实现统一。但秦统一天下后，二世即亡，真可谓"其兴也勃焉，其亡也忽焉"。汉初，贾谊总结秦亡之教训，曰："仁义不施，而攻守之势异也。"（《过秦论》）可见，秦在统一天下后并未改变"有为"的治国理念，只不过时移势易，当年赖以富强的"有为"一变而为"重以无道，坏宗庙，与民更始，作阿房之宫；繁刑严诛，吏治刻深；赏罚不当，赋敛无度"（《过秦论》）。秦在统一天下的过程中连年攻战，消耗了国力、民力，使得天下疲弊；秦统一后，继续"有为"国策，北防匈奴，南征百越，进一步消耗了国力、民力，这是秦朝二世而亡的主要原因。而"繁刑严诛、吏治刻深、赋敛无度"，亦被后人视为法家"治道"的典型特征。

　　法家中倡言"无为"的主要是申不害和韩非。申不害为战国初年郑国人，韩灭郑后，韩昭侯曾用他为相。《汉书·艺文志》著录的《申子》一书共六篇，但其书早佚，现存的只有《群书治要》第三十六卷所引《大体》篇和一些佚文。其《大体》篇的确表现出对"无为"的推崇：

　　　　明君如身，臣如手；君若号，臣如响。君设其本，臣操其末；君治其要，臣行其详；君操其柄，臣事其常。为人臣者，操契以责其名。名者，天地之纲，圣人之符。张天地之纲，用圣人之符，则万物之情无所逃之矣。

　　　　故善为主者，倚于愚，立于不盈，设于不敢，藏于无事，窜端匿疏，示天下无为。是以近者亲之，远者怀之。示人有余者，人夺之；示人不足者，人与之。刚者折，危者覆，动者摇，静者安。名自正也，事自定也。是以有道者，自名而正之，随事而定之也。鼓不与于五音，而为五音主；有道者不为五官之事，而为治主。君知其道也，官人知其事也。十言十当，百为百当者，人臣之事，非君人之道也。

　　　　昔者尧之治天下也，以名。其名正，则天下治。桀之治天下也，亦以名。其名倚，而天下乱。是以圣人贵名之正也。主处其大，臣处其细。以其名听之，以其名视之，以其名命之。镜设精无为，而美恶自备；衡设平无为，而轻重自得。凡因之道，身与公无事，无事而天下自极也。

《大体》篇之"大体"实为君道之"大体"，或者说"总纲"，而从其现存的文字可以看出，申不害所谓君道之"总纲"实即"无为"。此"无为"之含义有二：其一，君臣关系方面，"君无为而臣有为"；其二，以名治天下，君主"无为"。这两层内涵都仅及于"治术"层面，而与"治道"无涉。

战国后期集法家三派之大成的韩非亦屡言"无为"。例如：

> 明君无为于上，群臣竦惧乎下。明君之道，使智者尽其虑，而君因以断事，故君不穷于智；贤者敕其才，君因而任之，故君不穷于能。有功则君有其贤，有过则臣任其罪，故君不穷于名。是故不贤而为贤者师，不智而为智者正。臣有其劳，君有其成功，此之谓贤主之经也。（《韩非子·主道》）

> 道者，万物之始，是非之纪也。是以明君守始以知万物之源，治纪以知善败之端，故虚静以待令，令名自命也，令事自定也。虚则知实之情，静则知动者正，有言者自为名，有事者自为形，形名参同，君乃无事焉，归之其情。（《韩非子·主道》）

> 夫物者有所宜，材者有所施，各处其宜，故上下无为。（《韩非子·主道》）

韩非是荀子的弟子，而荀子游于齐稷下多年，深受黄老学派的影响。《韩非子》一书中既有《解老》《喻老》这样阐释发挥《老子》思想的作品，其行文中也引用过所谓"黄帝之言"，因此韩非的"无为"思想极有可能源于黄老。司马迁将申、韩与老子合传，且曰："申子之学本于黄老而主刑名。"又曰："韩非者，韩之诸公子也。喜刑名法术之学，而其归本于黄老。"（《史记·老子韩非列传》）自太史公将老子、韩非合传，后人往往模糊法、道两家之界限，但韩非之"无为"思想和儒、道两家实有本质的差异。

其一，韩非所倡之"无为而治"并非政治理想，与"治道"无涉，只是某种"治术"。劳思光曰："韩子之言，甚杂而浅；盖韩非思想中之基源问题仅是：'如何致富强？'或'如何建立一有力统治？'至于心性论及宇宙论等方面，则韩非子实空无所有。"[1]"杂而浅"是劳氏对《韩非子》一书的总体印象。"浅"指韩非缺乏对形而上学的兴趣，其政治思想也不从任何形而上学观点出发。而劳氏所谓"基源问题"，按我的理解，即"根本问题"。韩非并非没有政治理想，但其政治理想的关注点不是人而是国家。在其

---

① 劳思光：《新编中国哲学史》第 1 卷，桂林，广西师范大学出版社，2005，第 269 页。

政治理想中，个人是没有地位的，只是"如何致富强"或"如何建立一有力统治"的工具。司马谈概括法家之特点为"严而少恩"，即严酷对待人民，无视人之为人的价值。这是法家的本质特征，也是从商鞅到韩非一贯坚持的立场。高亨认为："商鞅们变法的政治目的有四个，'治''富''强''王'。"①"富""强"是"治"的表现，"治"是"王"（统一）的基础和前提。这四个方面的政治目的都不是对人而言的，作为个体的人本身不具有目的的属性，只是"富""强"的工具。

其二，在"治术"层面，韩非的"无为而治"内容有三：君蔽喜怒好恶以御臣下、君无为而臣有为、"法治"式无为。早期法家在各国进行的变法活动仅仅解决"治具"层面的问题，即法律、制度的建立，缺乏"治术"层面的思考。在变法过程中，法家"严而少恩"的特点不可避免地侵犯了贵族的利益，故早期法家（如吴起、商鞅）皆不得善终，其建立的法律、制度亦经几番存废。如何树立君主的权威，有效统御臣下，保证法家之法的施行就成为法家"治术"必须解决的问题。因此，申不害、韩非的重"术"并非偶然。

首先，君蔽喜怒好恶以御臣下。法家"治术"之"术"主要指君主统御臣下之术，即"术者，藏之于胸中，以偶众端，而潜御群臣者也"（《韩非子·难三》）。在君臣关系方面，韩非认为，君臣之间无父子之亲，完全是因为利害关系而结合在一起的。君臣之间既相互需要，又充满矛盾：君主需要臣子分任其责，以共治天下；臣子需要依附君主，以取得财富、爵位。君臣之间因为共同的利益而结合，当共同利益这一基础不存在时，君臣关系也就无法维持；当君臣利益发生冲突时，二者间的斗争也就不可避免。从"术"的角度出发，韩非更强调君臣利益之异：

> 万乘之患，大臣太重；千乘之患，左右太信；此人主之所公患也。且人臣有大罪，人主有大失，臣主之利与相异者也。何以明之哉？曰：主利在有能而任官，臣利在无能而得事；主利在有劳而爵禄，臣利在无功而富贵；主利在豪杰使能，臣利在朋党用私。是以国地削而私家富，主上卑而大臣重。故主失势而臣得国，主更称蕃臣，而相室剖符。此人臣之所以谲主便私也。（《韩非子·孤愤》）

因为君臣之利异，所以韩非相信所谓黄帝之言"君臣一日百战"，即

---

① 高亨：《商君书注译》，北京，中华书局，1974，第4页。

君臣无时无刻不在钩心斗角。君主为了正确地对臣下进行赏罚，绝不能流露出自己的欲望、爱好，以免臣子揣度其心意，曲意逢迎；也不能放松生杀予夺的大权而使臣子逐渐僭夺权柄。韩非反复强调：

> 君无见其所欲，君见其所欲，臣自将雕琢；君无见其意，君见其意，臣将自表异。故曰："去好去恶，臣乃见素；去旧去智，臣乃自备。"……故曰：寂乎其无位而处，漻乎莫得其所。命君无为于上，群臣竦惧乎下……道在不可见，用在不可知。虚静无事，以暗见疵。见而不见，闻而不闻，知而不知。（《韩非子·主道》）
>
> 好恶见，则下有因，而人主惑矣；辞言通，则臣难言，而主不神矣。（《韩非子·外储说右上》）
>
> 明主观人，不使人观己。（《韩非子·观行》）

这里的"虚静""无为"主要不是指治理国家的政策方面的"无为"，而是指君主个人在日常行为方面假装无欲、恬淡。其实质是要求君主隐藏欲望，喜怒好恶不行于色，保持神秘。臣下不能琢磨君主的好恶，便不知如何投其所好，蒙蔽君主，只能尽忠职守以取得君主的爵赏。

其次，君无为而臣有为。法家普遍认为，君与臣在地位和职能上是有区别的，强调君主必须抓住纲要，而不必亲自处理具体政务。

> 君臣之道，臣有事而君无事也，君逸乐而臣任劳，臣尽智以善其事，而君无为焉。（《慎子·民杂》）
>
> 事在四方，要在中央。圣人执要，四方来效。虚以待之，彼自以之。（《韩非子·扬权》）
>
> 下君尽己之能，中君尽人之力，上君尽人之智。（《韩非子·八经》）
>
> 人主之道，静退以为宝。不自操事而知拙与巧，不自计虑而知福与咎。是以不言而善应，不约而善增。（《韩非子·主道》）

正是因为君主不直接处理具体政务，所以韩非说君主不需要很高的智慧，中等的庸人也可胜任。君主之为君主不是因为君主之道德、智慧高于常人，而在于其君主之势位。其处君主之势位则无须处理具体之政务，只需要运用刑赏的手段，以刑名之术督责群臣，即"言已应，则执其契；事已增，则操其符。符契之所合，赏罚之所生也"（《韩非子·主道》）。最终，"事成则君收其功，规败则臣任其罪"（《韩非子·八经》）。

最后，依法而治，法内无为。老子的"无为"是一种任人民自然发展的放任主义，是谓"天地不仁，以万物为刍狗；圣人不仁，以百姓为刍狗"（《老子·第五章》），即任百姓和万物自生自灭。韩非的"无为"则不同，他倡导法治："故明主使其群臣不游意于法之外，不为惠于法之内，动无非法。"（《韩非子·有度》）"不引绳之外，不推绳之内；不急法之外，不缓法之内。"（《韩非子·大体》）他所说的"无为"实际上是依法而为，反对违法行事。一方面，人主处理政务不应运用私意，而应一断于法。另一方面，臣民只要遵守法纪，君主就不加干涉，拥有较高的自由度；但如果违法，就要受到重罚，可谓"法内无为，法外重罚"。

第二节　老庄的"无为而治"思想

相对于儒、法二家，道家在政治上以崇尚"无为"著名。在《老子》一书中，共有十章提到"无为"：

> 是以圣人处无为之事，行不言之教。万物作焉而不辞，生而不有，为而不恃，功成而弗居。夫唯弗居，是以不去。（《老子·第二章》）
>
> 不尚贤，使民不争；不贵难得之货，使民不为盗；不见可欲，使民心不乱。是以圣人之治：虚其心，实其腹，弱其志，强其骨。常使民无知无欲，使夫智者不敢为也。为无为，则无不治。（《老子·第三章》）
>
> 载营魄抱一，能无离乎？专气致柔，能婴儿乎？涤除玄览，能无疵乎？爱人治国，能无为乎？（《老子·第十章》）
>
> 道常无为而无不为。侯王若能守之，万物将自化。化而欲作，吾将镇之以无名之朴。无名之朴，夫亦将无欲。不欲以静，天下将自正。（《老子·第三十七章》）
>
> 上德无为而无以为，下德无为而有以为。（《老子·第三十八章》）
>
> 吾是以知无为之有益。不言之教，无为之益，天下希及之。（《老子·第四十三章》）
>
> 为学日益，为道日损，损之又损，以至于无为。无为而无不为。取天下常以无事，及其有事，不足以取天下。（《老子·第四十八章》）
>
> 故圣人云："我无为而民自化；我好静而民自正；我无事而民自富；我无欲而民人自朴。"（《老子·第五十七章》）

为无为，事无事，味无味。(《老子·第六十三章》)

为者败之，执者失之。是以圣人无为，故无败；无执，故无失。
(《老子·第六十四章》)

这些论述既有抽象地泛论"无为"的，也有直接与政治相关的。此外，
《老子》中还有诸如"无事""无形""希言""守静"等概念，亦与"无为"意义
相近或相关。

一、道法自然

老子崇尚"无为"的根据在于"人法地，地法天，天法道，道法自然"。
在老子的思想中，"道"是最基础、最核心的概念，也是最难以获得确切
解释的概念。陈鼓应先生指出：

> 老子书上所有的"道"字，符号形式虽然是同一的，但在不同章
> 句的文字脉络中，却具有不同的义涵。有些地方，"道"是指形而上
> 的实存者；有些地方，"道"是指一种规律；有些地方，"道"是指人
> 生的一种准则、指标或典范。①

作为"形而上的实存者"，"道"生成天地万物，万物消散又复归于
"道"。老子曰："道冲而用之或不盈，渊兮似万物之宗。"(《老子·第四
章》)"万物之宗"即万物之祖，为宇宙演化进程中最初始的存在，万物皆
由其衍生而来。老子又曰："道生一，一生二，二生三，三生万物。万物
负阴而抱阳，冲气以为和。"(《老子·第四十二章》)这一论述不仅指出道
生万物，而且对生成过程做了具体的推演。所谓"一"，一般认为指阴阳
未分之前的混沌状态。混沌分化出阴阳二气，二气交合而生三，即"冲
气"，"冲气"生成万物。

作为规律，"道"统摄人道、地道、天道。老子显然已经认识到现实的
人道与天道的区别："天之道，损有余而补不足；人之道则不然，损不足以
奉有余。"(《老子·第七十七章》)但老子也认为，现实的人道并非人道的应
然形态。人类社会与自然界都从属于一个更大的整体，是这个更大的整体
的一部分。这个整体之所以是一个整体，一方面，从生成论上看，是因为
它由道德衍生而来；另一方面，也因为"道"作为总规律贯穿其中。故人道

---

① 陈鼓应：《老庄新论(修订版)》，北京，商务印书馆，2008，第139页。

和地道、天道有同有异，但皆统摄于"道"，故老子曰："人法地，地法天，天法道，道法自然。"（《老子·第二十五章》）"法"在这里作动词，是效法之意。"道"是天、地、人效法的最终对象。效法"道"的什么呢？"自然"显然不是"道"之上的另一存在，故老子于此章中只说"域中有四大"，而不说"域中有五大"。老子所谓的"自然"也不同于当代话语中的"自然"。当代话语中的"自然"是一个名词，指与人类社会相对而言的客观物质世界。而老子所谓的"自然"并非名词，而是这样一种短语结构：自己……而然，即自己成为这个样子。用张岱年先生的话说，是"自己如此之意"①。"此"代表客观存在的当前状态或样态，"自己如此"即客观存在之所以表现为当前的这一状态或样态，不是外界干预的结果，而是其自身内部各种力量相互作用、发展之结果。陈鼓应先生认为：

> 所谓"道法自然"是说"道"以它自己的状况为依据，以它内在原因决定了本身的存在和运动，而不必靠外在其他的原因。可见，"自然"一词，并不是名词，而是状词。也就是说，"自然"并不是指具体存在的东西，而是形容"自己如此"的一种状态。②

陈氏对"自然"的解释同于张岱年先生，但其对"道法自然"的解释虽然突出了"道"自本自根的自足性特点，却无法解释"道"和"自然"之间的联系。王弼曰："道不违自然，乃得其性，〔法自然也〕。法自然者，在方而法方，在圆而法圆，于自然无所违也。自然者，无称之言，穷极之辞也。"③王弼从道、物关系的角度将"自然"视为物之自然，则"道法自然"的意思即道不违万物之性。道不违万物之性，万物方能各得其"自然"。在老子的思想体系中，"无为"和"自然"是一体之两面。

其一，就道、物关系言，道"无为"而万物"自然"。"无为"在《老子》中往往相互诠释：

> 太上，下知有之；其次，亲之誉之；其次，畏之；其次，侮之。信不足，焉有不信焉。悠兮其贵言。功成事遂，百姓皆谓我自然。（《老子·第十七章》）
> 人法地，地法天，天法道，道法自然。（《老子·第二十五章》）

---

① 《张岱年全集》第4卷，石家庄，河北人民出版社，1996，第534页。
② 陈鼓应：《老庄新论（修订版）》，北京，商务印书馆，2008，第150页。
③ （魏）王弼：《老子道德经注校释》，北京，中华书局，2008，第64页。

　　　　是以圣人欲不欲，不贵难得之货。学不学，复众人之所过。以
　　辅万物之自然，而不敢为。(《老子·第六十四章》)

　　其二，就社会政治而言，统治者无为而人民自然。《老子·第三十七章》曰："道常无为而无不为。侯王若能守之，万物将自化，化而欲作，吾将镇之以无名之朴。"道于万物虽有生成覆育之德，但万物之生成并非道之有意造作，而是自然而然的过程。道以其无为，万物方能顺其自然之性而化生，此即道之无不为。在社会政治领域，统治者欲"以道莅天下"，就必须让百姓顺其自然，进行正常的生产生活，不要有意造作，扰动天下。

二、小国寡民

　　从理论层次上看，老子所探讨的"无为"既有"治道"层面的，也有"治术""治具"层面的；从类型上看，其设想的"小国寡民"实为"不治而治"的"无为而治"的一种具体形态。在"治道"层面，老子"无为而治"理想的最大特征是"朴"。"朴"的本意为未经加工成器的木材。《说文解字》曰："朴，木素也。"段玉裁注："素，犹质也，以木为质，未彫饰，如瓦器之坯然。"①宽泛言之，凡物未经人为加工、修饰的状态都可名之为"朴"。"为"即"人为"，对自然物的修饰、加工都是"人为"。以今语言之，"为"即实践，即人们改造客观物质世界和主观世界的活动。人的"无为"是客观对象保持"朴"的状态的前提条件。老子"无为而治"模式之"朴"的特征，主要体现在其"小国寡民"的政治理想之中：

　　　　小国寡民，使民有什伯之器而不用，使民重死而不远徙；虽有
　　舟舆，无所乘之；虽有甲兵，无所陈之；使人复结绳而用之。甘其
　　食，美其服，安其居，乐其俗；临国相望，鸡犬之声相闻，民至老
　　死不相往来。(《老子·第八十章》)

　　"小国寡民"的社会之"朴"则具体表现在以下方面。
　　其一，社会结构简单。"小国寡民"中的"国"小到什么程度，"民"寡到什么程度呢？老子并未直接回答，但他说："临国相望，鸡犬之声相闻，民至老死不相往来。"这句话给了我们某些启示。人与人之间交往的

---

① (清)段玉裁：《说文解字注》，北京，中华书局，2013，第254页。

需要从根本上讲产生于交换的需要。作为自给自足的经济体，"小国"人
民之间没有交换的需要也就没有交往的需要，这是"小国"间"民至老死不
相往来"的根本原因。也就是说，"小国寡民"是建立在自给自足的小农经
济基础之上的，国家之范围、人民之数量以维持这一"国"内人民的自给
自足为限。①

近代西方政治哲学界流行"契约"说：国家不是一开始就有的，国家
产生之前人类社会处于自然状态之中，自然状态中的人逐渐感到有建立
国家的必要，于是订立契约，将一些权利让渡给一个公共机构，国家就
产生了。马克思主义正统思想家则坚持国家是阶级矛盾无法调和的产物
这一理论。列宁明确指出："国家是阶级矛盾不可调和的产物和表现。在
阶级矛盾客观上不能调和的地方、时候和条件下，便产生国家。"②从老
子的描述中，我们看不到"小国"中存在何种政治制度，看不到君臣上下
之分，看不到阶级的分化和矛盾，也看不到军队和战争。国小、民寡的
社会结构可以非常简单，也就不必建构复杂的政治制度，不需要科层分
化、人数众多的官僚队伍。因此，"小国寡民"之"国"不是政治学意义上
的"国家"，而仅仅是在政治学意义上的"国家"产生之前不同人群相互区
分的单位，正如萧公权所言："初民部落，严格言之，固非真正之政治组
织也。"③"国"既非政治学意义上之"国家"，则"治"亦非政治学意义上之
统治或治理，而是"不治之治"。"小国寡民"实际上是一种"自然状态"，
只不过不是霍布斯设想的"在没有一个共同权力使大家慑服的时候，人们
便处在所谓的战争状态之下"，且"这种战争是每一个人对每个人的战争"
那种恶劣的"自然状态"④，而是"甘其食，美其服，安其居，乐其俗"的
和谐的"自然状态"。

其二，人民生活简单、朴素。老子认为人性本"朴"：善恶未分、智
识未开、少私寡欲。与本"朴"的人性相适应的是原始、简单的生活。"使

---

① 有研究认为："'小国寡民'并非老子生活时代的写照，'小''寡'应该是形容词使动用，'小
　国寡民'其意应是小其国，寡其民，犹如老子所说'治大国如烹小鲜'（第 60 章），即治理大
　国应该像烹饪小鱼那样，尽量少去干涉、不去控制，奉行无为而为原则。"（许春华：《天人
　合道——老子哲学研究》，北京，人民出版社，2013，第 288 页)《老子》此章所论确为其政
　治理想，以"小""寡"为形容词而作使动用，于此处亦可通，但"小其国""寡其民"之意与河
　上公注所言之"小其国"不同。河上公所言之"小其国"是指"以其国为小"，故不敢"有为"而
　扰动之，此章"小其国"之意是分大国为众小国。
② 《列宁专题文集·论马克思主义》，北京，人民出版社，2009，第 180 页。
③ 萧公权：《中国政治思想史》，北京，商务印书馆，2011，第 177 页。
④ 〔英〕霍布斯：《利维坦》，黎思复、黎廷弼译，北京，商务印书馆，1985，第 94 页。

民有什伯之器不用"①说明"小国"中没有造作大型的工程，也没有祭祀、战争等需要多人参与的活动，居民各在各家，从事各自的生产生活，故即使有可供十百人使用之器也"不用"。"复结绳而用之"则说明居民物质生活简单，没有交换，也没有复杂的计算。"民重死而不远徙""虽有舟舆，无所乘之"说明"小国"与"小国"之间人民相互隔绝，这既是生活简单、原始的表现，也是保持这种简单、原始生活的条件。老子在这里使用了多个"不"来表示否定，但这种否定不是主观的、有意的否定或者禁止，而是客观上的没有必要。因为人性本"朴"，所以当人们基本的物质需要满足之后，不会有更多的物质追求，人与人之间的和谐也就实现了。

人类社会的发展既表现为物质文明的进步，也表现为社会结构、政治统治的形式日趋复杂的过程。从"自然状态"到国家的产生，或者说从"前国家"状态进入"国家"状态，本身就是社会的进步。但在老子看来，社会的发展、物质文明的进步使得人与人性之"朴"日渐疏离：追求物质文明之进步促使人运用智能，发展技术；社会结构的复杂使得人际关系日趋复杂，人与人之间钩心斗角，于是有贤愚善恶之分，有高低贵贱之别。故老子曰："大道废，有仁义；智慧出，有大伪；六亲不和，有孝慈。"(《老子·第十八章》)又曰："故失道而后德，失德而后仁，失仁而后义，失义而后礼。夫礼者，忠信之薄而乱之首。"(《老子·第三十八章》)从道到德、仁、义、礼，人类文明越往前发展，人为的造作也就越多，人类社会和道的疏离就越甚。只有抛弃仁义、礼法，"复归于朴"，才能真正天下大治。"复归于朴"即回到"小国寡民"的社会状态，即从"有为"复返于"无为"，这就是老子"无为而治"的政治理想。

三、无为而无不为

在"治术"层面，老子的"无为而治"主要指统治者施政尚清静，以己之"无为"成就人民之"无不为"。

---

① 此处，王弼本作"什伯之器"，河上公本作"什伯人之器"，马王堆帛书《老子》甲本作"使十百人之器毋用"，乙本作"使有十百人器而毋用"。对于"什伯之器"，诸家解释不一，大致有兵器说、器物说、数字说三种。(参见许春华：《天人合道——老子哲学研究》，北京，人民出版社，2013，第288~289页)对于"什伯人之器"，苏辙曰："什伯人之器，则材堪什夫伯夫之长者也。"[(明)焦竑：《老子翼》，上海，华东师范大学出版社，2011，第189页]帛书整理者曰："十百人之器盖指吉凶礼乐之器，老子非礼，故言不用。"[《马王堆汉墓帛书(壹)》，北京，文物出版社，1980，第8页]吴幼清曰："十人为什，百人为伯。什伯之器，重大之器，众所共也。"[(明)焦竑：《老子翼》，上海，华东师范大学出版社，2011，第190页]我们基本同意这一解释，"什伯之器"或"什伯人之器"都是指可供十百人使用之大器。"小国寡民"没有大型的活动，如祭祀、战争等，故不需要这样的大型器具。

其一，统治者施政尚清静、"无为"的前提是具备少私寡欲、至虚守静之德。在中国古代，统治者个人之"德"直接影响一代之"政德"，所以很难想象一个生活奢侈、好大喜功的帝王在施政方面会"尚清静"。老子说过要"虚其心，实其腹"之类的话，但他又说："五色令人目盲，五音令人耳聋，五味令人口爽，驰骋畋猎令人心发狂，难得之货令人行妨。是以圣人为腹不为目，故去彼取此。"（《老子·第十二章》）"实其腹""为腹"代表人的基本物质需要的满足，五色、五音、五味等则代表过度的物质欲望。老子去彼取此的态度说明，他并不要求人绝对地消除物质欲望，他反对的只是对物质享受的过度追求。

在社会生产力落后、物质生活资料总体不足的前提下，有条件无限制追求物质享受的只能是统治者。统治者的衣食住行、狗马玩好都取之于民，其对五色、五音、五味的享受的另一面往往是广大人民的饥寒交迫。老子曰："民之饥，以其上食税之多，是以饥。民之难治，以其上之有为，是以难治。"（《老子·第七十五章》）统治者无休止的榨取造成统治者与被统治者之间尖锐的对立，危及社会的稳定。战争亦属"有为"，老子反对战争，更反对诸侯之间为争夺土地、财富、人口而进行的不义战争。他认为，统治者的贪欲是不义战争的根本原因，止战的根本在于"毋争"，"毋争"的根本则在于统治者的"少私寡欲"。因此，老子反复告诫统治者"甚爱必大费，多藏必厚亡"（《老子·第四十四章》），要"去甚，去奢，去泰"（《老子·第二十九章》）。老子又曰："祸莫大于不知足，咎莫大于欲得。"（《老子·第四十六章》）统治者"欲得""不知足"，必多取于民，取于民而不足则必为了争夺土地、人口而发动战争，其结果只会招致祸害、灾难，乃至覆亡。因此，只有"知足不辱，知止不殆，可以长久"（《老子·第四十四章》）。

其二，老子崇尚的"无为"包含以"无为"为手段、策略，达到"无不为"之目的的意思。老子是中国早期朴素辩证法思想的集大成者，其辩证法思想在政治领域的具体运用即以"无为"为手段、策略，达到"无不为"之目的。老子曰："反者道之动，弱者道之用。"（《老子·第四十章》）对于这句话中的"反"字，人们历来有不同的理解。有以"反"为相反、对立者，则此句之意为：道的运动方式是不断向其对立面转化。有以"返"通"返"者，则此句之意为：道的运动方式是循环的，总要返回到原来的状态。陈鼓应曰："在这里，'反'字是歧义的，它可以做相反讲，又可以做返回讲（'反'与'返'通）。但在老子哲学中，这两种意义都被蕴含了。它蕴含了两个观念：相反对立与返本复初。这两个观念在老子哲学中都很受重视。老子认为，自然界中事物的运动和变化莫不依循某些规律，其中一个总规律就是'反'：事物向相反方向运动和发展；同时事物的运动发展总要返回到原来的基始状态。"①我们同意陈鼓应先生对这句话的解释。具体而言，事物的发展总是从无到有，从弱到强，当强大到极点时又向其对立面——弱——转化，最后再从弱归于消灭，即从有到无。因此，长远地看，柔弱的事物反而有更大的发展潜力、更强的生命力。故老子曰："人之生也柔弱，其死也坚强。万物草木之生也柔脆，其死也枯槁。故坚强者死之徒，柔弱者生之徒。"(《老子·第七十六章》)人也是自然界中之一物，"人事"也必须遵循"反对者道之动"这一规律，因此，尚柔、处弱也就成了老子为人处世和政治斗争中的重要原则，此即所谓"弱者道之用"。这一原则的具体表现是静观无为，示弱于人，待机而动。老子曰："将欲歙之，必固张之；将欲弱之，必固强之；将欲废之，必固兴之；将欲夺之，必固与之。是谓微明。柔弱胜刚强。"(《老子·第三十六章》)"待机"之"机"即事物向对立面转化的条件，条件不具备时的"无为"是条件具备后的"无不为"的前提。

其三，老子的"无为而治"指统治者施政时爱惜民力，清静无为。老子曰："躁胜寒，静胜热，清静为天下正。"(《老子·第四十五章》)"正"即"政"，"为天下正"即"为天下之政"，"为"在这里是"治理"之意。"清静为天下正"即秉持清静无为之原则来治理天下。"事"在人为，"有为"则"有事"，"无为"则"无事"。老子将一切妨碍民生、扰乱民心的行为皆视为"有为""有事"，并反对之。有研究者将老子反对的"有为""有事"之政治行为归纳为五种：仁义礼制、严刑苛法、横征暴敛、发动战争、尚贤。②这五种"有为"政治行为有针对当时流行的各家政治理论而言的，亦有针对当时社会之现实问题而言的，但其共同特点是妨碍民生、扰乱民心。

"有为""有事"则"扰"，"无为""无事"则"静"。"静"，人民就可以专心从事正常的生产活动。因此，统治者施政方面的"无为"成就的正是人民的"有为"。人民"有为"则生产发展，安居乐业，经济繁荣，国力强盛。故老子曰："治大国若烹小鲜。"(《老子·第六十章》)河上公注："鲜，鱼。烹小鲜不去肠，不去鳞，不敢挠，恐其靡也。治国烦则下乱，治身烦则精散。"③"烦"即多事，多事则乱，无事则静。老子又曰："取天下常以无事，及其有事，不足以取天下。"(《老子·第四十八章》)又曰："以正治

---

①　陈鼓应：《老子注译及评介》，北京，中华书局，1984，第225页。
②　参见刘白明：《老庄正义思想研究》，上海，上海三联书店，2012，第229～231页。
③　王卡：《老子道德经河上公章句》，北京，中华书局，1993，第235页。

国，以奇用兵，以无事取天下。"(《老子·第五十七章》)对于这一章，王弼注曰：

> 以道治国则国平，以正治国则奇兵起也。以无事，则能取天下也。上章云，其取天下者，常以无事，及其有事，又不足以取天下也。故以正治国，则不足以取天下，而以奇用兵也。夫以道治国，崇本以息末；以正治国，立辟以攻末。本不立而末浅，民无所及，故必至于以奇用兵也。①

"奇""正"本为军事用语，正面交锋为"正"，设伏突袭为"奇"。引申而言，"正"指常规的、经常性的举措，"奇"则用来指应对一时之变的非常规的举措。据王弼的解释，"以正治国"正是"以奇用兵"的原因。盖世俗所谓"以正治国"之"正"无非儒家提倡的仁义礼智、法家之严刑密法、墨家之尚贤等，皆属"有为"。统治者以"有为"治国，必内外交困，引致战争；治国而"无为"，则"我无为而民自富"，"民富"则国力强盛，此为"取天下"之物质基础。因此，不但"取天下"必以"无事"，治国亦然。

四、至德之世

老子的"无为而治"思想涵盖了"治道""治术"两个层面，这也意味着道家后学对老子"无为而治"思想的继承和发展有可能在这两个层面展开。庄子对老子"无为而治"思想的继承和发展主要是"治道"层面的。和老子一样，庄子认为人性本"朴"：饿来吃饭，寒来穿衣。人性之"朴"意味着人在满足基本的物质需求后，就会"含哺而熙，鼓腹而游"，天下太平。政治也好，仁义道德也罢，对于人来说都不是必需品，也非人性中的必然存在，反而是违逆人性、扰乱天下的祸害。老子曰："绝圣弃智，民利百倍；绝仁弃义，民复孝慈；绝巧弃利，盗贼无有。"(《老子·第十九章》)庄子曰：

> 昔者黄帝始以仁义撄人之心，尧、舜于是乎股无胈，胫无毛，以养天下之形，愁其五藏以为仁义，矜其血气以规法度。然犹有不胜也。尧于是放讙兜于崇山，投三苗于三峗，流共工于幽都，此不胜天下也。夫施及三王而天下大骇矣。下有桀、跖，上有曾、史，而儒、墨毕起。于是乎喜怒相疑，愚知相欺，善否相非，诞信相讥，

---

① （魏）王弼：《王弼集校释》，北京，中华书局，1980，第149页。

而天下衰矣；大德不同，而性命烂漫矣；天下好知，而百姓求竭矣。于是乎**钁**锯制焉，绳墨杀焉，椎凿决焉。天下脊脊大乱，罪在撄人心。故贤者伏处大山嵁岩之下，而万乘之君忧栗乎庙堂之上。

今世殊死者相枕也，桁杨者相推也，刑戮者相望也，而儒、墨乃始离跂攘臂乎桎梏之间。意，甚矣哉！其无愧而不知耻也甚矣！吾未知圣知之不为桁杨椄槢也，仁义之不为桎梏凿枘也，焉知曾、史之不为桀、跖嚆矢也！故曰："绝圣弃知而天下大治。"（《庄子·在宥》）

庄子这段话基本上可视为对老子"绝圣弃知"主张的进一步阐释。在老、庄看来，人类遵循本性而生活，本来社会和谐、安宁。圣、知所代表的道德和智慧，都与人性之"朴"相背离。标榜圣、知，引导世人仿效之，使世人背弃本性，其结果是"性命烂漫"，天下扰攘，不得安宁。以此为治而欲求天下大治，无异于南辕北辙。庄子以"撄人心"，即扰乱人性为天下大乱之根源，以"撄人心"之圣人、智者为天下之大罪人，故主张"绝圣弃知"。除上述引文外，《庄子》一书中还多次出现类似的论述：

且夫待钩绳规矩而正者，是削其性者也；待绳约胶漆而固者，是侵其德者也；屈折礼乐，呴俞仁义，以慰天下之心者，此失其常然也。天下有常然，常然者，曲者不以钩，直者不以绳，圆者不以规，方者不以矩，附离不以胶漆，约束不以纆索。故天下诱然皆生而不知其所以生；同焉皆得，而不知其所以得。故古今不二，不可亏也。则仁义又奚连连如胶漆纆索，而游乎道德之间为哉，使天下惑也！（《庄子·骈拇》）

及至圣人，屈折礼乐以匡天下之形，县跂仁义以慰天下之心，而民乃始踶跂好知，争归于利，不可止也。此亦圣人之过也。（《庄子·马蹄》）

上诚好知而无道，则天下大乱矣。何以知其然邪？夫弓、弩、毕、弋机变之知多，则鸟乱于上矣；钩饵、罔罟、罾笱之知多，则鱼乱于水矣；削格、罗落、罝罘之知多，则兽乱于泽矣；知诈渐毒、颉滑坚白、解垢同异之变多，则俗惑于辩矣。故天下每每大乱，罪在于好知。故天下皆知求其所不知而莫知求其所已知者，皆知非其所不善而莫知非其所已善者，是以大乱。故上悖日月之明，下烁山川之精，中堕四时之施；惴耎之虫，肖翘之物，莫不失其性。甚矣，夫好知之乱天下也！（《庄子·胠箧》）

庄子不但批判了儒、墨诸家提出的所谓仁义、"尚贤"、"好知"等主张，而且将几乎所有人类文明的成果都视为"有为"而加以批判。《庄子》中有这样一则寓言：

> 子贡南游于楚，反于晋，过汉阴，见一丈人方将为圃畦，凿隧而入井，抱瓮而出灌，搰搰然用力甚多而见功寡。子贡曰："有械于此，一日浸百畦，用力甚寡而见功多，夫子不欲乎？"为圃者卬而视之曰："奈何？"曰："凿木为机，后重前轻，挈水若抽，数如泆汤，其名为槔。"为圃者忿然作色而笑曰："吾闻之吾师，有机械者必有机事，有机事者必有机心。机心存于胸中，则纯白不备；纯白不备，则神生不定；神生不定者，道之所不载也。吾非不知，羞而不为也。"（《庄子·天地》）

以机械取代人力是社会生产力进步的表现，也是人类智慧和文明发展的成果。但在庄子看来，社会生产力发展带来的副作用是人与其纯朴的自然人性的逐渐背离："有机械者必有机事，有机事者必有机心。"有鉴于此，庄子的价值选择是"羞而不为"：为了保持纯朴的本性，宁愿放弃社会生产力发展带来的物质利益。《庄子·应帝王》中"浑沌之死"这则寓言典型地表现了庄子对于人类文明的态度：

> 南海之帝为儵，北海之帝为忽，中央之帝为浑沌。儵与忽时相遇于浑沌之地，浑沌待之甚善。儵与忽谋报浑沌之德，曰："人皆有七窍以视听食息，此独无有，尝试凿之。"日凿一窍，七日而浑沌死。

人通过七窍而感知客观世界，没有七窍的"浑沌"是无识无知的。人运用感觉器官感知和认识世界是人类认识世界的开始，也是人类文明的开始。"日凿一窍，七日而浑沌死"本是一客观的事实，象征着人类脱离蒙昧时代，开创人类文明。死则不可复生，浑沌之"死"意味着人再也不可能抛弃文明，回到蒙昧时代。但一个"死"字也蕴含了庄子的遗憾乃至悲叹：人类在创造文明的同时，也越来越与其自然本性相疏离，而与自然本性相疏离的人究竟是怎样一种存在？这对人而言究竟是福是祸？

以上述批判为前提，庄子建构了一个与人类文明背道而驰的理想社会，他称其为"至德之世"。何谓"至德之世"？庄子是这样描述的：

彼民有常性，织而衣，耕而食，是谓同德；一而不党，命曰天放。故至德之世，其行填填，其视颠颠。当是时也，山无蹊隧，泽无舟梁；万物群生，连属其乡；禽兽成群，草木遂长。是故禽兽可系羁而游，乌鹊之巢可攀援而窥。夫至德之世，同与禽兽居，族与万物并。恶乎知君子小人哉！同乎无知，其德不离；同乎无欲，是谓素朴。素朴而民性得矣。（《庄子·马蹄》）

子独不知至德之世乎？昔者容成氏、大庭氏、伯皇氏、中央氏、栗陆氏、骊畜氏、轩辕氏、赫胥氏、尊卢氏、祝融氏、伏牺氏、神农氏，当是时也，民结绳而用之。甘其食，美其服，乐其俗，安其居，邻国相望，鸡狗之音相闻，民至老死而不相往来。若此之时，则至治已。（《庄子·胠箧》）

至德之世，不尚贤，不使能；上如标枝，民如野鹿。端正而不知以为义，相爱而不知以为仁，实而不知以为忠，当而不知以为信，蠢动而相使，不以为赐。是故行而无迹，事而无传。（《庄子·天地》）

从上面的描述中，我们不难看出老子"小国寡民"的政治理想对庄子的影响。"山无蹊隧，泽无舟梁"不正是"民至老死不相往来"的另一种表达吗？《胠箧》中对"至德之世"的描述几乎与老子的"小国寡民"完全一致。二者的不同之处仅在于两点。其一，老子是直接提出其"小国寡民"理想的，庄子则认为其"至德之世"的理想在容成氏、大庭氏、伯皇氏等上古帝王统治的时代实现过。这既是战国托古风气的体现，也代表着庄子对人类文明越发展越堕落的批判。其二，庄子的"至德之世"除了人与人之间的和谐，还强调人与自然之间的和谐。在"至德之世"中，"禽兽可系羁而游，乌鹊之巢可攀援而窥"就是人与自然和谐关系的表现。

第三节　黄老学派的"无为而治"思想

老子"治术"层面的"无为而无不为"思想经过法家申、韩等人发展为充满权谋、诡诈的所谓"君人南面之术"。历代研究者在批判法家"君人南面之术"时追根溯源，亦连带及于老子。例如，程颐曰：

《老子》书，其言自不相入处，如冰炭。其初意欲谈道之极玄妙处，后来却入做权诈者上去。如"将欲取之，必固与之"之类。然老子之后有申、韩，看申、韩与老子之道甚悬绝，然其原乃自老子来。①

朱熹则曰：

《老子》一书意思都是如此，它只要退步不与你争。如一个人叫哮跳踯，我这里只是不做声，只管退步，少间叫哮跳踯者自然而屈，而我之柔伏应自有余。老子心最毒，其所以不与人争者，乃所以深争之也，其设心措意都是如此。②

近人钱穆亦曰：

然老子心中之圣人，却决不肯退隐无为，又不能淡漠无私，如庄周之所称道……此乃完全在人事利害得失上着眼，完全在应付权谋上打算也……彼乃常求为一世俗中雄者白者荣者，而只以雌以黑以辱作姿态，当作一种手段之运使而已。③

这些批评虽有片面性，但不能说全无根据。另一方面，不管是老子的"小国寡民"式"无为而治"模式，还是庄子的"至德之世"式"无为而治"模式，都否定了一切"人为"，包括所有的社会性价值。这虽不能简单地被认为是开历史的倒车，但的确是一种乌托邦式的社会理想，不可能真正落实。任继愈先生就评价道："老子为了反对当时的剥削制度，从而反对一切社会制度；为了反对剥削阶级的文化，从而反对一切文化；为了反对欺诈和不信任，从而反对一切知识。这是老子的错误所在。老子提出的解决方案错了，却不能说老子对不合理现象的攻击也错了。"④

任继愈先生的评价虽针对老子而言，但推而及于庄子亦无不可。老、庄看到了社会的问题所在，但开出的药方却不能解决这些问题，其"无为而治"理想的价值主要是批判的，而非建构的。不管是老子的"小国寡

---

① （宋）程颢、程颐：《二程集》，北京，中华书局，2004，第235页。
② （宋）朱熹：《朱子全书（修订本）》第18册，上海，上海古籍出版社；合肥，安徽教育出版社，2010，第4250页。
③ 钱穆：《庄老通辨》，北京，生活·读书·新知三联书店，2000，第122~123页。
④ 任继愈：《中国哲学发展史（先秦）》，北京，人民出版社，1983，第250页。

民"，还是庄子的"至德之世"，其理想与现实政治之间始终存在无法跨越的鸿沟。有研究者指出："道家要纠偏此弊，就必须对社会性价值存在予以恰当的肯定，对儒法诸家的社会化内容有所汲取。只有这样，它才能为封建制度所选择和为时代所认同。"①

一、从"道"到"理"

在老子的思想中，"道"是一个最基础、最核心的概念，但也是一个最难以获得确切解释的概念。陈鼓应先生指出："《老子》书上所有的'道'字，符号形式虽然是同一的，但在不同章句的文字脉络中，却具有不同的义涵；有些地方，'道'是指形而上的实存者；有些地方，'道'是指一种规律；有些地方，'道'是指人生的一种准则、指标或典范。"②在陈氏的上述理解中，"人生的一种准则、指标或典范"即"人道"。归根结底，它也是一种规律或规律的表现。因此，大概而言，老子所谓的"道"有两种基本的含义：或指规律，或指形上的本体或实体。黄老学派对老子之"道"的这两种基本含义都有所继承和发展。

在老子对"道"的描述中，"道"具有"惟恍惟惚""无名""朴""混成"等特征。这些特征虽主要针对作为形上之实体或本体的"道"而言，但亦不能不影响到我们对作为规律的"道"的理解。作为规律的"道"虽贯穿于道生万物的整个过程之中，普遍存在于世界之中，但这种规律本身却是难以把握和理解的。老子所谓的"道可道，非常道"，所说的不仅是作为形上实体或本体的"道"，亦针对作为规律的"道"。因此，对"道"的把握本身就具有某种神秘性。要摆脱这种神秘性，就必然要求"道"的具体化。

黄老学派将"道"具体化，提出了"理"的概念。"理"是中国古代哲学中一个重要概念，但其出现却比较晚。张岱年先生指出："作为哲学范畴的'理'，起源于战国中期。《论语》《老子》中无'理'字。"③孟子虽然理、义并举，说"至于心，独无所同然乎？心之所同然者何也？谓理也，义也"（《孟子·告子上》），但"理"在先秦儒家典籍中并不多见，其与先秦儒家的天、道、性、命等重要概念之关系亦难以索解。可见，在先秦儒学中，"理"尚未作为一个哲学概念被纳入其概念体系。但是，"理"在《黄老帛书》《管子四篇》等黄老学派著作中却是一个重要概念。在这些著作中，"理"和"道"都有规律意。例如：

---

① 丁原明：《黄老学论纲》，济南，山东大学出版社，1997，第 38 页。
② 陈鼓应：《老子注译及评介》，北京，中华书局，2009，第 2 页。
③ 《张岱年全集》第 4 卷，石家庄，河北人民出版社，1996，第 491～492 页。

一之解，察于天地；一之理，施于四海。(《经法·成法》)

始于文而卒于武，天地之道也；四时有度，天地之理也；日月星辰有数，天地之纪也。(《经法·论约》)

禁伐当罪，必中天理。(《经法·四度》)

得一之理，治心在于中，治言出于口，治事加于人，然则天下治矣。(《管子·内业》)

辩于人情，究物之理；称于天地，废置不殆。(《鹖冠子·王铁》)

上述"天之理""天地之理""一之理"等表述中的"理"皆指某种规律，孤立地看，其所指与"道"没有什么不同。但当"道""理"联袂出现，可资对比时，二者之区别就表现出来了。例如：

执道循理，必从本始，顺为经纪……背约则窘，达刑则伤……当者有数，极而反，盛而衰：天地之道也，人之理也。逆顺同道而异理，审知逆顺，是谓道纪。(《经法·四度》)

物各合于道者，谓之理。(《经法·论》)

心处其道，九窍循理。(《管子·心术上》)

道者，万物之所然也，万物之所稽也。理者，成物之文也。(《韩非子·解老》)

上述文献中"道"与"理"的关联说明，"理"不是一个孤立、突兀的概念，而是黄老学派整个概念体系的一部分。有研究者指出："先秦黄老之学不但主论'道'，还由'道'支衍出'理'。"[1]换言之，在黄老学派的思想体系里，"道"是总，"理"是支；"道"是源，"理"是流。二者之间的这一区别在《韩非子·解老》中有最为典型的体现："道"是万物的总根据，"理"则是具体的某物之"理"。具体某物之从无到有，之所以为此物而不为彼物，皆取决于"道"，而具体某物之存在与否并不影响"道"。只有这样，才能说"道"超越于物，故能为万物之所然、所稽。"理"为具体的某物之理，故其存在从逻辑上讲只能在"成物"之后。韩非的这种理解也可以说是对《经法·四度》中"同道异理"一语的解释：正因为"道"是万物的总根据，所以对不同事物而言，其"道"是同，是一；但对不同事物而言，

---

① 陈丽桂：《汉代道家思想》，北京，中华书局，2015，第 35 页。

各有各"理"，故物各"异理"。

总而言之，"道"与"理"皆有规律之意，但"道"统摄"理"，"理"相对于"道"而言是更具体的规律。与老子、庄子肯定"道"之总、全而否定其分不同，黄老学派更强调"道"与"理"的统一性，这为"道"的具体化奠定了理论前提，亦具有重要的政治哲学意义。在心与九窍的关系中，心是总而九窍是分，故"心处其道，九窍循理"；在君臣关系中，君是总而臣是分，故君"执道"而臣"循理"。"执道循理"意味着有"道"可执，有"理"可循。有"理"可循意味着社会治理不再是老子、庄子所认为的绝对的无为和任自然，"理"具体表现为各项政治制度和法律，这也就为道家"无为而治"的政治理想容纳刑名法术提供了可能。

二、"精气"为"道"

在老子的思想中，作为形上实体和本体的"道"生成万物，是"万物之宗"。黄老学派继承了这一思想，且有所发展。《黄老帛书·道原》对"道"进行了集中论述：

> 恒无之初，迥同太虚。虚同为一，恒一而止。湿湿梦梦，未有明晦。神微周盈，精静不熙。古未有以，万物莫以。古无有形，大迥无名。天弗能覆，地弗能载。小以成小，大以成大，盈四海之内，又包其外。在阴不腐，在阳不焦。一度不变，能适蚑蛲。鸟得而飞，鱼得而游，兽得而走。万物得之以生，百事得之以成。人皆以之，莫知其名。人皆用之，莫见其形。
>
> 一者其号也，虚其舍也，无为其素也，和其用也。是故上道高而不可察也，深而不可测也。显明弗能为名，广大弗能为形。独立不偶，万物莫之能令。天地阴阳，（四）时日月，星辰云气，蚑行蛲动，戴根之徒，皆取生，道弗为益少；皆反焉，道弗为益多。

这段话既描述了宇宙诞生之初的景象，又对"道"的特征、功能做了论述。"恒无之初，迥同太虚。虚同为一，恒一而止"是作者对宇宙诞生之初的状态的想象性描述，和《老子·第十四章》的描述有异曲同工之妙：

> 视之不见，名曰夷；听之不闻，名曰希；抟之不得，名曰微。此三者不可致诘，故混而为一。其上不皦，其下不昧。绳绳不可名，

复归于无物。是谓无状之状，无物之象。是谓忽恍。迎之不见其首，随之不见其后。执古之道，以御今之有。能知古始，是谓道纪。

"恒无""太虚"从字面意义上讲即"什么都没有"，恰似老子所谓的"夷""希""微"。但正如"视之不见""听之不闻""抟之不得"不代表没有任何存在物一样，"恒无""太虚"所指称的也只是宇宙产生之初混沌未分、若有若无的状态，并非什么都没有。但在这宇宙诞生之初存在的究竟是什么呢？陈鼓应先生认为："'一'指先天一气，实即'道'。"①《道原》后来又说："一者其号也，虚其舍也，无为其素也，和其用也。是故上道高而不可察也，深而不可测也。"老子也说过："天得一以清，地得一以宁，神得一以灵，谷得一以盈，万物得一以生，侯王得一以为天下贞。"（《老子·第三十九章》）韩非解释这一句说："道无变，故曰一。"（《韩非子·扬权》）因此，《道原》所谓的"一"即"道"，跟老子和其他道家著作是一致的。②至于陈氏认为的"一"即"先天一气"的观点虽然在《老子》和《黄老帛书》中没有直接的文本依据，但从黄老学派的思想发展来看并非无据。

在其他黄老学派的著作中，"以气为道"是一种普遍的现象。《管子四篇》中并没有直接论述"道""气"关系的文字，但是我们可以联系以下文字来对二者进行分析：

> 夫道者所以充形也，而人不能固。其往不复，其来不舍。谋乎莫闻其音，卒乎乃在于心，冥冥乎不见其形，淫淫乎与我俱生。不见其形，不闻其声，而序其成，谓之道。凡道无所，善心安蒮，心静气理，道乃可止。彼道不远，民得以产。彼道不离，民因以知。是故卒乎其如可与索，眇眇乎其如穷无所。彼道之情，恶音与声。修心静音，道乃可得。道也者，口之所不能言也，目之所不能视也，耳之所不能听也，所以修心而正形也。人之所失以死，所得以生也。事之所失以败，所得以成也。凡道，无根无茎，无叶无荣，万物以生，万物以成，命之曰道。（《管子·内业》）

> 形不正者德不来，中不精者心不治。正形饰德，万物毕得。翼然自来，神莫知其极。昭知天下，通于四极。是故曰，无以物乱官，毋以官乱心，此之谓内德。气者，身之充也。行者，正之义也。充

---

① 陈鼓应：《黄帝四经今注今译》，北京，商务印书馆，2007，第399页。
② "一"为"道"之别名，参见周舜徽：《周秦道论发微》，北京，中华书局，1982，第34～36页。

不美，则心不得。行不正，则民不服。(《管子·心术下》)

《管子》既曰"夫道者所以充形也"，又曰"气者，身之充也"，这是间接地指出"道即是气"。当然，这里所说的"气"不是一般的"气"，而是指"精气"。《管子·内业》曰："精也者，气之精者也。""精"的本意为优质纯净的米，引申出洁净、完美之意。在《管子四篇》中，"精"专指"气之精者"。张岱年先生认为："所谓精其实乃是精气。所谓精即是细微而粹美的气，亦称为精气……精即变化多端的气。"①换言之，"精"即"精气"之省称，也就是洁净、完美之气。《管子四篇》对"精气"和"道"的描述具有诸多相似之处。

首先，二者无所不在，却又无形无象，不可捉摸。"道"是"谋乎莫闻其音，卒乎乃在于心，冥冥乎不见其形，淫淫乎与我俱生。不见其形，不闻其声，而序其成，谓之道"(《管子·内业》)。"精气"则是"杲乎如登于天，杳乎如入于渊，淖乎如在于海，卒乎如在于己"(《管子·内业》)。张舜徽引罗焌曰："杲，明也。杳，冥也。淖，读为趠，动而远也。卒，读为猝，急而近也。登天，言其高明；入渊，言其幽深；在海，言其远；在己，言其近。"随后又曰："此言气之运行天地，无乎不在。高若不可际，深若不可测，远若距海洋，近若在己身也。气之所在，即道之所在耳。"②

其次，二者的功能、性质相同，其得失决定人的生死、人事的成败。"道"是"人之所失以死，所得以生也。事之所失以败，所得以成也。凡道，无根无茎，无叶无荣，万物以生，万物以成，命之曰道"(《管子·内业》)，"精气"则"下生五谷，上为列星。流于天地之间，谓之鬼神；藏于胸中，谓之圣人"(《管子·内业》)。

最后，得"道"的途径和获得"精气"的途径相同。得"道"的途径："凡道无所，善心安蔓，心静气理，道乃可止……彼道之情，恶音与声。修心静音，道乃可得。"(《管子·内业》)"精气"的获得："是故此气也，不可止以力，而可安以德。不可呼以声，而可迎以音。敬守勿失，是谓成德。德成而智出，万物果得。"(《管子·内业》)

通过上述三个方面的比较，我们认为，《管子》虽未直言"道"即"精气"，但是不论是对它们的描述，还是二者的作用，都如此相似甚至相

---

① 张岱年：《〈管子〉书中的哲学范畴》，《管子学刊》1991年第3期。
② 张舜徽：《周秦道论发微》，北京，中华书局，1982，第281页。

同，这肯定不是巧合。因此，可以说，《管子》中的"道"就是"精气"。

"精气"即"道"，是一种物质实体，是世界统一的物质基础。《管子·心术下》曰："一气能变曰精。""一气"也就是"使气一"，"一"在这里是一个使动词。《庄子·逍遥游》曰："若夫乘天地之正，而御六气之辩，以游无穷者，彼且恶乎待哉！"郭庆藩以为："辩与正对文，读为变……辩变古通用。"①"六气"何指历来聚讼纷纭，莫衷一是，但既云"六气"，则气肯定并非只有一种。"一气"说明，在这么多不同种类的气的背后有一个能"使之一"的气，这个气就是"精气"。现代科学对物质的分析从分子而原子，从原子而质子、电子、中子，再到基本粒子，其趋势是越来越细微。但基本粒子也是可分的，精气是《管子四篇》的作者所设想的绝对不可分的物质，因此可以成为"六气"统一的物质基础。

黄老学派认为，精气既构成万物的物质形体，又是生物生命的来源，还是某物之所以为某物的根据。精气还具有某些神妙的作用，天地间一切神妙、不可解释的现象无不是精气的作用。鬼神及其作用都是精气的产物，人的思维活动和对外界的认识也是精气参与的结果。《管子·内业》曰：

> 抟气如神，万物备存。能抟乎？能一乎？能无卜筮而知吉凶乎？能止乎？能已乎？能勿求诸人而之己乎？思之，思之，又重思之。思之而不通，鬼神将通之。非鬼神之力也，精气之极也。

卜筮是古人和鬼神进行沟通的一种方式。"无卜筮而知吉凶"指不求助于鬼神而能对事物发展趋势进行准确的预测。这本是人类发挥理性思维能力进行推理的结果，但在古人看来却很神秘，所以只能称之为"鬼神之力"。《管子四篇》否定有所谓的"鬼神之力"，而曰"非鬼神之力也，精气之极也"。换言之，他们认为这并非鬼神的力量所致，而是人体内的精气的力量发扬到极致所达到的结果。其理论基础在于他们认为世界上的鬼神不过是游离于人体外的精气，并无另外被称为鬼神的存在。人体内外的精气是同质的存在，人对外物的认识也就是外界的事物的精气和人体内部的精气之间的交流、感通。精神活动就是人体内细微的精气的运动变化，这种精气之间的交流、感通达到极致，就可以"无卜筮而知吉凶"了。"精气"这一概念亦数见于《吕氏春秋》：

---

① （清）郭庆藩：《庄子集释》，北京，中华书局，1981，第21页。

精气之集也，必有入也。集于羽鸟，与为飞扬；集于走兽，与为流行；集于珠玉，与为精朗；集于树木，与为茂长；集于圣人，与为敻明。精气之来也，因轻而扬之，因走而行之，因美而良之，因长而养之，因智而明之。（《吕氏春秋·尽数》）

血脉欲其通也，筋骨欲其固也，心志欲其和也，精气欲其行也。（《吕氏春秋·达郁》）

是故圣王之德……神合乎太一，生无所屈，而意不可障；精通乎鬼神，深微玄妙，而莫见其形。（《吕氏春秋·勿躬》）

《吕氏春秋》也没有明言"道"即"精气"，但其对精气的性质、功能以及它与万物关系的描述与《管子·内业》几乎完全相同。精气能够在人体与外界之间进行交流、感通的思想在《吕氏春秋》和《淮南子》中得到进一步的发挥。《吕氏春秋·精通》曰：

圣人南面而立，以爱利民为心，号令未出，而天下皆延颈举踵矣，则精通乎民也。

圣人既是得道者，又是君主。在黄老学派"精气"即"道"的理论前提下，得道即获得精气，因此，得道之君体内精气充盈，当其有所思虑时，精气流溢于外，与人民体内的精气交流、感通，圣人所思虑的也就为他人所感知了。圣人与民众之间的沟通无须通过语言、文字，但却比语言、文字更为快速、有效。

在《淮南子》中，精气之极不仅可以沟通君臣上下，还能够影响天地四时，乃至日月运行、宇宙秩序：

至精之所动，若春气之生，秋气之杀也，虽驰传骛置，不若此其亟。故君人者，其犹射者乎！于此豪末，于彼寻常矣。故慎所以感之也。（《淮南子·主术训》）

鲁阳公与韩构难，战酣，日暮，援戈而撝之，日为之反三舍。夫全性保真，不亏其身，遭急迫难，精通于天，若乃未始出其宗者，何为而不成？（《淮南子·览冥训》）

鲁阳公是否有过挥戈退日之壮举已无可考证，但至少《淮南子》的作者是相信的。作者认为，人在危急情况之下，精神处于极度的紧张、集中状态，其体内的精气可以上通于天，而使日月星辰的运行、昼夜的正常更替发生改变。这种"精通于天"的思想与汉代流行的天人感应说不无关系，但又存在根本的差异。汉代的天人感应之说也认为人类社会的政治状况可以影响自然的秩序，但这种影响是出于有意志的天的谴告或奖赏——当君主施政不当时，天以灾异谴告之；如果君主施政合理，天则出祯祥表示奖赏。天人感应说中的"天"是一种神性的存在，而在黄老学派"精通于天"的思想中，天人之间的感通虽仍不免有神秘主义之色彩，天却并无神性，它和人一样都是物质的存在。《管子·内业》曰："凡物之精，此则为生。下生五谷，上为列星。"天上的日月星辰也是由精气构成的，这是黄老学派天人感通思想的基础。如果说天人感应说是将天神化、崇高化，将人渺小化，黄老学派的天人感通说就是将人的力量无限扩大化。

三、"神化"式"无为而治"

精气（道）是一种物质性存在。从人与精气的关系角度看，我们不能说人模仿或遵循精气，只能说人获得或失去精气。人获得精气或失去精气直接关系到生命的保存和人事的成败。获得精气必先治身，治身的关键在于治心，即保持心的虚静、无为。《管子·内业》曰：

> 有神自在身，一往一来，莫之能思。失之必乱，得之必治。敬除其舍，精将自来。精想思之，宁念治之。严容畏敬，精将至定。得之而勿舍，耳目不淫，心无他图。正心在中，万物得度。

这里神、精不分而混用，说明它们其实是同一种存在。精气虽然是一种物质性的存在，但却不可以用任何技术性的手段加以捕捉。个体只要消除各种欲望、杂念，使心保持虚静、无为的状态，它自然而然地就来了。《管子·心术上》曰："虚其欲，神将入舍。扫除不洁，神乃留处。"又曰："洁其宫，开其门，去私毋言，神明若存。"随后又解释道："神者至贵也，故馆不辟除，则贵人不舍焉。故曰：不洁则神不处……洁其宫，阙其门。宫者，谓心也。心也者，智之舍也，故曰宫。洁之者，去好过也。门者，谓耳目也。耳目者，所以闻见也。"这里将精气比喻成贵客，将人的心比喻为招待宾客的馆舍。馆舍不打扫干净，贵宾就不会在此停留。这个馆舍的干净指的就是"虚其欲"，即去掉心中过度的欲望。

《管子·内业》进一步提出了"精舍"的概念，曰："能正能静，然后能定。定心在中，耳目聪明，四肢坚固，可以为精舍。""精舍"指心而言，心保持正静，没有欲望的牵引和情绪的纷扰，即可作为"精舍"，而耳目聪明、四肢坚固，乃精存之功效。《管子·心术下》曰："是故曰：无以物乱官，毋以官乱心，此之谓内德。""以物乱官"，也就是外物引起人的感官欲望，如看见美味就产生吃的欲望。这些感官欲望会扰乱心的虚静，因此要远离它们。《管子·内业》曰："凡心之刑，自充自盈，自生自成。其所以失之，必以忧乐喜怒欲利。能去忧乐喜怒欲利，心乃反济。"人心天然就是"精舍"，如果不为外物所扰乱，自然会有精气进入，因此"自充自盈，自生自成"，而之所以失去"精舍"的地位，即不能再招徕精气，则是因为各种嗜欲引起了不正当的情感，如忧、乐、喜、怒、欲、利等。如果能去掉这些不正当的情感，心就能重新成为"精舍"。

黄老学派强调的保持心的虚静有两层含义，一方面指去掉不必要的欲望，另一方面指去掉对事物的先入之见。对事物的先入之见使人不能正确地认识事物，因此会导致人不正当的喜、怒等情感。"静"是保持心态的平静，心不为各种喜怒哀乐的情感所扰乱。《管子·内业》曰："和乃生，不和不生。察和之道，其精不见，其征不丑。平正擅匈，论治在心，此以长寿。忿怒之失度，乃为之图。节其五欲，去其二凶，不喜不怒，平正擅匈。"这一段话说得很明确，养生并不是要去掉所有的欲望、情感，而是"忿怒之失度，乃为之图"。正当的忿怒等情感是可以有的，这也是生命的一种特征，是人对外物或他人或自己的一种反应。只有当这些情感"失度"，即处于一个不正常的水平时，我们才要采取措施："节其五欲，去其二凶"。"五欲"指的是各种欲望，"二凶"指的是以喜、怒为代表的两方面的情绪，而最后的目的是"平正擅匈"，仍然是保持心的正静，即回复到心的自然正常状态。这个状态也就是上面提到的"凡心之刑，自充自盈，自生自成"的状态。

对于如何"节欲去凶"，即控制情感和保持心的平静，一方面，黄老学派继承道家修心静意的传统，使精神专注于内而不驰逐于外。例如，《管子·心术下》和《管子·内业》都强调要"一意抟心"。但是相对于老庄，其更突出的特点是对儒家修养方法的吸收。《管子·心术下》提出："节怒莫若乐，节乐莫若礼，守礼莫若敬。外敬而内静者，必反其性。"《管子·内业》也提出："是故止怒莫若诗，去忧莫若乐，节乐莫若礼，守礼莫若敬，守敬莫若静。内静外敬，能反其性，性将大定。"在这里，它们都强调礼、乐、诗对人的情感的调节作用，主张通过这些调节使人的情绪保持平和、喜怒哀乐的感情不过度。礼、乐、诗都是儒家教化的重要手段，并且为老庄一派道家所激烈批判，认为是扰乱人性，使人不得尽其天年的罪魁祸首。但《管子四篇》却以之作为节欲静心的重要手段，这体现出儒家思想对其产生的影响，也体现了黄老学派融合百家的特点。

人体与政治是两个不同的研究对象，治身与治国也是两种不同的学问。但在中国传统哲学里，人生哲学与政治哲学之间并没有截然分明的界线。《大学》将修身、齐家、治国、平天下混而论之，但其所谓"修身"是指个人品德的提升而非生理学意义上的"治身"。由于将"道"解释为"精气"，黄老学派的政治哲学不仅与伦理道德学说相关联，而且与其生命哲学交织在一起。精气以其神妙的作用，可以决定万物的生灭和万事的成败，此即"人之所失以死，所得以生也。事之所失以败，所得以成也"（《管子·内业》）。精气不仅是所有生物的生命源泉，而且作为一种冥冥之中不可抗拒的力量，它决定所有人事的成败。政治作为人间的"大事"，其成败也就取决于参与者能否获得精气，而精气的获取完全决定于个体的身心状况。因此，关于如何获得精气的治身之学也就具有了重要的政治哲学意义。《吕氏春秋·先己》曰：

> 凡事之本，必先治身，啬其大宝。用其新，弃其陈，腠理遂通。精气日新，邪气尽去，及其天年。此之谓真人。昔者，先圣王成其身而天下成，治其身而天下治。故善响者不于响于声，善影者不于影于形，为天下者不于天下于身。

《吕氏春秋·贵生》则曰：

> 道之真以持身，其绪余以为国家，其土苴以治天下。由此观之，帝王之功，圣人之余事也，非所以完身养生之道也。

作者虽然认为治身优先于治国、治天下，但其对政治的态度仍与老庄对政治的疏离有本质的不同。老庄对政治疏离的原因在于他们反对政治活动中的钩心斗角对于人的自然本性的背离与戕害、对于人的自由的约束。他们认为，政治与人性、自由在本质上就是对立的。黄老学派并不认为治身和治国、治天下之间存在本质上的对立，从而个人必须在二者中做非此即彼式的选择。相反，他们认为，治身和治国、治天下是统一的，只不过治身是本，治国、治天下是用，前者更具有优先性。

《淮南子·主术训》的主旨是探讨君主的统治之术，其核心思想可以归结为"无为"。安乐哲认为："'无为'是《主术训》阐述的一个主要问题，至少其中有一半的篇幅是讨论'无为'及与之有关的思想的。它的'无为'思想基本框架是法家的，并且运用的是法家语言和表达方式。"①我们认为，《淮南子·主术训》的"无为"思想容纳了刑名法术之学，但其基本框架却不是法家的，而是黄老学派的，且正是以"道即精气"思想为基础的。首先，安乐哲所谓的刑名法术不是法家所专有的。其次，他忽视了《淮南子·主术训》思想中的一个重要特点，即通过刑名法术等"治术"达到"无为而治"并非作者优先选择的路径，其优先选择的是"神化"路径。《淮南子·主术训》曰：

> 故圣人事省而易治，求寡而易澹，不施而仁，不言而信，不求而得，不为而成，块然保真，抱德推诚，天下从之，如响之应声，景之像形，其所修者本也。刑罚不足以移风，杀戮不足以禁奸，唯神化为贵，至精为神。②

圣人如何做到"不施而仁，不言而信，不求而得，不为而成"呢？只有通过"神化"。《淮南子·主术训》又曰："太上神化，其次使不得为非，其次赏贤而罚暴。"③在"神化"和任用刑罚之间，前者显然更具优先性。"神化"又见于《鹖冠子·度万》：

> 庞子曰："敢问五正。"鹖冠子曰："有神化，有官治，有教治，有因治，有事治。"庞子曰："愿闻其形。"鹖冠子曰："神化者于未有，官治者道于本，教治者修诸己，因治者不变俗，事治者矫之于末。"庞子曰："愿闻其事。"鹖冠子曰："神化者，定天地，豫四时，拔阴阳，移寒暑，正流并生，万物无害，万类成全，名尸气皇。"

这里的"五正"指治理国家的五种模式。"神化"列于首位，也意味着它优先于其他四种模式。上述鹖冠子对"神化"之事的详细解释虽不直接与政治相关，但其又有"帝制神化"之言，这意味着"定天地，豫四时，拔阴阳"等看似不与政治直接相关的"神化"之事也具有政治意义，它们是超

---

① 〔美〕安乐哲：《主术——中国古代政治艺术之研究》，滕复译，北京，北京大学出版社，1995，第55页。
② 此语又见于《文子·精诚》。
③ 此语又见于《文子·精诚》。

政治的而不是非政治的。吴世拱于"神化"下注曰：

> 皇道也。《风俗通》引《运斗枢》云："皇者天。天不言，四时行
> 焉，百物生焉。三皇垂拱，无为设言，而民不远道德。"《白虎通·号
> 篇》"号之为皇者，煌煌人莫远也。烦一夫扰一士以劳天下，不为皇
> 也。不扰匹夫、匹妇，故为皇"云云，皆言皇不烦言，不劳人，有神
> 化也，故谓皇政曰神化。①

　　吴氏之注明确指出"皇政曰神化"，即无为而治。"神化"式"无为而
治"以黄老学派"精气即道"的思想为理论基础，是黄老学派所特有的一种
"无为而治"的形态。"神化"之"化"指的是"化"的主体对"化"这一动作的
对象产生某些影响，使之发生相应变化的过程。这一过程又不同于"观乎
人文，以化成天下"之"化"，不是君主和统治者对人民进行教化的过程，
而是君主和人民之间"精气"相互感通的过程。《淮南子·主术训》又曰"至
精为神"，这一过程难以解释，具有神秘性，故曰"神化"。

---

① 黄怀信：《鹖冠子汇校集注》，北京，中华书局，2004，第 161 页。

第三章　以因循为用

汉初几十年，统治者崇尚黄老，以俭治身，以清静治国，基本上与黄老学派主张的清静无为的治国理念相符合。为什么黄老学派"无为而治"的政治理念能够战胜儒、墨、名、法、阴阳诸家思想成为汉初统治者治国的指导思想呢？先秦的诸子争鸣最后为什么是黄老一派占了上风？蒙文通在《略论黄老学》一文中指出：

> 司马谈说道家"以虚无为本，以因循为用，无成势，无常形，有法无法，因时为业，有度无度，因物与合"。可知"虚无为本"是南北道之所同，故同称道家。而"因循为用"则是北方道家所独有之精义。可以说黄老之精华即在此，其最后起而能压倒百家亦在此。①

蒙氏认为，先秦诸子百家的思想有很强的地域性，同一学派在流传、发展的过程中，由于地域的不同，也往往表现出不同的思想特征。其所谓"南方道家"是兴盛于楚地，以老庄为代表的一派道家；其所谓"北方道家"，则是兴盛于齐地，以黄老为代表的一派道家。② 蒙氏认为，南北两派道家在政治理想、政治之最高目标方面是相同的，即皆"以虚无为本"，崇尚无为而治。两派道家的不同在于，北方道家在"以虚无为本"的同时，还强调"以因循为用"。因此，"以因循为用"是北方道家独有之精义，即黄老学派所独有之精义，也是黄老学派之所以在汉初压倒诸家而成为统治者指导思想的关键所在。

第一节　"因"对"无为"的改造

一、因也者，无益无损也

春秋及以前的典籍中的"因"有多义，但并非哲学概念。《诗·大雅·

---

① 蒙文通：《先秦诸子与理学》，桂林，广西师范大学出版社，2006，第192页。
② 关于道家是否有南北二派之分的问题，尚可进一步探讨，本文亦不赞成这一观点。但蒙文通先生在行文中所言南北道和通常所言道家中的老庄、黄老二派，的确存在对应关系。

皇矣》曰:"维此王季,因心则友。"毛传:"因,亲也。"①孔颖达疏:"言其有亲亲之心,复广及宗族也。"②孔子曰:"殷因于夏礼,所损益可知也;周因于殷礼,所损益可知也。"(《论语·为政》)这里的"因"是沿袭之意。在生活于春秋晚期,略后于孔子的范蠡③的思想中,"因"已经是一个非常重要的概念。

> 自若以处,以度天下,待其来者而正之,因时之所宜而定之。
> (《国语·越语下》)
> 死生因天地之刑,天因人,圣人因天;人自生之,天地形之,圣人因而成之。(同上)
> 古之善用后兵者,因天地之常,与之俱行。(同上)

范蠡在和越王勾践的对话中,多次提到"因时""因天"等,建议勾践因顺天道,待时而动。但"因"在范蠡思想中并没有被提升、抽象为普遍的方法论原则。作为普遍的方法论原则,"因"是由黄老学派提出的,且在认识论与实践论中有不同的所指。

在认识论领域,"因"代表认识过程中的客观性原则,即主体在认识过程中不受主观成见的干扰,原原本本地反映对象的存在状况,达到对对象全面、客观的认识。《管子·心术上》曰:"物固有形,形固有名,名当谓之圣人。"认识是一个从感性上升到理性的过程,而理性认识的前提是能够以概念构成的命题理性地表达认识的内容。在这句话里,"名"即概念,"形"指认识对象呈现于认识主体的存在状况,不局限于认识对象的形状。以今语言之,管子认为,概念和概念所指称之对象存在一一对应的关系,"名当"即准确地将二者对应起来。《管子·心术上》又曰:"无为之道,因也。因也者,无益无损也。以其形,因为之名,此因之术也。"此语可谓黄老学派从认识论上对"因"进行的标准界定。"无益无损"是作者提出的正确认识的标准,指认识主体在描述客观存在时不添加任何主观成分。

实践是主体能力的外化,以客观事物为对象,很大程度上表现为对客观事物的存在形态的改变。因此,实践要想达到预定的目的,必须以

---

① (汉)毛亨、(汉)郑玄、(唐)孔颖达:《毛诗正义》,北京,北京大学出版社,1999,第1024页。
② (汉)毛亨、(汉)郑玄、(唐)孔颖达:《毛诗正义》,北京,北京大学出版社,1999,第1024页。
③ 范蠡一般被认为是楚国人,师事老子弟子计然(文子),辅佐越王勾践成就霸业,曾著《范蠡》二篇,已佚。《国语·越语下》载有大量范蠡之言,其中多处与《黄老帛书》之言相同或相近。

对客观事物的正确认识为前提，要求认识全面、客观地反映客观事物及其内部联系。政治实践要达到一定的政治目的，也必须以对人类社会政治现象的正确认识为前提。因此，"无益无损"的"因之术"也具有重要的政治哲学意义。

黄老学派的"因之术"要求认识主体保持心的虚静。《经法·名理》曰："故唯执道者能虚静公正，乃见正道，乃得名理之诚。"虚静是道家"心术"的共同特点，老庄亦极力主张之。老子曰："致虚极，守静笃。"（《老子·第十六章》）庄子曰："虚者，心斋也。"又曰："虚室生白，吉祥止止。"（《庄子·人间世》）对于后一句的解释，《经典释文》引司马彪注云："室比喻心，心能空虚，则纯白独生也。"①郭象云："夫吉祥之所集者，至虚至静也。"②庄子将心之虚静视为得道的必要条件，但是庄子反对主体对客观事物的认识、改造，甚至要求取消对外物的一切感知，因此，其所谓"虚静"并不具有认识论意义。

黄老学派的"虚"指认识主体没有成见，且内心平静的状态。成见在黄老道家的文献中有不同的表述，有称为"尤"或"宥"的，又有称为"故"或"陈"的，指主体在认识过程开始以前形成的认识结构、思维定式或先入之见。《吕氏春秋》有《去尤》《去宥》二篇，其篇题"去尤""去宥"的意思就是消除成见。《去尤》载有这样一则寓言：

> 有亡铁者，意其邻之子。视其行步，窃铁也；颜色，窃铁也；言语，窃铁也；动作态度，无为而不窃铁也。抇其谷而得其铁。他日复见其邻之子，动作态度，无似窃铁者。其邻之子非变也，己则变矣。变也者无他，有所尤也。

亡铁者在怀疑邻人之子的成见之下，视邻人之子没有一处不像窃铁者；而当他找到丢失的斧头，去除成见以后，再看邻人之子，已没有一处像窃铁者。认识主体对同一对象之所以会有两种完全对立的认识，其原因正在于主体之有无成见。《去宥》曰："夫人有所宥者，固以昼为昏，以白为黑，以尧为桀。宥之为败亦大矣。"成见导致错误的认识，由错误认识指导的实践也必是错误的实践。类似的例子在《去尤》《去宥》二篇中多有，作者显然将其视为人之常情。《十六经·十大》曰："我不藏故，不

---

① （清）郭庆藩：《庄子集释》，北京，中华书局，1981，第 151 页。
② （清）郭庆藩：《庄子集释》，北京，中华书局，1981，第 151 页。

挟陈。"这里的"故"和"陈"也是指人的先入之见，作者认为它们妨碍主体对新事物的认识，必须被去除。现代诠释学认为，先入之见对认识的作用是双方面的，它既是认识的必要条件，也是其限制性条件。加达默尔认为，一切理解必然包含某种前见。"所以，'前见'（Vorurteil）其实并不意味着一种错误的判断。它的概念包含它可以具有肯定的和否定的价值。"①黄老学派仅仅强调其负面意义，显然具有片面性。

嗜欲充塞，则心亦不能虚。《管子·心术上》曰："虚者无藏也，故曰：去知则奚率求矣。无藏则奚设矣。无求无设则无虑，无虑则反覆虚矣。"此处的"无藏"，郭大痴以为是"内不豫有所意必设谓，挟成心以悬待物之至也"②。张舜徽则曰："人君自修之道，莫若自虚其中。自虚其中者，嗜欲不藏于己之谓也。"③郭大痴认为所藏者是成见，而张舜徽以为所藏者是"嗜欲"。《管子·心术上》又曰："虚其欲，神将入舍。"《管子·心术下》则曰："是故曰：无以物乱官，毋以官乱心，此之谓内德。""物乱官"即外物引起人的感官欲望，如见好色则起好色之心之类。感官欲望对人心的认识活动形成干扰，即"以官乱心"。综合《管子·心术上》和《管子·心术下》的相关论述，"虚者无藏也"之"虚"应为"嗜欲"，以张说为确。主体对事物的认识离不开理智的运用，在实践过程中，理智的运用需要冷静的思考和精准的算计。然而欲望过多则思绪纷乱，干扰正常的认识活动，此即俗语所谓"利令智昏"。《吕氏春秋·去宥》中的这则寓言可谓"利令智昏"之最好写照：

> 齐人有欲得金者，清旦，被衣冠，往鬻金者之所，见人操金，攫而夺之。吏搏而束缚之。问曰："人皆在焉。子攫人之金，何故？"对吏曰："殊不见人，徒见金耳。"此真大有所宥也。

寓言中齐人的行为虽然可笑，其回答却颇诚实。欲望遮蔽理智的情况多见于常人的处世行事，征之于史实亦不少见。晋献公假道伐虢，虞君见璧、马之美而忘虞、虢之唇齿相依，可谓利令智昏的典型。类似的例子在黄老学派的文献中比比皆是。相对于理论的推导，这些通过历史

---

① 〔德〕加达默尔：《真理与方法》上卷，洪汉鼎译，上海，上海译文出版社，2004，第349～350页。
② 张舜徽《管子四篇疏证》引郭大痴注，参见张舜徽：《周秦道论发微》，北京，中华书局，1982，第222页。
③ 张舜徽《管子四篇疏证》引郭大痴注，参见张舜徽：《周秦道论发微》，北京，中华书局，1982，第222页。

上的前车之鉴而阐明的道理显然更易为统治者所接受和使他们警醒，这种论证方式也更为先秦诸子所看重。

　　虚静之"静"主要指认识主体在认识客观对象时摆脱剧烈情绪波动的干扰，保持心态的平正。认识论上之"因"于物"无益无损"，正如明镜能够原原本本地反映出事物的本来面目。古人以铜为镜而正衣冠，普通人也常以盆水为镜。水性流动，然流水不可为镜，只有静止之水方可为镜，即所谓"人莫鉴于流水而鉴于止水"（《庄子·德充符》）。黄老学派显然由此受到启发，将心静视作正确的认识活动开展的必要条件。庄子曰：

　　　　圣人之静也，非曰静也善，故静也；万物无足以铙心者，故静也。水静则明烛须眉，平中准，大匠取法焉。水静犹明，而况精神！圣人之心静乎！天地之鉴也，万物之镜也。（《庄子·天道》）

　　庄子所谓"圣人之静"，并非强行把捉此心。强行把捉是身静而非心静。如果心中没有对外物的欲望，外物的存在与己了不相关，则心自然平静。主体内心平静可以达到对天地万物的认知有如明镜，凡物之来而无不照。

　　在认识活动中，三心二意和心有喜、怒、哀、乐、爱、恶、欲皆是"不静"的表现。因此，黄老学派的"静"要求尽量减少，甚至停止心理活动，防止不必要的心理活动对认识的干扰。《管子·心术上》曰：

　　　　君子不怵乎好，不迫乎恶。恬愉无为，去智与故。其应也，非所设也；其动也，非所取也。过在自用，罪在变化。是故有道之君子，其处也若无知，其应物也若偶之。静因之道也。

　　好、恶本身是情感，智、故则更多地与人对外物的欲望相连，它们往往导致对事物的偏见。[①]"恬愉无为"就认识主体的情绪而言，要求主体处于无情绪或至少不应处于为强烈的情绪所左右的状态之下。认识是感性和理性共同参与的结果，认识越深入，理性在认识过程中的作用也

———————————

① 许维遹云："智"与"故"相对，"故"犹诈也。《吕氏春秋·论人》曰"释智谋，去巧故"，高注："巧故，伪诈也。"《淮南子·原道训》曰"不设智故"，高注："智故，巧饰也。"《荀子·王霸》曰"不敬旧法而好诈故"，其其证也。（参见黎翔凤：《管子校注》，北京，中华书局，2004，第766页）人之巧饰、诈伪无非是为了谋求某种利益，这又无不以人对外物的欲望为根源。

越重要。而情绪更多是感性的表达，人如果完全为好恶之情所左右，就很难如实反映事物。《管子》此处所言主体于认识活动未开展时的"无知"，认识过程对认识对象的"偶之"，显然也与镜喻有关。明镜于未照物时，纤尘无染，清明而无一物与主体之"无知"相应；明镜照物时，于物无有好恶之心，丑物来则映之以丑，美物来则映之以美，又与主体之"偶之"相似。"偶之"即偶然遇上，主体和对象在相遇之前没有任何交集，主体对对象不会有喜、怒、哀、乐、爱、恶、欲之情。《经法·论》曰："静则平，平则宁，宁则素，素则精，精则神。至神之极，见知不惑。"《管子·心术上》又曰："去欲则宣，宣则静矣，静则精。精则独立矣。独则明，明则神矣。"这两处"精"和"神"的概念都具有认识论意义，其作者也将去欲视作心静的首要条件加以强调。

虚、静这两个方面是联系在一起的，虚则静，静则虚，黄老学派也常常并言之。如《经法·名理》所言"虚静谨听，以法为符""虚静公正，乃见□□"等。这一思想后来在受黄老学影响的荀子那里发展成为更完备的"虚一而静"的认识理论。

二、因也者，舍己而以物为法者也

司马谈在《论六家要旨》中概括了道家"以虚无为本，以因循为用"的总体特征后，又曰："无成势，无常形，故能究万物之情。不为物先，不为物后，故能为万物主。有法无法，因时为业；有度无度，因物与合。"这段话是司马谈对"以因循为用"的具体说明。其在实践领域具体运用的结果不是设计某种永恒不变的制度，而是为政治实践的主体提供具有普遍意义的方法论原则。《管子·心术上》将这一原则概括为"舍己而以物为法"：

> 其应，非所设也。其动，非所取也。此言因也。因也者，舍己而以物为法者也。感而后应，非所设也。缘理而动，非所取也。过在自用，罪在变化。自用则不虚，不虚则仵于物矣。变化则为生，为生则乱矣。故道贵因。因者，因其能者，言所用也。君子之处也，若无知，言至虚也。其应物也，若偶之，言时适也。若影之象形，响之应声也。故物至则应，过则舍矣。舍矣者，言复所于虚也。

实践是主观见之于客观的活动。客观性、能动性和社会历史性是实践的基本特征。在上述论述中，"物"是实践的对象，"己"是实践的主体，"法"即准则。"其应，非所设也"之"设"指事先的计划，"其动，非所取也"之"取"指带有主观目的性的选择，作者对"设""取"的否定实质上是对实践主体的主观能动性的否定。"应"本身带有被动性，指主体在接受外界刺激后的反应，因此是"感而后应"。无"感"而动即"自用"，"过在自用"的原因在于主体如果没有接触客观事物，必不能有对客观事物的认识，而完全出自主观设计的实践方案难免与客观实际情况相抵触，即"不虚则仟于物矣"。"舍己而以物为法"肯定实践的客观性，即人的实践目标、方案、计划的制定应该根据实践对象的客观存在状况，而非实践主体的主观愿望、成见，或某一特定的政治理论。以今语言之，即"一切从实际出发"，这是黄老学派在政治实践中要求主体遵循的具有普遍意义的方法论原则。

在实践领域，黄老学派引入"因"这一概念，将"无为"改造为"因×而为"，"×"指实践的客观对象。由于这一改造，"无为"也由消极意义的无任何作为一变而为积极意义的"有所为，有所不为"。《淮南子·修务训》对这两种"无为"进行了自觉的区分：

> 或曰："无为者，寂然无声，漠然不动，引之不来，推之不往；如此者，乃得道之像。"吾以为不然……若吾所谓无为者，私志不得入公道，嗜欲不得枉正术，循理而举事，因资而立功，权自然之势，而曲故不得容者，事成而身弗伐，功立而名弗有，非谓其感而不应，功而不动者。若夫以火熯井，以淮灌山，此用己而背自然，故谓之有为。

类似的对比又见于《文子·自然》：

> 所谓无为者，非谓其引之不来，推之不去，迫而不应，感而不动，坚滞而不流，卷握而不散。谓其私志不入公道，嗜欲不挂正术，循理而举事，因资而立功，推自然之势，曲故不得容，事成而身不伐，功立而名不有。

《淮南子》中的"或曰"、《文子》中"所谓"的"无为"，显然是老庄"堕肢体，黜聪明"式的绝对意义上的"无为"，也即《庄子·天下》批评的"非生人之行，而至死人之理”式的“无为”。① 但这种类型的“无为”是黄老学派要批判的。黄老学派提倡的“无为”是相对于“用己而背自然”的“有为”而言的，不是“感而不应”，而是“感而后应”，指人实践活动有所因循而非任意妄为。

人的实践活动受到实践对象多方面的限制，因此“因”的对象并不确定，故以“×”代替。在上引《淮南子》和《文子》的相关论述中，“因”的对象有理、资、自然之势，而征之其他文献，还有因时、因天、因道、因人等。当“因×而为”的“×”为客观规律时，“因”的意思是遵循、顺应，与“循”相同。《说文解字》释“循”：“循，行顺也。”桂馥《说文解字义证》曰：“‘行顺’也者当为‘顺行’。②”“顺行”即“顺……而行”。《黄老帛书·称》曰：“圣人不为始，不专己，不豫谋，不为得，不辞福，因天之则。”“因天之则”即指遵循天道运行的规律。《淮南子·原道训》曰：“是故天下之事，不可为也，因其自然而推之。”此处之“自然”指自然之理或者事物发展的自然趋势。天下之事不是不可为，而是不能任性妄为，不能为“以火熯井，以淮灌山”之类的事。“因其自然而推之”含有两层意思：一是要求实践主体遵循自然之理；二是要求实践主体根据事物在发展过程中表现出的趋势，因势而利导之，以收事半功倍之效果。在黄老学派的作品中，当所“因”对象是人、水、时等客观实在时，多为此意。例如：

> 因天之生也以养生，谓之文；因天之杀也以伐死，谓之武；文武并行，则天下从矣。（《经法·君正》）
> 春采生，秋采蓏，夏处阴，冬处阳，此言圣人之动静、开阖、诎信、涅儒，取与之必因于时也。（《管子·宙合》）

---

① 《庄子·天下》曰：“公而不当，易而无私，决然无主，趣物而不两，不顾于虑，不谋于知，于物无择，与之俱往，古之道术有在于是者。彭蒙、田骈、慎到闻其风而说之，齐万物以为首，曰：‘天能覆之而不能载之。地能载之而不能覆之，大道能包之而不能辩之。’知万物皆有所可，有所不可，故曰：‘选则不遍，教则不至，道则无遗者矣’。是故慎到弃知去己而缘不得已。泠汰于物以为道理。曰知不知，将薄知而后邻伤之者也。謑髁无任而笑天下之尚贤也，纵脱无行而非天下之大圣，椎拍輐断与物宛转，舍是与非，苟可以免，不师知虑，不知前后，魏然而已矣。推而后行，曳而后往，若飘风之还，若羽之旋，若磨石之隧，全而无非，动静无过，未尝有罪。是何故？夫无知之物，无建己之患，无用知之累，动静不离于理，是以终身无誉。故曰：‘至于若无知之物而已，无用贤圣，夫块不失道。’豪杰相与笑之曰：‘慎到之道，非生人之行而至死人之理，适得怪焉。’”这里所描述的慎到之学的面貌与今本《慎子》并不相符，而与我们通常意义上讲的老庄之学甚符。

② （清）桂馥：《说文解字义证》，上海，上海古籍出版社，1987，第 163 页。

礼者，因人之情，缘义之理，而为之节文者也。(《管子·心术上》)

田不因地形，不能成谷，为化不因民，不能成俗。(《鹖冠子·天则》)

天道因则大，化则细。因也者，因人之情也。(《慎子·因循》)

三代所宝莫如因，因则无敌。禹通三江五湖，决伊阙，沟回陆，注之东海，因水之力也。舜一徙成邑，再徙成都，三徙成国，而尧授之禅位，因人之心也。汤、武以千乘制夏、商，因民之欲也。如秦者立而至，有车也；适越者坐而至，有舟也。秦、越，远涂也，竫立安坐而至者，因其械也。(《吕氏春秋·贵因》)

"因×"即实践者通过对时、水、人等条件的利用而实现实践的目的。"因"的对象的多样性也从另一方面印证了黄老学派已经将"因"当成一种具有普遍意义的方法论原则。当然，黄老学派以"因"改造"无为"的主要目的仍然在于提供一种普遍的为治之原则，此即《吕氏春秋·任数》所谓"因者，君术也"，即"君人南面之术"。正因为所"因"对象的多样性，黄老学派政治哲学的具体内容才表现出"无成势，无常形"的特点。

第二节　因天道而为治

一、"因天"与"法道"

《黄老帛书·道法》虽然开门见山提出"道生法"这一命题，但其据以立论的更多是"天道"，"因天"或因"天道""天时"立论的情况明显多于"因道"。例如：

天因而成之。弗因则不成，[弗]养则不生。(《十六经·观》)

圣人不为始，不专己，不豫谋，不为得，不辞福，因天之则。(《称》)

除了"天道""天时"，《黄老帛书》中还多次出现"天当""天常""天极"等概念，都有规律之意。而在《管子四篇》和《淮南子》中，"道"的地位明显要高于"天"。

天或维之，地或载之。天莫之维，则天以坠矣；地莫之载，则地以沉矣。夫天不坠，地不沉，夫或维而载之也夫。(《管子·白心》)①

道生天地，德出贤人。道生德，德生正，正生事。(《管子·四时》)

夫道者，覆天载地，廓四方，柝八极；高不可际，深不可测；包裹天地，禀授无形。(《淮南子·原道训》)

维天载地的是什么？《管子》对此虽未明言，但除了"道"，似乎再无其他存在可堪此任。《管子·四时》则更直接地说"道生天地"，"道"的地位显然在"天地"之上。"天""天道""道"是三个不同的概念。"天道"即天之道，"因天"包含"因天道"之意，需要辨析的是"因天"和"因道"之间的关系和可能出现的矛盾。对于这个问题，张增田认为："'道'只是帛书治道的一重理据，其治道理论同时又是依据'天道'建构而成的。这样，帛书实际上包含着两重治道理据。尽管'道'作为帛书乃至道家常说的最高范畴，充当着帛书的一重治道理据，但其作者更倾向于'天道'这一重。"②当然，也有研究者认为："《四经》里'天'与'道'是同义的，而'天道'就是概括这种思维的中性表达法。"③我们赞同张氏的观点。黄老学说中的"道"和"天道"是两个不同的概念，不能简单地等同起来。张增田从黄老学派的形成和学术渊源上对《黄老帛书》之所以会出现"两重治道理据"的现象加以解释，其说如下：

"黄老"之称名表面上既专指黄帝和老子，又泛指黄帝之学和老子之学，实质上则指称同一价值立场的两种实现方式："黄"标志崇奉天道，把效法天道当作人间政治活动的根本原则和方法；"老"标示道的重要性，把法道当作世间政治的根本原则和方法。老子之道是对天道(黄帝是其化身)的抽象，因此二者具有内在的圆融性。就其坚持天治立场又执定道治主义原则而论，后人冠之以"黄老"应是至为恰当的！④

----

① 此处虽未明言"维天载地"的究竟是何种存在，但在黄老道家的概念体系中，只有"道"具有这种功能。

② 张增田：《黄老治道及其实践》，广州，中山大学出版社，2005，第41页。

③ 许建良：《先秦道家的道德世界》，北京，中国社会科学出版社，2006，第106页。

④ 张增田：《黄老治道及其实践》，广州，中山大学出版社，2005，第158页。

　　张氏为了论证所谓"黄学"法天的理论特质，结合今人对上古神话的研究成果，指出："黄帝即'天道'；随着黄帝的人格化，他便成为'人道法天'的典型；而所谓黄学或黄帝之学其实就是天学或天官之学。"①这一观点的推论过程是："传说中的黄帝形象的基型就是太阳神，而太阳神又是天道的原生形态。逻辑地，当黄帝被理性化、历史化为人王时，他便自然成为效法天道的表率。"②张氏的上述论证可备一说，但仍存在一些问题。

　　首先，以黄帝为太阳神之说于史无证。中国地域辽阔，上古部族众多，各部族又皆有其神话系统。以地域划分，中国上古神话可分为几个大的系统，大系统中又有小系统。不同系统的神话有不同的神，相同的神也往往以不同的面目出现，同一个神在不同的神话系统里名字也可能不同。上古神话中，以羲和为太阳神的记载最多。据《山海经·大荒南经》，羲和为帝俊之妻，生十日：

> 东南海之外，甘水之间，有羲和之国。有女子名曰羲和，方日浴于甘渊。羲和者，帝俊之妻，生十日。

　　屈原《离骚》有"吾令羲和弭节兮"③之句，以其为日御。《淮南子·天文训》有"爰止其女，爰息其马，是谓悬车"之语，《初学记·天象部》引作"爰止羲和，爰息六螭，是谓悬车"，徐坚引许慎注曰："日乘车，驾以六龙，羲和御之。"④但上古典籍并没有以黄帝为太阳神的直接记载。

　　其次，黄学或黄帝之学不是天学或天官之学。天之学即天文学，之所以又称"天官之学"，是因为古代天文学为官府垄断，设专门的官员总领其事。司马迁在《史记·天官书》中记载了历代天官之学的掌管者：

> 昔之传天数者：高辛之前，重、黎；于唐、虞，羲、和；有夏，昆吾；殷商，巫咸；周室，史佚、苌弘；于宋，子韦；郑则裨灶；在齐，甘公；楚，唐昧；赵，尹皋；魏，石申。

①　张增田：《黄老治道及其实践》，广州，中山大学出版社，2005，第165页。
②　张增田：《黄老治道及其实践》，广州，中山大学出版社，2005，第169页。
③　东汉王逸《楚辞章句》曰："羲和，日御也。"
④　刘文典：《淮南鸿烈集解》，北京，中华书局，1989，第109页。

　　这个名单中并无黄帝。先秦时期无"黄学"或"黄帝之学"之称,《汉书·艺文志》著录的假托黄帝的古书,大部分早就失传,今人已无法得知其具体内容及学派归属。班固《汉书·艺文志》曰:"阴阳家者流,盖出于羲和之官,敬顺昊天,历象日月星辰,敬授民时,此其所长也。"可见,周室东迁以后,官府之学衰败,天官之学流而为阴阳家,不必再造"黄学"或"黄帝之学"之名。

　　张增田又曰:"老子之道是对天道(黄帝是其化身)的抽象,因此二者具有内在的圆融性。"①王沛认为:"黄老学说中的'道',往往又称为'天道','天道者,万物之道也',就是这个含义的引申。"②我们认为,"道"虽与"天道"有别,但从先秦道家"道"的概念的提出过程来看,张氏所提"二者具有内在的圆融性"的说法是有道理的。在先秦政治哲学话语中,从"天"到"天道"再到"道"的演变是一个逐渐进行的过程。从"天"到"天道"的这一演变意味"天"的神学意义的消退。"天"的神学意义消退之后,"因天"相应地从依据上天之旨意转变为"因天道"或"天则"等,指对自然规律的遵循。而"道"的概念就是在"天道"的基础进一步抽象产生的,二者在内容上存在一致性。冯契先生指出:"天道就是世界统一原理和发展原理的统一,就是自然界演变总秩序和宇宙的总的发展原理……从天人关系来说,人道是天道的一部分,又和天道相对立。天道无所不包,人类社会发展的规律、个体发育的规律、人类认识世界和认识自己的规律都是自然界秩序的一部分,都有其独立于意识的客观性。"③作为"世界统一原理和发展原理的统一"的"天道"与"道"实质上已经没有区别。

　　但《黄老帛书》据"天道""天"或"天时"立论的情况明显多于"因道",而在《管子四篇》和《淮南子》中,"道"的地位又高于"天",原因何在?《黄老帛书》产生的时间早于《管子四篇》和《淮南子》,其时正处于从"天道"进一步抽象为"道"的过程之中,故既以"道"为最高依据,又以"天""天道"为最高依据。《管子四篇》和《淮南子》则出现较晚,其中《淮南子》更是西汉早期的文献,彼时"天道"进一步抽象为"道"的过程早已完成,故更多以"道"为最高依据。

---

① 　张增田:《黄老治道及其实践》,广州,中山大学出版社,2005,第158页。
② 　王沛:《黄老"法"理论源流考》,上海,上海人民出版社,2009,第72页。
③ 　冯契:《认识世界和认识自己》,上海,华东师范大学出版社,1996,第310页。

二、推天道以明人事

在黄老学文献中，"天"的所指有广义、狭义之分。与"地"相对而言的"天"是狭义的"天"，即在上的苍苍之天。天人关系中的"天"是广义的"天"，与人相对的一切都可以被称为"天"。在天人关系视域中，天道其实就是自然之道，四时推移、寒暑变迁、日月星辰的运行规律是其具体内容。《吕氏春秋·当赏》曰："民无道知天，民以四时、寒暑、日月星辰之行知天。"天道具体表现于四时更替、寒暑迭代、日月星辰的运行之中，除此之外，它只不过是一个空洞的概念。天、人分属不同领域，天有天之道，人有人之道。政治属于"人事"，政治实践的主体所"因"的应该是人道，即人类社会的组织和发展规律。黄老学派并非没有意识到天道和人道的区别。例如：

> 日月星辰之期，四时之度，动静之立，外内之处，天之稽也。高下不蔽其形，美恶不匿其情，地之稽也。君臣不失其位，士不失其处，任能毋过其所长，去私而立公，人之稽也。（《经法·四度》）
>
> 王天下者之道，有天焉，有人焉，有地焉。三者参用之，□□而有天下矣。（《经法·六分》）
>
> 故易有天道焉，而不可以日月星辰尽称也，故为之以阴阳。有地道焉，不可以水火金木土尽称也，故律之柔刚。有人道焉，不可以父子君臣夫妇先后尽称也，故为之以八卦。（《帛书周易·要》）

以上所举第一段中的"天之稽""地之稽""人之稽"分别指天、地、人所应当遵守的法则，与天、地、人之道在意义上大同小异。[1] 地道包括在广义的天道之中，有时与天道合称"天地之道"，并不加区分。在上引三段文献中，黄老学派对天道与人道都有明确的区分。既然天道和人道有别，黄老学派因"天道"而为治的根据何在呢？

首先，黄老学派认为，天道高于人道。战国时期，尽管天的神学意义已经消退，但在天人关系中，天的地位始终高于人，天道亦优先于人道。天道的运转决定人事的成败，人事兴衰也影响到天道。治国不仅仅具有人间的意义，更是一项涉及整个宇宙的系统工程。传统的天命论神

---

[1]　此处之"稽"通"楷"，意为法式，准则。参见陈鼓应：《黄帝四经今注今译》，北京，商务印书馆，2007，第19页。

学虽已崩溃，但长久以来形成的心理定式仍然维持着，天的高高在上不可能瞬间跌落。从西周到春秋再到战国，政治话语虽然实现了从"天命"到"天道"的转变，但"天命"的权威仍有一部分附着于"天道"之"天"上保留了下来，成为黄老学派政治哲学中不言而喻的前提。天道的优先性是传统天命论变换了形式的遗存，无须任何推理来论证和说明。事实上，在传统中国，天的权威在两千多年的历史中都不曾完全消退，至少在名义上它始终是政治权力的合法性的来源。因此，黄老学派往往以对天道的探究代替对人道的建构，或者说是在天道的名义下进行人道的建构。相应地，政治实践中所"因"的对象也从人道被实质性地替换成了天、天道或道。陈鼓应指出："黄老之学表现出的两个极端是显而易见的，一个是天道的至高无上，一个是极力地向人事倾斜。"①陈氏所谓"天道的至高无上"，指的就是天道相对于人道的优先性；而所谓"极力地向人事倾斜"，指的是黄老学派对天道的论述，其主要目的不是增进对自然、天道的认识，而是"明人事"。

天道既然相对于人道具有优先性，那么，人道以其为理想的"原型"建构的政治秩序就自然而然具有了合理性。毫无疑问，人类活动总是追求好的和完美的事物，柏拉图的"理念"也因为其相对于人间事物的完美性而值得被模仿。我们来看《经法·道法》中的这段话：

> 天地有恒常，万民有恒事，贵贱有恒位，畜臣有恒道，使民有恒度。天地之恒常，四时、晦明、生杀、柔刚。万民之恒事，男农、女工。贵贱之恒位，贤不肖不相放。畜臣之恒道，任能毋过其所长。使民之恒度，去私而立公。

从行文上看，作者在陈述天道之后，紧接着就陈述相应的人道，即人间秩序的建构，天道与人道之间并无任何字面上的因果关联。类似的行文方式在黄老学派的著作中多有：

> 始于文而卒于武，天地之道也。四时有度，天地之李（理）也。日月星辰有数，天地之纪也。三时成功，一时刑杀，天地之道也。四时而定，不爽不代（忒），常有法式，[天地之理也]。一立一废，一生一杀，四时代正，终而复始，人事之理也。（《经法·论约》）

①　陈鼓应：《黄帝四经今注今译》，北京，商务印书馆，2007，第102页。

天不一时，地不一利，人不一事。是以著业不得不多，人之名位不得不殊。（《管子·宙合》）

天者诚其日德也，日诚出诚入，南北有极，故莫弗以为法则。天者信其月刑地，月信死信生，终则有始，故莫弗以为政。天者明星其稽也，列星不乱，各以序行，故小大莫弗以章。（《鹖冠子·王铁》）

在以上文字中，其对天道的陈述多是事实陈述。"四时、晦明、生杀、柔刚"的有序出现和有规律的交替就是作者理解的自然天道的恒常秩序。其所陈述的人道却并非事实而是一系列价值陈述，即它不是表示人道"是"怎么样的，而是表明作者认为人道"应该是"什么样的。自然界存在的事实对人类社会如何具有应然的效力呢？从功利的角度来讲，人之所以尊重自然规律，原因在于自然规律不以人的意志为转移，完全不受人的控制。如果违背自然规律，人类改造客观世界的行动就不可能取得成功。但在这些陈述里，黄老学派的学者们并没有表示出从功利方面进行考虑的迹象，这只能解释为在他们看来，天道具有相对于人道的天然优先性，因此相应地具有应然的品质。柏拉图的"理念"相对于我们这个世界存在的事物的完美性和优先性是由认识上理性相对于感官的优先性来保证的，所以，任何对"理念"的知识都必须经过理性的严密推理。但是，在黄老之学中，天道的优先性是传统天命论变换了形式的遗存，无须论证。

其次，在黄老学派那里，天道往往不仅是自然之道，也是自然界和人类社会共同之"道"，是对人类社会和自然界事物运动的发展规律更深层次的抽象。人是社会的人，但人首先是自然的人，人类社会也是自然界的一部分，二者之间具有某些共同的运动发展规律。冯契先生说："天道就是世界统一原理和发展原理的统一，就是自然界演变总秩序和宇宙的总的发展原理……从天人关系来说，人道是天道的一部分，又和天道相对立。天道无所不包，人类社会发展的规律、个体发育的规律、人类认识世界和认识自己的规律都是自然界秩序的一部分，都有其独立于意识的客观性。"①黄老学派的"天道"有时的确具有冯先生所言"世界统一原理和发展原理的统一"的意义。从这一意义上讲，"推天道"以"明人事"就完全是一个演绎推理，结论已经包含在大前提之中。或者，也可以说，"推天道"所推的其实是"天人共同之道"。这种意义上的"推天道"并非纯

---

① 冯契：《认识世界和认识自己》，上海，华东师范大学出版社，1996，第310页。

理性的逻辑推演，而是黄老学派的思想家们以对人类社会和自然界的经验性认识为基础形成的更深层的规律性认识。

《经法·四度》曰："当者有数，极而反，盛而衰：天地之道，人之理也。"这里的行文方式与上文有明显的区别。上文所举的例子都是先陈述天道，紧接着再陈述人道应该如何；这里则先陈述具体的内容，然后将这些内容同时归诸天地之道和人道。在人类社会里，从个人、家族到国家，物极必反的规律贯穿于从微观到宏观的所有领域之中。个体生命发育成长到最强壮的时候也就开始走向衰亡，国家和政权的极盛景象之下往往埋藏着走向衰落的隐患。自然界中，月满则亏，"飘风不终朝，骤雨不终日"等，也都是这一规律的体现。"极而反，盛而衰"既是对人类社会，也是对自然界发展规律的事实陈述。在黄老学派所总结的人类社会和自然界的共同发展规律中，阴阳观念所体现的对立统一规律无疑是更重要的一个方面。《称》曰：

> 凡论必以阴阳□大义。[①] 天阳地阴，春阳秋阴，夏阳冬阴，昼阳夜阴。大国阳，小国阴，重国阳，轻国阴。有事阳而无事阴，信（伸）者阳而屈者阴。主阳臣阴，上阳下阴，男阳[女阴]，[父]阳[子]阴，兄阳弟阴，长阳少[阴]，贵[阳]贱阴，达阳穷阴。取（娶）妇姓（生）子阳，有丧阴。制人者阳，制于人者阴。客阳主人阴，师阳役阴。言阳黑（默）阴，予阳受阴。诸阳者法天，天贵正，过正曰诡，□□□□祭乃反。诸阴者法地，地[之]德安徐正静，柔节先进，善予不争。此地之度而雌之节也。

在这一段中，阴阳所代表的对立统一规律体现于自然界和人类社会的几乎所有领域，也正因此，才能够说"凡论必以阴阳明大义"[②]。阴阳也就从一种自然现象泛化为自然界和人类社会人伦、政治领域的普遍规则。

再次，在某些论述中，天道的具体内容虽然还是自然界事物之间的关系，但这种关系已经完全人化。换言之，天道就是人道的另一种表述。这已经不是"以天道推衍人事"，而是"以人事推衍天道"，然后再以人道

---

① 帛书原件于此处缺一字，帛书小组和余明光先生认为所缺之字应为"明"，陈鼓应先生认为可能是"之"字（参见陈鼓应：《黄帝四经今注今译》，北京，商务印书馆，2007，第394页）。本书认为补一"明"字较为恰当。

② 后文对阴阳、刑德和政治的关系有专门论述，故此处不展开。

化的天道为理据来推衍人事。以下是两个有代表性的例子：

> 三时成功，一时刑杀，天地之道也。四时而定，不爽不代（忒），常有法式，［天地之理也］。一立一废，一生一杀，四时代正，终而复始。人事之理也。（《经法·论约》）

> 夫尊卑先后，天地之行也，故圣人取象焉。天尊，地卑，神明之位也；春夏先，秋冬后，四时之序也。万物化作，萌区有状；盛衰之杀，变化之流也。夫天地至神，而有尊卑先后之序，而况人道乎！（《庄子·天道》）

季节变换对万物生长有不同的影响，春、夏、秋三季万物由生而长而成熟，冬则凋零衰死。这本是无意识的自然现象，但是一旦被称为"成功""刑杀"，似乎就使大自然具有了和人一样的有意识的行为。尊卑和地位高下是人类进入政治社会后出现的人与人之间关系方面的独特现象，自然界的天和地之间并没有什么尊卑高下之别。但是，在古代中国人的意识里，方位上的高下和政治地位上的高下、时序上的先后和政治地位上的尊卑是结合在一起的。或者说，前者正是体现后者的途径之一。臣子朝见君主，君主总是高高在上，而臣子俯首于下；出行时，位尊之人总是在前，而位卑之人在后。在古人的宇宙观里，天高而在上，地厚而在下，于是方位上的高下一转而为具有价值意义的高下。四季的更替亦是如此，春夏在前而秋冬在后。这里的先后只是时序上的先后，但是一旦进入人事领域，时序上的先后就一转而为价值取向上的先后。用形式逻辑的观点来看，这可以说是一种偷换概念的做法，但又与中国古代语言中词的多义性有密切的关系，在古代汉语的语境中显得自然而然。

最后，黄老学派"推天道以明人事"的政治思维模式也有功利方面的考虑。天道代表自然界的规律，人道代表政治行为的安排。人类社会自产生之日起就有意识地将自己与自然界相区别，但相区别并不能做到相分离。人改造自己和改造自然界的活动与自然规律往往密不可分，且都受到自然界的制约，在生产力低下的前科学时代更是如此。正确地认识自然规律，顺应之并加以利用，人类的活动就可能取得成功；反之，必然失败。在这一思路下，天道与人道的关联是外在的而非内在的。黄老学派这层意义上的"推天道以明人事"就不是以天道为原型来建构人间的政治秩序，而是强调要根据天道对人类社会的影响来安排政治活动。在当时，一方面，天道对人类社会影响最大的是农业生产，不同的季节需要与之相适应的不同的农业劳动，政治活动的安排应该使农民在适合耕作的时候尽力于农事，不与农业生产争夺劳动力；另一方面，人类社会是自然界的一个部分，人的政治活动也会对人赖以生存的环境产生影响。老子曰："大军之后必有凶年。"可见，这一思想在老子那里已有所表露。黄老学派将之发展为根据时节的不同施行德、刑两种不同的政治策略的理论。

总之，"推天道以明人事"的以上四层意涵在黄老学派的著作中都有不同程度的表现。

第三节　因阴阳之大顺

司马谈《论六家要旨》曰：

> 尝窃观阴阳之术，大祥而众忌讳，使人拘而多所畏；然其序四时之大顺，不可失也……道家使人精神专一，动合无形，瞻足万物。其为术也，因阴阳之大顺，采儒墨之善，撮名法之要。

司马谈的这段话简要地指出了道家对阴阳家思想的吸收及二者之间的区别。联系下文之"采儒墨之善，撮名法之要"，此处之"阴阳"应指"阴阳家"而非作为哲学概念的"阴阳"。阴阳家思想中有"大祥而众忌讳，使人拘而多所畏"的一面，具体表现为"四时、八位、十二度、二十四节各有教令，顺之者昌，逆之者不死则亡"。司马谈对于阴阳家诸多禁忌的总态度是"未必然也"，即不完全相信。《史记集解》所引徐广之说及《史记索隐》皆以为"大祥而众忌讳"中的"祥"当作"详"。[①]"大"通"太"，故"大祥"即"太详"。"详"与"要"相对，《庄子·天道》曰："要在于主，详在于臣。"成玄英疏："要，简省也；详，繁多也。主道逸而简要，臣道劳而繁冗。"[②]繁多不免琐碎，与道家秉本执要之特点不符，故为道家所不取。"大顺"相对于"大祥"而言，即"大要"。何谓"因阴阳之大顺"？《说文解字》："顺，理也。""因阴阳之大顺"即"因阴阳之大理"，以今语言之，即遵循阴阳家的大道理。司马谈曰："夫春生夏长，秋收冬藏，此天道之大

① 《集解》徐广曰："一作详。"《索隐》案："《汉书作》'大详'，言我观阴阳之术大详。"而今作"祥"，于此为疏也。参见（汉）司马迁：《史记》，北京，中华书局，1959，第3289页。

② （晋）郭象、（唐）成玄英：《南华真经注疏》，北京，中华书局，1998，第270页。

经也，弗顺则无以为天下纲纪，故曰'四时之大顺，不可失也'。"①"春生夏长，秋收冬藏"为天道在大的方面的表现，此即阴阳家所说的大道理。

一、因时为业

"时"是黄老道家所"因"的重要对象。司马谈在《论六家要旨》中评价道家思想，称："有法无法，因时为业；有度无度，因物与合。""法"一经制定便不能随便变更，"度"本身有标准之意，二者代表固定不变的准则。而"时""物"都是客观的，不受人的主观好恶影响，其本身又是迁移、变化、不固定的。道家并不关心"有法无法""有度无度"，因为法、度并不是他们制订实践方案的主要依据，其主要依据或者说出发点是时、物，即"因时为业""因物与合"。

首先，黄老学派"因时为业"的本意是指在不同的季节安排不同的、适合那一季节进行的政事活动。这里的"时"指季节。《说文解字》："时，四时也。"《尚书·尧典》曰："乃命羲和，钦若昊天，历象日月星辰，敬授人时。"孔安国注："重黎之后羲氏、和氏世掌天地四时之官，故尧命之，使敬顺昊天……敬记天时以授人也。"②这里的"四时"即四季，"掌天地四时""敬记天时"指根据天体位置之变化制定历法，以反映季节变迁，方便人民生产生活。天道运行包括星辰位移、昼夜更替、季节变换等，天体运行及其导致的季节变换和与之相应的气温的升降、物候的不同与时序有着很密切的关系。相应地，天体的不同位置、气温的高低、物候的不同也标志着时序的不同。古人对这些自然现象有长期的观察，也积累了丰富的经验。《鹖冠子·环流》曰："斗柄东指，天下皆春；斗柄南指，天下皆夏；斗柄西指，天下皆秋；斗柄北指，天下皆冬。"这是以北星七星的方位来判定季节的迁移。伴随四季的更替还会出现昼夜长短、气温升降等变化，这些变化直接影响人们的生产生活实践。

之所以要在不同的季节安排不同的、适合当季的政事活动和农业生产，与其在国家治理中的重要性有关。子贡问政，孔子告之以"足食，足兵"（《论语·颜渊》）。《管子·牧民》曰："仓廪实则知礼节，衣食足则知荣辱。"中国以农立国，农业生产是富国强兵、统一天下的基础和前提，这是先秦诸子的共识。黄老学派对农业生产极为重视。《经法·道法》曰：

---

① （汉）司马迁：《史记》，北京，中华书局，1959，第 3290 页。
② （汉）孔安国、（唐）孔颖达：《尚书正义》，北京，北京大学出版社，1999，第 28 页。

人之本在地，地之本在宜，宜之生在时，时之用在民，民之用在力，力之用在节。知地宜，须时而树。节民力以使，则财生。赋敛有度则民富，民富则有佴（耻），有佴（耻）则号令成俗而刑伐（罚）不犯，号令成俗而刑伐（罚）不犯则守固单（战）朕（胜）之道也。

《十六经·观》曰："夫民之生也，规规生食与继。不会不继，无与守地；不食不人，无与守天。"生育和饮食是民生的根本，人民饮食不继，生育不繁，国家的统治不可能稳固。而饮食，即生活资料的取得完全依赖于农业生产。在科学尚不昌明的战国时代，农业生产——用今天的话说——纯粹是靠天吃饭，受到土壤、风雨、气温等自然条件极大的制约。除了土壤的肥瘠、地形的高下，其他制约因素都决定于天时。土壤的状况尚可以通过人力加以改良，风雨、气温却是人力所最无法改变和控制的。一旦失时，农作物就可能颗粒无收。《韩非子·功名》曰："非天时，虽十尧不能冬生一穗。"《淮南子·览冥训》曰："夫圣人者，不能生时，时至而弗失也。"尧舜虽为圣人，亦不能违背天时而使穗冬生，圣人之为圣人只在于能够把握天时，在适当的时候做适当的事情。

农业生产是天、地、人共同作用的结果。时节已至，如果没有人的劳动，恐怕"十尧亦不能生一穗"。当时国家的水利、道路、城防等公共工程，国君的宫室、陵墓都是由服劳役的农民来建造的。农民还是战争的主力，如果战争和工程的时间与耕作的时间相冲突，就会影响到农业生产，人民也就会有衣食之虞，此即《经法·论》所谓"动静不时，种树失地之宜，[则天]地之道逆矣"。这样的国家被《经法》称为"死国"，必然上下不亲，招至其他国家的讨伐。故《十六经·观》曰：

> 是故为人主者，时室三乐，毋乱民功，毋逆天时。然则五谷溜熟，民[乃]蕃滋。君臣上下，交得其志。天因而成之。

《淮南子·诠言训》亦云：

> 为治之本，务在于安民。安民之本，在于足用。足用之本，在于勿夺时。勿夺时之本，在于省事。省事之本，在于节欲。节欲之本，在于反性。反性之本，在于去载。①

---

① 类似的一段话又见于《文子·下德》。

　　上述文字所要表达的治理逻辑是一样的：国家富强的根本在于人民安居乐业，人民安居乐业的根本在于物质生活资料的满足，满足人民物质生活资料的根本在于勿夺农时，勿夺农时就要求君主制欲、省事，防止因过度使用民力而破坏农业生产。可见，农业发展是政治稳固的根基，合于天时是农业生产的重要前提，这意味着国家政事的安排也必然表现出很强的季节性。

　　其次，黄老学派"因时为业"的"时"不局限于农业生产所需要的"天时"，而是进一步引申为时机、时势，"因时为业"相应地引申为在政治实践中审慎地分析政治形势，把握行动时机，在合适的时候做出正确的行动。这一思想与黄老学派"天稽环周"（《十六经·姓争》）的天道观有关。自然界中的月盈则亏、四季更替表现为周而复始的循环过程，此即"天稽环周"。此处的"天稽"，即"天道"。[①] 天道循环既有周期性，在每一个周期内又表现出明显的阶段性，在每一阶段中又有与之相对应的自然界的物候变化和生产生活实践，所谓"春生夏长，秋收冬藏"即此。这一意义上的"时"虽有时仍表述为"天时"，但已经不再局限于农业生产所需要的"天时"。黄老学派文献里多有关于守时、当时、得时、因时等的论述：

> 因天时，伐天毁，胃（谓）之武。（《经法·四度》）
>
> 天有死生之时，国有死生之正（政）。因天之生也以养生，谓之文；因天之杀也以伐死，谓之武；［文］武并行，则天下从矣。（《经法·君正》）
>
> 圣人正以待天，静以须人……当天时，与之皆断。当断不断，反受其乱。（《十六经·观》）
>
> 天地行之，圣人因而成之。圣人之功，时为之庸，因时秉□，是必有成功。（《十六经·兵容》）
>
> 成功之术，必有巨获，必周于德，审于时。时德之遇，事之会也，若合符然。故曰：是唯时德之节。春采生，秋采蓏，夏处阴，冬处阳。此言圣人之动静、开阖、诎信、涅儒，取与之必因于时也。时则动，不时则静。（《管子·宙合》）
>
> 所谓后者，非谓其底滞而不发，凝结而不流，贵其周于数而合于时也……夫日回而月周，时不与人游，故圣人不贵尺之璧而重寸

---

① 参见陈鼓应：《黄帝四经今注今译》，北京，商务印书馆，2007，第268页。

之阴，时难得而易失也。(《淮南子·原道训》)

"文""武"代表两种政策取向："文"代表休养生息，积蓄实力；"武"代表发动战争，攻伐他国。"文""武"既相互对立又相辅相成，二者之间转换的关键在于"时"。这里的"时"虽然仍然被称为"天时"，但已经完全看不出与春、夏、秋、冬四时节序之间还有什么直接的关联。"天时"之"天"亦非宗教意义上之"天"，其代表的只是某种客观性，即与"人"相对而言之"天"。所谓"天时""天毁"，所强调的无非是时、毁的客观性，即不是人主观上认为的时、毁，而是客观存在的时、毁。政治领域里影响政治行为成败的各种因素变幻无常，如果对形势不能有一个准确的把握，果断行动，等到形势逆转的时候就"当断不断，反受其乱"了。时至不行或逆时而行，必有灾殃。《经法·论约》曰："养死伐生，命曰逆成。不有人戮，必有天刑。""伐生"是不可伐而伐，"养死"是当伐而不伐，前者是逆时而行，后者是当时而不行。当时不行，原本的当时就变成了失时，甚至逆时。同样的道理，如果时机未到，勉强而行，结果也会适得其反。"养死""伐生"，则原本有利于己之时机转而利于他人，都是不可取的。

黄老学派认为，行为失时、逆时必有"天殃""天伐""天毁"等。从字面上看，这里的"天"能够施行"伐""毁"，降下灾殃，似乎仍是有意志的人格神，但其实并无神性，其代表的是结果的必然和不可抗拒。司马谈说道家"与时迁移，因物变化"，这里的"物"指影响主体行动成败的各种客观外在因素。主体行动的成败是主体和这些因素共同作用的结果，当成功的因素都具备时，就是"得时"或者"当时"，应该赶紧行动；反之则是"失时"甚至"逆时"，应该静待事态的发展，此即"时则动，不时则静"。黄老学派对"时"的重视说明他们已认识到主体的行动受到诸多客观事物的限制，不能为所欲为，即使在处理由人组成的政治社会内的事务时亦是如此。

二、阴阳与刑德

"刑"在上古文献中主要指刑罚，或通过刑罚进行惩治的治理行为。《尚书·大禹谟》曰"刑期于无刑"，即通过刑罚惩治使民不敢为非，从而达到"无刑"的目的。"德"的意义相对复杂，既指政治上之政德，也指个人之德。至迟在春秋时期，德、刑就已经被视为两种对立的治国方略，有不同的功能和施用对象。《左传·僖公二十五年》载苍葛之言曰："德以柔中国，刑以威四夷。"这是从夷夏之辨的角度区分德、刑施用的不同对象。孔子曰："道之以政，齐之以刑，民免而无耻；道之以政，齐之以礼，有耻且格。"（《论语·为政》）孔子此处所言的"礼"，其实就是"德"。"德"是"礼"的实质，"礼"则是"德"的外在节文。《礼记·曲礼》曰："礼不下庶人，刑不上大夫。"这是德、刑施用于不同阶级的表现。

对于黄老学派所谓"刑德"之含义，研究者们有不同的看法。黄老学派著作中集中论述刑德的主要是《黄老帛书》中的《经法》和《十六经》。吴光认为："这里所说的'刑德'，也就是统治阶级用以统治人民的政治法律制度（刑）和伦理道德原则（德），它们是效法天道的'阴阳'变化规律制定的。"①白奚认为："《四经》所谓德乃仁德、德治之义，其所谓刑乃泛指法治，其刑德乃指法治和德治两种统治方式。"②王沛认为："'刑'和'德'在黄老学说中分别代表攻、守两个概念，这两个概念也包含所有矛盾对立方之间的关系——（使对方）消减和生长、斗争和妥协、索取和给予、前进和让步。"③郑开曾详细分析了《左传》中与刑、德有关之论述，并做了如下总结。

> 1."德""刑"属于"礼"（制度层面）的范畴，是政治（乃至军事）行动及其原则；2."德""刑"相互对立，"德"的方式是"抚""怀""宽""柔服"和"施惠"，"刑"的方式是"伐""讨""威""罚""杀"和"正邪"。可见，西周以来政治（军事）原则和治国策略包括"德""刑"两手，"一手软、一手硬"，"德"是"软的一手"，"刑"是"硬的一手"。④

我们认为，郑氏的总结虽以《左传》为文本依据，但作为治国策略，《黄老帛书》中的"刑德"和《左传》中的"刑德"在含义上并无太大差别。作为对立的治国策略，总体而言，"刑"以暴力强制为特征，目的是使民畏惧而不敢为非；"德"则指施行德政、予以物质奖赏等，是以温和的方式使民认同自己的统治而不愿为非。黄老学派中用来指称所有矛盾对立方之间关系的概念是"阴阳"，而非"刑德"。

首先，黄老学派对于刑德的总态度是"刑德相养，逆顺若成"，即认为刑、德相反相成，缺一不可，主张对二者兼取并用。《十六经·姓争》

---

① 吴光：《黄老之学通论》，杭州，浙江人民出版社，1985，第148页。
② 白奚：《稷下学研究：中国古代的思想自由与百家争鸣》，北京，生活·读书·新知三联书店，1998，第128页。
③ 王沛：《黄老"法"理论源流考》，上海，上海人民出版社，2009，第121页。
④ 郑开：《德礼之间——前诸子时期的思想史》，北京，生活·读书·新知三联书店，2009，第164～165页。

曰："刑德皇皇，日月相望，以明其当。望失其当，环示其殃。天德皇皇，非刑不行，穆穆天刑，非德必倾。刑德相养，逆顺若成。"这一段话可谓黄老学派刑德思想之总纲。"皇皇"谓平正之美，"穆穆"谓威仪之美，二者之意不同，但都表示赞美和尊崇。[1] 可见，其对"刑""德"并无偏向。《释名》："望，月满之名也。月大十六日，小十五日，日在东，月在西，遥相望也。"夏历每月十五前后，地球运行到月亮和太阳之间，这一天太阳西下时，月亮正好从东方升起，地球上看到的是满月，此即"日月相望"。这样一种天象在不应该出现的时候出现即"望失其当"，这是上天以不正常的天象示人以灾祸之发生。而"望失其当"的原因正在于偏用刑、德。刑、德相反相成，不可偏废。迭用刑、德的关键在于把握时机，在该用刑的时候用刑，该施德的时候施德。刑、德之用失当也会带来灾祸。

其次，刑、德迭用之时机取决于天时。天时与刑德通过阴阳联系起来。"阴阳"是中国哲学中的古老观念，古人以阴阳两种力量的对立统一解释世界万物的变化发展。《庄子·天下》曰："易以道阴阳。"按传统的说法，周文王拘羑里而演《周易》，也就是演八卦为六十四卦。近代以来，不断有学者对此表示怀疑，但出土文物证明周初确实已有六十四卦。[2] 其实，不管八卦还是六十四卦，都是由阴阳两种符号以不同方式组合而成的，阴阳观念应该比八卦和六十四卦出现得更早。史书记载，西周时期已经有人用阴阳来解释自然界的具体事件。周幽王二年（前780年），周王畿所在的泾水、渭水流域发生地震。周大夫伯阳父曰：

> 周将亡矣！夫天地之气，不失其序；若过其序，民之乱也。阳伏而不能出，阴迫而不能蒸，于是有地震。今三川实震，是阳失其所而镇阴也。阳失而在阴，川源必塞；源塞，国必亡。（《国语·周语上》）

按照伯阳父的说法，地震是由阴阳二气失序引起的。在正常情况下，阳气向上蒸腾，阴气向下沉降。当阴气在上、阳气在下，阳气向上的力量与阴气向下的力量发生冲突时就会引发地震。伯阳父不仅用阴阳来解释地震这一自然现象，还以其为西周将亡之征兆。

《管子·四时》曰："阴阳者天地之大理也，四时者阴阳之大经也，刑

① 参见陈鼓应：《黄帝四经今注今译》，北京，商务印书馆，2007，第266页。
② 参见张政烺：《试释周初青铜器铭文中的易卦》，《考古学报》1980年第4期。

德者四时之合也。刑德合于时则生福，诡则生祸。"这里的"时"即春、夏、秋、冬四时。四时各有所宜行，顺之得福，逆之得祸。《称》曰："凡论必以阴阳明大义。天阳地阴，春阳秋阴，夏阳冬阴，尽阳夜阴。"《十六经·果童》曰："阴阳备物，化变乃生。"陈鼓应先生解释道："阴、阳二气含赅于万物之中，二者相互作用，使万物生生不已。"[1]我们认为，此句中的"阴阳"不必是"阴、阳二气"，其所代表的是事物内部存在的对立统一的两个方面，正是这两个方面势力的消长产生了万物生生不已的变化。阴阳是黄老学派认识和解释世界的重要工具，自然界和人类社会的对立统一现象皆可以用阴阳统摄之，四季和刑德亦然。四季更替是阴阳二气消长的结果。春天阳气始萌发，至夏天而阳气极盛，故春、夏二季属阳；秋天阳气开始衰落，至冬则潜藏，阴气极盛，故秋、冬二季属阴。当春、夏二季阳气上升之时，阴气逐渐消散，万物由萌芽而茂盛；反之，秋、冬二季阳气衰歇，阴气渐重，万物由成熟而零落、死亡。

在先秦文献里，"德"往往与"性"同意，而"性"又与"生"相通，因此，"德"往往含有"生"意：

> 物得以生，谓之德。(《庄子·天地》)
> 德者，道之舍，物得以生生，知得以职道之精。故德者，得也。得也者，其谓所得以然也。(《管子·心术上》)
> 天地之大德曰生。(《周易·系辞下》)

在政治领域，"刑德"之"德"包含施惠、给予等措施，对于人民而言亦可谓"生"；"刑"的效果则恰恰与之相反。因此，刑德、阴阳、生杀、四季之间便形成了如下对应关系：

> 阳：德——生——春、夏
> 阴：刑——杀——秋、冬

德刑与四季的对应意味着统治者应该在春、夏施"德"，在秋、冬行"刑"，这是"当时""合时"之举，能够获得更多的利益。反之，则是"逆时"而行，"天降其殃"。黄老学派认为，人类社会与自然界是一个有联系的整体，自然事物的运行固然影响到人类社会，人类的活动也会影响到

---

[1]　陈鼓应：《黄帝四经注今译》，北京，商务印书馆，2007，第243页。

自然界阴阳势力的消长，使四时更替反常和失序。《十六经·观》曰：

> 其时赢而事绌，阴节复次，地尤复收。正名修刑，执（蛰）虫不
> 出，雪霜复清，孟谷乃肃，此灾［乃］生，如此者举事将不成。其时
> 绌而事赢，阳节复次，地尤不收。正名施（弛）刑，执（蛰）虫发声，
> 草苴复荣，已阳而有（又）阳，重时而无光，如此者举事将不行。

　　"时赢"即"时盈"，指阳气满盈之时；"绌"与"盈"对，"事绌"指阳
气退缩之时当行之事，即"正名修刑"。于阳气满盈之时行阳气退收之
时当行之事，会使自然界阴阳势力的消长发生变化，阴气再次兴盛，
在春天出现蛰虫不出、雪霜复至、刚生的作物被冻死的反常天象，进
而影响到人类社会。反之，在阳气衰歇、阴气笼罩之时行德政，就会
使秋、冬出现春、夏才有的天象，也会破坏自然界和人类社会的正常
秩序。①

　　《吕氏春秋》亦主张刑德之用应当与季节相配合。《吕氏春秋》一书之
结构分为十二纪、八览、六论，"纪"之意为纲领，十二纪之首篇所言即
一年十二个月，每个月施政之纲领。从大体内容上看，春、夏两季万物
生长，与之相适应的政治活动是助农事、习礼乐、养孤幼、选任贤良等。
例如，《吕氏春秋·仲春纪》曰："是月也，安萌牙，养幼少，存诸孤。择
元日，命人社。命有司，省囹圄，去桎梏，无肆掠，止狱讼。"《吕氏春
秋·音律》曰："夹钟之月，宽裕和平，行德去刑，无或作事，以害群
生。""夹钟之月"即二月，属春，故应当行德去刑。秋、冬两季万物肃杀，
与之相适合的政治活动是选练士卒、征伐不义、处决犯人等。例如，《季
秋纪》曰："是月也，天子乃教于田猎，以习五戎，搜马……乃趣狱刑，
无留罪。"

　　虽然春、夏、秋、冬四季循环，周而复始，但一年之中，春、夏在
前而秋、冬在后。故《十六经·观》曰："春夏为德，秋冬为刑。先德后刑
以养生。"任继愈认为，黄老学派的这一观念继承自儒家。荆雨认为，帛
书"先德后刑"的观念只是在时间顺序上的主张，不涉及对德、刑价值的

---

① 　陈鼓应先生谓："关于'阴节复次''阳节复次'，这是以自然节序的乖舛来影射人事政令的得
　　失。而这显然是受'闰月''闰年'的启示的。"（陈鼓应：《黄帝四经今注今译》，北京，商务印
　　书馆，2007，第228页）陈先生在这里将因果颠倒了过来。《黄老帛书》在此并非以自然节序
　　的乖舛来影射人事政令之失，相反，它是说明政令之失会造成自然节序的乖舛。另外，陈
　　先生谓此说受到"闰月""闰年"的影响，亦属无据。

评判，而儒家所倡导的"先德后刑"首先是一种价值评判。① 我们赞同荆雨的说法。但黄老学派"先德后刑"的观念也不仅仅局限于"死刑的执行日期，只能选在秋季或冬季，春季与夏季禁止执行死刑"②，而是具有更广泛的政治意义。《经法·君正》曰："一年从其俗，二年用其德，三年而民有得，四年而发号令，〔五年而以刑正，六年而〕民畏敬，七年而可以征。"尽管大部分研究者将"二年用其德"解释为"选用有德行的人"③，但选用有德行的人和"三年无赋敛，则民有得"都可以说是刑德中"德"的一面。因此，这段话仍然可以解释为：先施德政，使民有得，然后施行教化，施加刑罚，这样才能获得新统治区人民的承认，其统治也才能稳固。"先德后刑"之意义这时已演变为施政之次序以德为先，以刑为后，与四季之次序无直接的关联。

第四节　因人而治

政治是人类社会发展到一定阶段的必然产物。从政治与人的关系角度看，一方面，政治是人的政治，其本质应该是为人的；另一方面，人是政治的参与者，是政治的重要资源。前者涉及治道层面，后者涉及的则是治术层面。在治术层面，不管是黄老学派无为而治中的"君无为而臣有为，上无为而下有为"，还是法治式"无为而治"，都需要"因人"而为治。"因人"而为治不能不首先对人有所了解，黄老学派以此为出发点，建立了一套"因人""用众"的理论。

一、先秦人性论的两种进路

人性问题源于"人是什么"这一问题。杨国荣先生指出："关于人性的讨论，在中国哲学(尤其是儒家哲学)中事实上与一个更为根本的问题联系在一起，这一更根本的问题就是：'何为人?'或'人是什么?'"④按照人类认识事物的一般规律，人对事物的认识有一个从具体到抽象、从简单

---

① 参见荆雨：《自然与政治之间——帛书〈黄帝四经〉的政治哲学研究》，长春，东北师范大学出版社，2007，第 170 页。

② 〔美〕D. 布迪、C. 莫里斯：《中华帝国的法律》，朱勇译，南京，江苏人民出版社，1998，第 38 页。

③ 参见陈鼓应：《黄帝四经今注今译》，北京，商务印书馆，2007，第 54 页。另外，参见荆雨：《自然与政治之间——帛书〈黄帝四经〉的政治哲学研究》，长春，东北师范大学出版社，第 206 页。

④ 杨国荣：《中国哲学中的人性问题》，《哲学分析》2013 年第 1 期。

到复杂、从表层到内在的逐步深入过程。人对人自身的认识亦不例外。人最先是通过人的生命存在的各种具体表现认识自己的。但人的生命存在的表现是多方面的，起初人们往往诉之于直观的印象，如同盲人摸象，各得其一体。因此，对于"人是什么"这一问题的回答也是直观的、多样的。人类思维水平逐渐提高之后，对"人是什么"这一问题的认识更显深刻，不再满足于这些得于直观的答案，进而追问更本质层面的"人是什么"，这也就是人性问题的肇始。

中国哲学史上与人性有关的争论有些是由对人性问题的认识不同引发的，有些是不同人性观点之间的争论，有些则与这二者都相关。这两个问题在古人那里常纠缠在一起，今人必须对此加以区分。张岱年先生指出："现在研讨历来的性论，首先应注意的是各家所谓性之本义。不先明白一家所谓性者之本义，则其理论的真实内容，势必无从了解。"①张先生这里所说的"性之本义"，其实就是各家对人性问题的不同认识。从先秦诸子探讨人性问题的思路来考察，主要有两种进路，其一为经验的，其二为超越的。经验的进路即告子所持"生之谓性"的进路，超越的路向则以儒家的孔孟一派为代表。

在现存文献中，最早对人性问题进行探讨的当数孔子。子贡曾感叹道："夫子之文章，可得而闻也。夫子之言性与天道，不可得而闻也。"（《论语·公冶长》）子贡之叹证明，孔子在世时曾经与弟子讨论人性问题，但其相关言论大多未能保留下来，保留下来的只有《论语·阳货》中的"性相近也，习相远也"一句，颇为简略。徐复观曰："性相近的'性'，只能是善，而不能是恶的。"②从孔子对天人关系的一般看法角度来分析，徐氏的观点是有道理的。子贡称孔子之"言性与天道不可得闻"，为什么子贡要将性与天道并言？如果这不是巧合的话，就说明孔子在平时也是将这二者联系起来探讨的。一般认为，《中庸》的"天命之谓性，率性之谓道，修道之谓教"是最先将人性与天命联系起来的纲领性表述。③其实，孔子很早就说过："天生德于予，桓魋其如予何？"此语可谓《中庸》所言"天命之谓性"的先导。包咸曰："天生德者，谓授我以圣性，德合天地，吉无不利。"④包咸以"性"释"德"，"天生德"也就是"天授我以性"，据此，

---

① 张岱年：《中国哲学大纲》，北京，中国社会科学出版社，1982，第183页。
② 徐复观：《中国人性论史》，上海，华东师范大学出版社，2005，第56页。
③ 《中庸》的作者一直存有争议。这一观点是建立在以子思为《中庸》的作者的基础上的，并不代表本书赞成以子思为《中庸》的作者。
④ （魏）何晏、（宋）邢昺：《论语注疏》，北京，北京大学出版社，1999，第93页。

孔子此语与《中庸》"天命之谓性"的思想在本质上是一致的。包咸这一注释是有根据的,"德""性"互释的例子在汉代及以前的古籍中多有,阮元编纂的《经籍纂诂》"德"字条搜集甚详:

> 德者,性之端也。(《礼记·乐记》)
>
> 道者,物之所导也;德者,性之所扶也。(《淮南子·缪称训》)
>
> 故率性而行谓之道,得其天性谓之德。(《崇厚论》)

以"德"释"性"亦见于《庄子》。《庄子·马蹄》曰:"彼民有常性,织而衣,耕而食,是谓同德。"郭象注曰:"夫民之德,小异而大同。"[1]这里的"德"也就是"性",本有性质、属性之意。《庄子·骈拇》曰:"枝于仁者,擢德塞性以收名声。"王念孙谓"塞"当为"搴"字之误,与"擢"皆为拔取之意。《淮南子·俶真训》曰:"俗世之学也则不然,擢德攘性,内愁五藏,外劳耳目。"又曰:"今万物之来,擢拔吾性,攘取吾情。"[2]皆其证。庄子以仁义等世俗的道德为人性的对立面,如果依王氏之说,"擢"与"攘"同为拔取之意,则此"德"不可能是被世俗公认之道德,而只能是与性相同的"德"。《庄子·在宥》曰:"在之也者,恐天下之淫其性也;宥之也者,恐天下之迁其德也。天下不淫其性,不迁其德,有治天下者哉!""淫"与"迁"都有改变的意思,"迁其德"即失性。《庄子·天地》曰:"性修反德,德至同于初。"此处的"德"显然也是在与"性"相同的意义上使用的。正因为"性"即"德",所以"修性"与"反德"为同一个过程。

孟子继承了孔子从超越的进路探讨人性的传统,但在他所处的时代和学术环境中,儒家的性善论已经受到各方面的挑战,孟子不得不为之辩护。一方面,他说:"尽其心者知其性也,知其性则知天矣。"(《孟子·尽心上》)"知性则知天"的根据在于人性与天性的一致性,人性乃天之所命,二者在本质上是一致的。另一方面,他又从经验的进路来论证人性本善。他说:

> 今人乍见孺子将入于井,皆有怵惕恻隐之心,非所以内交于孺子之父母也,非所以要誉于乡党朋友也,非恶其声而然也……恻隐之心,仁之端也;羞恶之心,义之端也;辞让之心,礼之端也;是

① (清)郭庆藩:《庄子集释》,北京,中华书局,1961,第334页。

② (清)郭庆藩:《庄子集释》,北京,中华书局,1961,第315页。

非之心，智之端也。(《孟子·公孙丑上》)

在这里，孟子对于"仁义礼智根于心"的论证，建立在常人在见到"孺子将入于井"这一危急情形时的心理反应这一经验事实的基础之上。从逻辑上讲，单纯归纳所得出的结论不具有普遍性，更何况要从一件孤立的经验事实中得出普遍性的结论，这显然更不可靠。孟子对此不可能没有觉察。因此，在他探讨人性善的两条进路中，超越的进路才是根本的，经验的进路只是次要的、从属的，只是为了辩论中的"方便"。

人性论的探讨在战国中期达到高潮，然各家的具体言论多已散佚。据东汉王充《论衡》的记载，战国诸子的人性论大致可分为四种类型。其一为人性有善有恶论。人性中的善恶两方面此消彼长，在后天的培养中，善的一面得到发扬就表现出性善，反之则表现出性恶。持此说者有世硕、宓子贱、漆雕开、公孙尼子之徒。其二为孟子所持性善论。其三为告子的性无善恶论。告子认为，人性之中本无善恶，善恶皆是后天习染所致。其四为性恶论，持此说者有荀子及韩非。在上述四种类型中，除了孟子的性善论，其他三种类型的人性论皆是从经验的进路探讨人性论。孟子曾对告子的性无善恶论进行过批判，但其实他们是在两个不同的话语系统中讨论人性问题的。若从超越的层面言人性，人性之是善是恶与人对这超越的存在的信仰有关，不可避免地带有独断论的特点，根本无从辩论。然而从经验的层面言人性，孟子对告子的结论又无从否定，便只能取诡辩的策略。牟宗三也说："然由'生之谓性'推下来而至其心中之所想，这其间有两步跳跃或滑转。告子一时辨别不清，遂至语塞。其实告子若真了解'生之谓性'一语之意义，他是可以答辩的。"[1]牟宗三所言的"跳跃"，即指孟子论证中的逻辑跳跃。

先秦诸子从经验的进路探讨人性论多认同"生之谓性"的观点。从汉语字形上分析，"性"是形声字，徐复观先生认为："性字乃生字孳乳而来，因之，性字较生字为后出，与姓字皆由生字孳乳而来的情形无异。性字之含义，若与生字无密切之关联，则性字不会以生字为母字。但性字之含义，若与生字之本义没有区别，则生字亦不会孳乳出性字。"[2]徐先生这一说法是有文献根据的，可以证之于金文和先秦文献。正因为"性

---

[1] 《牟宗三先生全集》第22册，台北，联经出版事业公司，2003，第7页。
[2] 徐复观：《中国人性论史》，上海，华东师范大学出版社，2005，第4页。

字乃生字孳乳而来"，在其出现的最初一段时期，"性""生"二字是通用的。这一情况于先秦子书中多见，在于秦统一前夕编撰的《吕氏春秋》中也可以寻到不少例证。例如：

> 是故圣人之于声色滋味也，利于性则取之，害于性则舍之，此全性之道也。世之贵富者，其于声色滋味也多惑者。日夜求，幸而得之则遁焉。遁焉，性恶得不伤？万人操弓，共射其一招，招无不中。万物章章，以害一生，生无不伤；以便一生，生无不长。（《吕氏春秋·本生》）

这里的"性"与"生"是通用的，"全性"即"全生"，"害性"即"害生"。古人于"生"字加上心旁，造成这个"性"字，代表了古人对人自身认识的深入。"德"与"性"亦以"生"为中介发生联系。"生"为"性"之母字，二者之间的关系在上文已笼统言之，具体可以从以下三个方面分析：人性之来源；人性之内容；人性所得之时机。与此相似，"德"与"生"的关联也可以从这三个方面进行分析。"德者，得也。"这是古人所公认的对"德"最常见的训释。须知，有得就必有得者，有得者就必有给予者；有得就必有得的具体内容；有得就必有得的时机。细言之，其一，不管是万物之"德"还是"性"，能够给予人们"德"或"性"的均是超越的存在，具体言之即天或道。在各自的话语系统里，这一超越的存在是万物生成的根源。其二，得者所得的内容是多方面的，最本质的是得者之所以为此一得者，最重要的则是"生"。"生"既是万物从无到有的过程，也是从无生命物到有生命物的过程。其三，得者得之于给予者的内容均是在其从无到有、从无生命到有生命的这一时机内。得者未生之前当然无所得，得者既生以后所受于给予者的亦无改变。但不管在人性善恶问题上有多少种不同的意见，对于人性的善恶是先天生就不可改变这点，各家却是看法相同的。

徐复观先生又曰："性之原义，应指人生而即有之欲望、能力等而言，有如今日所说之'本能'。其所以从心者，心字出现甚早，古人多从知觉感觉来说心；人的欲望、能力，多通过知觉感觉而始见，亦即须通过心而始见，所以性字便从心。"①徐氏的这一解释颇有可商榷之处。古人虽多从知觉感觉来说心，但亦不尽然，孟子曾言："心之官则思。"（《孟

子·告子上》）可见，以心为思维之器官的观念亦出现甚早。在古人的观念中，心往往与身相对，心为内，身为外，故在《管子》一书中，"内业"即"心术"。人的欲望、思维能力等，也可以说是"生"的表现之一。但人的欲望、思维能力与表现于在外的言行相比，显然更加本质、内在和隐微难测，给"生"加上"心"旁而造出"性"字，代表的正是古人对人生命存在的认识的全面和深入。在常常以"生"说"性"的古人那里，他们也并非对"性"与"生"的这一区别全无觉察。董仲舒曰："性之名非生与？如其生之自然之资谓之性。性者，质也。"（《春秋繁露·深察名号》）庄子曰："道者，德之钦也；生者，德之光也；性者，生之质也。"（《庄子·庚桑楚》）郑玄于《礼记·中庸》"天命之谓性"条下注曰："性者，生之质；命，人所禀受，度也。"①这些对"性"的解释不仅区分了"性"与"生"，而且明确指出"性"为"生"的本质、内在的层面。

二、以"生"为"性"

"性"字在《论语》中出现过两次，在《老子》中却一次也没有出现过，但这并不意味着老子没有关于人性的思想。与孔子的"天生德于予"相同，老子也通过"德"来言人性。《老子》中的"德"虽非全部与人性相关，但至少有一部分可以做"性"字理解。例如：

> 知其雄，守其雌，为天下谿，常德不离，复归于婴儿。知其白，守其黑，为天下式。为天下式，常德不忒，复归于无极。知其荣，守其辱，为天下谷。为天下谷，常德乃足，复归于朴。（《老子·第二十八章》）

这里的"常德"即人之常性。人性于人初生之时即已禀得，后天的习染于此性并无增减损益，这一点为儒、道二家所同。人的生命存在所表现出来的殊异缘于后天的习染，道家谓之"失性"或"损性"。"常德不离"，即不失此初生时所禀得之性，"复归于婴儿"所暗示的正是人初生时的状态。"失"和"损"暗示着，老子认为人性本来是自足的、完美的。就超越的进路而言，人性（德）源于道。老子曰："失道而后德，失德而后仁，失仁而后义，失义而后礼。"（《老子·第三十八章》）道即"朴"，道之失即"朴

---

① （汉）郑玄：《礼记正义》，北京，北京大学出版社，1999，第1422页。整理本此处标点为"性者，生之质命，人所禀受度也"，有误。

散而为器"，故人性的内容，老子以一言概括之，即"朴"。"朴"之首要意在于混沌而无分别：道之"朴"是道未分化为万物，不可分辨、识知；人性之"朴"则是人与物无别，没有强烈的类的意识。老子并未进入以善恶言人性的话语系统，"朴"无意于善恶的区分。它包括告子所言的食色，但又异于食色。饥而求食、渴而求饮，这是人与动物共有的本能，超出本能范围的理性认知、感官享受都是非人性的。故老子曰：

> 五色令人目盲，五音令人耳聋，五味令人口爽，驰骋畋猎令人心发狂，难得之货令人行妨。是以圣人为腹不为目，故去彼取此。（《老子·第十二章》）

五色、五音、五味、驰骋畋猎等代表的是人类文明的成就，人们对它们的追求是人的生活异于动物的生存之处，但老子一并否定之。如果说孟子在讨论人性时有意区分人之性与牛马之性，因而将人之异于物的性作为真正的人性；老子则有意模糊人与物的区别，将人与物相同的性作为真正的人性。

老子的人性论在庄子那里得到继承和进一步的发展。庄子认为，人与物同出于道，二者地位平等，不应该刻意强调人与物的区别：

> 今大冶铸金，金踊跃曰："我且必为莫邪。"大冶必以为不祥之金。今一犯人之形，而曰"人耳人耳"，夫造化者必以为不祥之人。今一以天地为大炉，以造化为大冶，恶乎往而不可哉！（《庄子·大宗师》）

人对于人、物之别的强调，其实质是在人、物之中区分贵贱，是以人为价值的主体来衡量万物的价值。庄子认为，大道于冥冥之中自有其运行的法则，只有大道才有资格衡定万物的价值。对人的刻意强调必然导致无视这些法则而任意妄为，不仅会破坏大道之运行，亦有违人性。由此出发，他主张顺其自然，将一切人为均视为"失性""损性""伤性"之举而加以否定。《庄子·骈拇》曰："故性长非所断，性短非所续，无所去忧也。"不必去争论人性是善是恶，一切应任凭人性的自然发展，而非计划安排。人性究竟是什么已经不再重要，探讨这个问题本身就是对理智的运用，是人欲自别于万物的表现。因此，对于人性在经验层面的表现，庄子并无观察的兴趣，他也无意于人性善恶的讨论。他的反对以仁义为人性，从根本上说不是因为他认为人性是恶的，而是在于仁义道德乃人为之物。"浑沌之死"的寓言就代表了庄子的这一思想。

> 南海之帝为儵，北海之帝为忽，中央之帝为浑沌。儵与忽时相
> 与遇于浑沌之地，浑沌待之甚善。儵与忽谋报浑沌之德，曰："人皆
> 有七窍以视听食息，此独无有，尝试凿之。"日凿一窍，七日而浑沌
> 死。(《庄子·应帝王》)

浑沌无有七窍之时"待之甚善"，此时之"待"并非有意为之，是待而不知其待。浑沌不自以为力，儵与忽也不必以之为德，一切顺其自然即可。儵与忽为浑沌凿七窍是以己度人，以己律人。七窍凿而浑沌死隐喻的是人为造成的"失性""伤性"对人与物的损害。这一寓言隐秘地批判了儒家提倡的"己欲立而立人，己欲达而达人"的道德律条，因为它一旦进入政治领域，难免造成七窍凿而浑沌死的结局。庄子的人性论最终导向取消人物之别，取消对人性的探讨。人性本来自足，一切顺其自然，无须任何人为造作。在此意义上，荀子对庄子"蔽于天而不知人"的批评是恰当的。

黄老学派对人性论问题的探讨既有超越进路的思考，也有经验层面的考察。从超越的进路探讨，他们认为人性源于道，人性即道性。《管子·心术上》曰："德者，道之舍，物得以生生，知得以职道之精。故德者得也。得也者，其谓所得以然也。"《管子》认为，"德"是某物之所以成为某物而与他物相区别的原因，通过这样的解释，"德"显然即"性"。而"德"又源于道，人之"德"即人之所得于道者，也即人之"性"。人之性即人之所以为人，也就是人之所以异于他物的根据。人性源于道，道的特征也就是人性的内容。道与人性在内容上是一致的，"因道"和"因人"因此具有内在的一致性。

黄老学派对人性问题的探讨更多是经验层面的考察。他们往往遵循"生之谓性"的思路，将人的生命存在过程中展现的丰富内容皆视为人性的内容。例如：

> 凡人之生也，必以平正。所以失之，必以喜怒忧患。是故止怒
> 莫若诗，去忧莫若乐，节乐莫若礼，守礼莫若敬，守敬莫若静。内
> 静外敬，能反其性，性将大定。①(《管子·内业》)

---

① 类似的一段话又见于《管子·心术下》："凡民之生也，必以正平；所以失之者，必以喜乐哀怒。节怒莫若乐，节乐莫若礼，守礼莫若敬。外敬而内静者，必反其性。"语辞稍异。

　　　　凡人之性，爪牙不足以自守卫，肌肤不足以捍寒暑，筋骨不足
　　以从利辟害，勇敢不足以却猛禁悍。（《吕氏春秋·恃君》）

　　　　凡人之性，心和欲得则乐，乐斯动，动斯蹈，蹈斯荡，荡斯歌，
　　歌斯舞，歌舞节则禽兽跳矣。人之性，心有忧丧则悲，悲则哀，哀
　　斯愤，愤斯怒，怒斯动，动则手足不静。人之性，有侵犯则怒，怒
　　则血充，血充则气激，气激则发怒，发怒则有所释憾矣。（《淮南
　　子·本经训》）

　　《管子·内业》的那段话，首先提到的是"人之生"，认为与"人之生"
相应的应该是一种平正的心理状态，人会由于喜怒忧患而失去这种状态
并危及生命。其意图在于探讨通过何种途径使人恢复到"凡人之生，必以
平正"的状态，但《管子》提出的应对之策是通过诗、乐、礼等手段来"反
性"。"生之失"与"反性"之间没有任何过渡和说明。显然，"反性"也就是
"返生"，性之定即生之定。在所引《吕氏春秋·恃君》的那段话中，人生
来就具有的自然能力几乎都被当成了人性的内容，"人之性"也可以说是
"人之生"。而在上述《淮南子·本经训》的引文中，人受到外界刺激时所
有自然而然的心理反应、情绪波动、行为都被看作"人之性"。《淮南子·
本经训》云："天爱其精，地爱其平，人爱其情。天之精，日月星辰雷电
风雨也；地之平，水火金木土也；人之情，思虑聪明喜怒也。"高诱注曰：
"情，性也。"[1]"人之情"也就是"人之性"，其内容包含人的生命存在的各
种真实表现。以"生"为"性"的思路的展开必然导致将现实社会中人的生
命存在的各种表现都当作人性能力的不同方面。相较而言，孟子的性善
论虽然突出了人性善在人禽之辨中的关键地位，但对人性的丰富性无疑
有所忽视。黄老学派对人性描述的多面性和丰富性，使我们很难用"孟子
道性善"或"荀子道性恶"这样简短的话来概括之。

　　在经验层面，人性的表现是多方面的、丰富的，但黄老学派首先注
意到的是人自我保存、趋利避害的本能，即"所谓人者，恶死乐生者也"
（《鹖冠子·博选》）。就人的自我保存而言，个人的人性能力是有缺陷的。
换言之，孤立的个人不足以自存。《吕氏春秋·恃君》曰：

　　　　凡人之性，爪牙不足以自守卫，肌肤不足以捍寒暑，筋骨不足
　　以从利辟害，勇敢不足以却猛禁悍。然且犹裁万物，制禽兽，服狡

---

① 　刘文典：《淮南鸿烈集解》，北京，中华书局，1989，第260页。

虫，寒暑燥湿弗能害，不唯先有其备而以群聚耶？群之可聚也，相
与利之也。利之出于群也，君道立也。

"群"即今语之"社会"。《吕氏春秋》和荀子①一样都认识到人性能力
的不足，认识到人只有结成社会，凭借集体的力量，才能获得生命延续
所需要的各种物质资料，才能和自然界的洪水猛兽搏斗并取得胜利。但
在人之所以"能群"的原因上，二者并不一致。荀子认为，人之所以"能
群"是因为人"有生，有知，亦且有义"，而且关键是"有义"："有义"才有
"分"，有"分"才有"群"。在荀子看来，"义"是人性能力中固有的，亦是
人之所以比其他动物高贵的根本原因。而《吕氏春秋》认为，"义"并非人
性的固有内容，在经验层面的考察中，人与人之间反而经常因为物质资
源而发生争斗。《吕氏春秋·荡兵》曰：

> 民之有威力，性也。性者，所受于天也，非人之所能为也……
> 未有蚩尤之时，民固剥林木以战矣，胜者为长。长则犹不足以治之，
> 故立君。君又不足以治之，故立天子。天子之立也出于君，君之立
> 也出于长，长之立也出于争。

荀子所谓的"分"可以理解为广义的政治秩序，"义"则可以被理解为
"分"之理，即政治秩序之根据。而在《吕氏春秋》中，政治现象的出现、
政治秩序的建立虽亦与人性相关，但这种相关是间接的相关。人与人之
间因为自我保存而争夺物质资源，又因物质资源而发生的争斗，这不但
使"群"有破裂之可能，亦是对人的生命的直接威胁。政治权威的确立是
为了消弭人与人之间的争斗，建立政治秩序。政治最高权威的形成过程
是，先在小范围内形成一定的政治权威，人类活动范围的扩大使冲突涉
及的地域和人群更广，也就需要在更大地域范围和人群之中建立更高的
权威，直至"普天之下，莫非王土；率土之滨，莫非王臣"，即天子的
出现。

《吕氏春秋》对政治权威之起源的思考和霍布斯的自然状态理论相似。

---

① 《荀子·王制》："水火有气而无生，草木有生而无知，禽兽有知而无义，人有气、有生、有
知，亦且有义，故最为天下贵也。力不若牛，走不若马，而牛马为用，何也？曰：人能群，
彼不能群也。人何以能群？曰：分。分何以能行？曰：义。故义以分则和，和则一，一则
多力，多力则强，强则胜物，故宫室可得而居也。故序四时，裁万物，兼利天下，无它故
焉，得之分义也。"

霍布斯认为，在国家产生以前，人类社会处于自然状态之下，人与人互为敌人，彼此都力图摧毁或征服对方。"在没有一个共同权力使大家慑服的时候，人们便处在所谓的战争状态之下。这种战争是每一个人对每个人的战争。"①在这样的状况下，人类文明无从发展，人的生命时刻处于危险之中，更无幸福可言。为了保全生命，人们相与订立契约，将某些自然权利的行使让与某人或某公共机构，这就是国家的诞生。黄老学派和霍布斯都从人类社会存在和发展的需要角度追溯政治的起源，这相对于各种神秘主义的途径是一个巨大的进步。不同之处在于，霍布斯认为国家的产生是通过人与人订立契约的途径，黄老学派则认为政治权威的建立是暴力斗争的结果。

从人性的角度看，政治权威的出现、政治秩序的建立在本质上是为了防止人与人之间因争夺物质资源而发生的争斗。因此，一方面，以合适的方式分配物质资源应该是政治的主要内容；另一方面，个人对政治的态度亦取决于其所处的政治环境是否有利于个人生命的保存，它对个人而言是有利的还是有害的。黄老学派的人性论也决定了其"无为而治"的政治理想与老庄的不同。在老庄那里，"无为而治"的实质在于削弱乃至取消政治的力量，因为他们认为，政治从本质上讲是和人性相违背的，是非"自然"的。黄老学派的"无为而治"则是一种理想的统治形式，它首先是"政治"的，而不是"非政治"或"反政治"的。"无为"的实质不是政治的隐退，而是人类社会的秩序化和规范化。在老庄理想的"小国寡民"和"至德之世"中，人类社会被分割为一个个小型的社团，相互之间没有交往。而天下从地域上讲是"无外"的，是人类的总体。"天下"观念的出现本身就是人类文明的成果。它产生于人类的交往之中，对它的肯定隐含于黄老学派的一切思考、言说之中。作为整体运作的"天下"需要人类理性的参与，黄老学派所反对的只是对理性的过度使用，以至于对人的生命造成伤害——这才是对人性的违背。如果说老庄的政治理想是对前文明时代的理想化追述，黄老学派的政治理想则是在肯定人类文明的前提下对符合人的自然本性的政治制度的积极建构。

三、"因人"与"用众"

在治术层面，黄老学派重视"因人"与"用众"，其具体内容包括以下几个方面。

---

① 〔英〕霍布斯：《利维坦》，黎思复、黎廷弼译，北京，商务印书馆，1985，第 94 页。

其一，去私立公。《经法·道法》曰："执道者之观于天下（也），无执（也），无处也，无为（也），无私（也）。"这里的"执道者"即君主，类似的话也多见于《黄老帛书》：

> 使民之恒度，去私而立公。（《经法·道法》）
>
> 精公无私而赏罚信，所以治也……兼爱无私，则民亲上。（《经法·君正》）
>
> 天下太平，正以明德，参之于天地，而兼覆载而无私也，故王天[下]。（《经法·六分》）
>
> 君臣不失其位，士不失其处，任能毋过其所长，去私而立公，人之稽也。（《经法·四度》）

去私立公的形而上学基础在于天地、天道、道等超越性存在都具有无私的特质。例如：

> 天道无亲，常与善人。（《老子·第七十九章》）
>
> 天地无私，四时不息。天地立，圣人故载。（《经法·国次》）
>
> 天不为一物枉其时，明君圣人亦不为一人枉其法。（《管子·白心》）
>
> 万物殊理，道不私，故无名。（《庄子·则阳》）
>
> 在阴不腐，在阳不焦。一度不变，能适蚑蛲。鸟得而飞，鱼得而游，兽得而走。万物得之以生，百事得之以成。人皆以之，莫知其名。人皆用之，莫见其形。一者其号也，虚其舍也，无为其素也，和其用也。（《道原》）
>
> 天无私覆也，地无私载也，日月无私烛也，四时无私行也。行其德而万物得遂长焉。[①]（《吕氏春秋·去私》）

既然天地、天道、道等超越存在具有无私的特质，效法天道或道而建立的统治秩序也就应该具有无私的特质。

从人性论的角度看，统治者"去私立公"是"人""众"能够为其所用的必要条件。"公私"问题归根结底是社会物质利益的分配问题。合理分配社会物质利益是"治道"的首要目标和主要内容。《吕氏春秋·贵公》曰：

---

① 此语又见于《礼记·孔子闲居》："天无私覆，地无私载，日月无私照。奉斯三者，以劳天下，此之谓'三无私'。"《庄子·大宗师》曰："天无私覆，地无私载，天地岂私贫我哉？"可见，天地无私的观念为先秦诸子所同具。

"天下，非一人之天下也，天下之天下也。"①"天下"既指天下所有的物质资源，也可以指政治权力。黄老学派认为这二者皆非君主一人有权拥有。就前者言，天下所有的物质资源是天下人的共同所有物，君主不能据为己有，恣意挥霍；就后者言，在君主制中，尽管政治权力为君主所独占，但它在本质上是一种公权力，应该为广大民众而非君主个人服务。《黄老帛书·经法》言："使民之恒度，去私而立公。"使民之权虽为君主掌握，但从本质上讲是公权力。它的使用要"立公"，即符合公众的利益。

在物质利益的分配方面，黄老学派要求统治者将自己的物质欲望控制在一定的范围之内。一方面，就君主个人而言，"养性"之物的获得不过是"养性"的手段，过分追求物质享受只会造成"伤性"的结果。另一方面，在物质资料一定的条件下，统治者拿走的越多，被统治者获得的就越少。被统治者"养性"之物不充分，便会伤生损性，这与个体参与政治的目的背道而驰。社会物质资料的充足和分配的合理是政治稳固的基础。《经法·君正》曰：

> 知地宜，须时而树。节民力以使，则财生。赋敛有度则民富，民富则有佴（耻），有佴（耻）则号令成俗而刑伐（罚）不犯，号令成俗而刑伐（罚）不犯则守固战胜之道也。

人民富裕是社会稳定的基础，而民富有两个前提条件：一是社会总体物质资料生产的丰富，即"须时而树""节民力以使"；二是社会物质资料得到合理的分配，即"赋敛有度"。与此相反，如果统治者贪图享乐，将社会的大部分物质财富据为己有，造成整个社会财富分配的失衡，就会危及统治本身。子贡问为政，孔子告之以足食、足兵；孟子主张明君为民置产，以使民免于饥寒。儒家对政治中的利益关系并非没有考虑，但事实上，在专制制度下，君主往往以为民置产之名行满足一己私欲之实。有鉴于此，黄老学派干脆反对君主干涉人们的生产活动。《黄老帛书·称》曰："天有明而不忧民之晦也。百姓辟其户牖而各取昭焉，天无事焉。地有财而不忧民之贫也，百姓斩木刈薪而各取富焉，地亦无事焉。"自然界为人类提供了丰富的物质资源，在没有统治者干扰的情况下，人们的生产生活都是循本性而动的，从自然界各取所需。这一主张和其

---

① 此语又见于今本《六韬·文师》，而今本《六韬》出于《汉书·艺文志》所载之《太公》二百三十七篇。《汉书·艺文志》将《太公》著录于道家类，可见此语确为道家之言。

"无为而治"的政治理想是一致的。

其二，为治"因"民之俗，"因"民之性。当"因人"之"人"为泛指时，"人"与"民"意义相同，"因人"即"因民"。庄子曰："卑而不可不因者，民也。"(《庄子·在宥》)相对于统治者而言，作为被统治者的"民"在地位上虽然是"卑"，但高者以卑下为基，"民"是统治的基础，故不可不"因"。为治"因"民之俗主要指施政顺从民意，在法律制度的设计方面尊重人民固有的风俗和生活习惯，不遽然改易。《鹖冠子·度万》曰："神化者于未有，官治者道于本，教治者修诸己，因治者不变俗，事治者矫之于末。""因治"为其列举的诸种治术之一，"不变俗"即"因"俗而治。《经法·君正》论及施政之次序时说："一年从其俗，二年用其德，三年而民有得，四年而发号令，五年而以刑正，六年而民畏敬，七年而可以正。"其下文接着说："俗者，顺民心也。"其论认为，民无他志、邪心，对统治者有高度的认同是对外用兵、取得战争胜利的基础。

"因"民之性主要指统治者的一切政治行为皆需以人性为基础，不能违背人性。《文子·自然》曰：

> 以道治天下，非易人性也，因其所有而条畅之，故因即大，作即小。古之渎水者，因水之流也；生稼者，因地之宜也；征伐者，因民之欲也；能因则无敌于天下矣。物必有自然而人事有治也。故先王之制法，因民之性而为之节文。无其性，不可使顺教；无其资，不可使遵道。人之性有仁义之资，非圣人为之法度，不可使向方也。因其所恶以禁奸，故刑罚不用，威行如神。因其性即天下听从，怫其性即法度张而不用。

上述引文并没有在刑罚、教化、征伐间有所取舍。在作者看来，它们作为为治之手段本身并无是非。若以人性为基础，则皆是；若违背人性，则皆非。"因"人性而为治在这里成了更为根本的为治原则，其为治所得之效果超越上述诸种为治之手段。类似的论述又见于《淮南子·泰族训》：

> 圣人之治天下，非易民性也，拊循其所有而涤荡之，故因则大，化则细矣……故能因，则无敌于天下矣。夫物有以自然，而后人事有治也……民有好色之性，故有大婚之礼；有饮食之性，故有大飨之谊；有喜乐之性，故有钟鼓管弦之音；有悲哀之性，故有衰绖哭踊之节。故先王之制法也，因民之所好，而为之节文者也。因其好色而制婚姻

之礼，故男女有别；因其喜音而正雅、颂之声，故风俗不流；因其宁家室、乐妻子，教之以顺，故父子有亲；因其喜朋友而教之以悌，故长幼有序。然后修朝聘以明贵贱，缲饮习射以明长幼，时搜振旅以习用兵，入学庠序以修人伦。此皆人之所有于性，而圣人之所匠成也。故无其性，不可教训；有其性，无其养，不能遵道……人之性有仁义之资，非圣人为之法度而教导之，则不可使乡方。故先王之教也，因其所喜以劝善，因其所恶以禁奸，故刑罚不用而威行如流，政令约省而化燿如神。故因其性，则天下听从；拂其性，则法悬而不用。

这段话的思想和所引《文子·自然》语相同，而其论述更为详细。《淮南子》将人类社会的一切制度设计、礼法、教化等皆建立在人性的基础之上。"因"人之性不但为"因人""用众"之基础，也成为黄老道家吸取各家治术之长的理论基础。

其三，清虚以自守，卑弱以自持。《汉书·艺文志》曰："道家者流，盖出于史官。历记成败存亡祸福古今之道，然后知秉要执本，清虚以自守，卑弱以自持，此君人南面之术也。""秉要执本"意在"无为"，"清虚以自守，卑弱以自持"则意在"用众"。"清虚以自守"即节制嗜欲，君主只有节制欲望，在物质资源上没有过分的要求，才会爱惜民力。"卑"即自我贬抑，"弱"即不逞强。这是"无为""用众"对君主提出的必然要求：自我贬抑方能以己下人而尊重人，不逞强才会自觉地"无为"而待人之为。

黄老学派的"无为而治"具有"上无为而下有为，君无为而臣有为"的一面。也可以说，正是臣、下的有为成就了君、上的无为。《吕氏春秋·顺说》曰："善说者若巧士，因人之力以自为力。""因人之力"即凭借他人的力量达到自己的目的。若能借他人之力来达到自己的目的，己便可以无为而坐享他人有为之成。当"因人"之"人"指人才时，"因人"指通过合理的制度设计和政策招徕人才。《经法·六分》曰：

> 不知王术，不王天下。知王术者，驱骋驰猎而不禽荒，饮食喜乐而不湎康，玩好嬛好而不惑心，俱与天下用兵，费少而有功，战胜而令行。故福生于内，则国富而民昌。圣人其留，天下其与。

所谓"王术"，即王天下之术，其内容是：

> 王天下者有玄德，有玄德独知王术，故而王天下而天下莫知其

所以。王天下者，轻县国而重士，故国重而身安；贱财而贵有知，故功得而财生；贱身而贵有道，故身贵而令行。故王天下者天下则之。(《经法·六分》)

士、有知者、有道者在国家治理中有重要的作用，能否招徕他们使其为我所用是"王术"的核心。在战国的特定历史条件下，士阶层在政治舞台上扮演着重要的角色。在当时的人看来，"公孙衍、张仪岂不诚大丈夫哉？一怒而诸侯惧，安居而天下熄"(《孟子·滕文公下》)。公孙衍、张仪是士人阶层的代表，"士存则君尊，士亡则君卑"(《说苑·政理》)几乎是一条普遍的定律，因此，各有为诸侯、国君都极力延揽天下的贤士。但在黄老学派看来，真正的士人应有独立的人格和自尊心，有自己坚持的政治原则，并非纯粹的卖智谋而取爵禄者。因此，君主只有在一定程度上自我贬抑，保持对士的尊重，才能获得士的认可和支持。君主对士人的尊重程度和君主所能够招徕的士人层次存在一一对应的关系。《鹖冠子·博选》曰："北面而事之，则伯己者至；先趋而后息，先问而后默，则什己者至；人趋己趋，则若己者至；(凭)几据杖，指麾而使，则厮役者至；乐嗟苦咄，则徒隶之人至于矣。""徒隶之人"并非不重要，但是能够为帝者师、王者友的人显然更是君主争取的首要对象。《黄老帛书·称》曰："帝者臣，名臣，其实师也。王者臣，名臣，其实友也。(霸)者臣，名臣，其实[宾也。危者]臣，名臣也，其实庸也；亡者臣，名臣也，其实虏也。"[1]此语既是事实陈述，也有应然的指向。君主之成为帝王，成就霸业还是国亡身死取决于士人的支持与否，而士人的支持与否又取决于他们对士人的尊重程度。不同的君主和士人在君臣名分上是相同的，但是他们从内心表现出的对士人的尊重程度却有天壤之别。师、友、宾、庸、虏代表尊重程度的逐级下降，到庸、虏，其所代表的更是一种羞辱，无任何尊重可言。相应地，士人对君主的支持程度也在逐级下降。孟子曰："君之视臣如手足，则臣视君如腹心；君之视臣如犬马，则臣视君如国人；君之视臣如土芥，则臣视君如寇仇。"(《孟子·离娄下》)黄老学派的这一思想与孟子有相似之处，但表述得不如孟子直接和激烈。

---

[1]　此语又见于《说苑·君道》，方括号内缺字即整理者根据《说苑·君道》补出。

第四章　撮名法之要

司马谈《论六家要旨》曰："道家使人精神专一，动合无形，赡足万物。其为术也，因阴阳之大顺，采儒墨之善，撮名法之要，与时迁移，应物变化，立俗施事，无所不宜，指约而易操，事少而功多。"又曰："其术以虚无为本，以因循为用。"综合这两处论述，司马谈所谓"道家"①之"术"应非泛泛而言之"术"，而是特指"君人南面之术"或"治国之术"，其内容与"治道"相关。"以虚无为本"意谓道家"治道"以"无为而治"为最高目标；"以因循为用"意谓道家以"因循"为落实"无为而治"政治目标的方法论原则；"采儒墨之善，撮名法之要"则意谓道家在为治手段方面对儒、墨、名、法诸家皆有所吸收，但又能将其融汇于一个体系之中，共同促成"无为"政治目标的实现。

第一节　循名复一

一、"形名"即"刑名"

司马迁在论及申不害的思想渊源时说："申子之学本于黄老而主刑名。"其论韩非则曰："韩非者，韩之诸公子也。喜刑名法术之学，而其归本于黄老。"(《史记·老子韩非列传》)司马迁的这些论述表明，"刑名"学和黄老学派有重要联系。在古代典籍中，"刑名"亦作"形名"，有研究者认为，"刑名"与"形名"并没有区别。例如，汪荣宝曰：

"刑"读为"形"，古字通用。申子之书，今无可考。韩非多以形名或刑名并言。如《主道》云："有言者自为名，有事者自为形，形名参同，君乃无事焉。"又云："同合刑名，审验法式，擅为者诛，国乃无贼。"《扬权》云："上以名举之。不知其名，复修其形。形名参同，用其所生。二者诚信，下乃贡情。"明"刑名"即"形名"也。②

---

① 司马谈所谓"道家"，实际上即本文所谓"黄老学派"。
② 汪荣宝：《法言义疏》，北京，中华书局，1987，第133页。

汪奠基认为："形名即刑名，而刑名又连及法术。"①谭戒甫于《公孙龙子·迹府》"公孙龙者，平原君之客也，好刑名"一语下注曰："刑与形通用。"②

但也有研究者认为，二者不能通用，各有所指。伍非百认为，先秦形名之学衍而为六派，而这六派"大别之，归于'政治''语言'，而总其极于'形名'"③。伍氏又曰："后世称为'刑名'的，实即'形名学'之末流，不过'刑名'二字内涵比'形名'更窄了。"④郑开认为，"刑名"主要是在政治语境中讨论相关问题，"形名"则更为抽象，更具有哲学意味，后者是前者的发展。⑤ 祝捷则更详细地分析了二者的区别：

> 对于"形名"与"刑名"，我们应当确立如下观念：(1)"形名"之学与"刑名"之学的用语绝不仅仅是"形"与"刑"之间的通假字关系，两者都有明确的学术指向；(2)"形名"家主要指先秦的名家学者如惠施、公孙龙等，他们关注于纯粹逻辑学理论而较少现实思考；(3)汉代学者始称的"刑名"家主要指注重名学推理的法家学者；(4)"形名"逻辑理路为各家学派所吸收，即使道家学者反对"形名"，也不得不条分缕析地探讨"形""名"之谬；(5)注重"刑名"名学推理的法家学者必得吸收"形名"学者的"形""名"思想，他们探讨"形""名"，但不是绝对意义上的"形名"学者。⑥

祝捷认为，"形名"与"刑名"并非简单的通假关系。他进一步发展了伍非百、郑开的观点，指出"形名家"才是真正的先秦名家，而所谓"刑名家"，实皆法家学者。相应地，形名学才是真正的先秦名学，即当代哲学学科划分中所说的逻辑学，而刑名学实即部分法家学者在吸收了名学的形名思想后发展而成的法家思想。

上述认为"刑名"与"形名"各有所指的研究者也普遍认为"刑名"的出现晚于"形名"。我们的观点与之相反。

首先，以传世文献为依据无法得出"形名"之出现早于"刑名"的结论。

① 汪奠基：《中国逻辑思想史》，上海，上海人民出版社，1979，第 25 页。
② 谭戒甫：《公孙龙子形名发微》，北京，中华书局，1963，第 10 页。
③ 伍非百：《中国古名家言》，成都，四川大学出版社，2009，第 6 页。
④ 伍非百：《中国古名家言》，成都，四川大学出版社，2009，第 1 页。
⑤ 参见郑开：《道家"名学"钩沉》，见叶朗：《哲学门》第 6 卷第 1 册，北京，北京大学出版社，2005。
⑥ 祝捷：《论刑名之学》，《云南师范大学学报(哲学社会科学版)》2014 年第 6 期。

"刑名"和"形名"于今本先秦诸子书中皆有出现。例如：

> 凡治之极，下不能得。周合刑名，民乃守职。(《韩非子·扬权》)
>
> 以刑名收臣，以度量准下，此不可释也。(《韩非子·难二》)
>
> 凡乱者，刑名不当也。(《吕氏春秋·正名》)
>
> 是故古之明大道者，先明天而道德次之，道德已明而仁义次之，仁义已明而分守次之，分守已明而形名次之，形名已明而因任次之，因任已明而原省次之，原省已明而是非次之，是非已明而赏罚次之。赏罚已明而愚知处宜，贵贱履位，仁贤不肖袭情，必分其能，必由其名。(《庄子·天道》)

庄子活动之年代虽早于韩非及《吕氏春秋》之成书年代，但学术界普遍认为《庄子·天道》出自庄子后学之手，其与《韩非子》《吕氏春秋》成书之先后难以判断。先秦诸子书已经过两千多年的传写，所以今人很难弄清最初的文本使用的究竟是"形名"还是"刑名"。例如，诸多研究者都曾提到《战国策·赵二·秦攻赵》中"夫形名之家，皆曰'白马非马'也"一语，但其中"形名"一词在元至正十五年(1355年)刊本(鲍本)《战国策》和清代士礼居丛书本《战国策》中皆作"刑名"。[1]可见，仅仅依据今本古籍，我们无法得出"刑名"相对于"形名"为"后起"或"汉代学者始称"的结论。

其次，根据近代以来出土的简帛文献及青铜器铭文，"刑"字较"形"字早出。在迄今为止出土的诸多先秦简帛文献及青铜器铭文中，虽未见"刑名"一词，但"刑"字却屡有出现：

> 朕冲人非敢不用明刑。
>
> 敷明刑。
>
> 迺弗肯用先王之明刑。[2] (清华简《皇门》)
>
> 中刑惩，赎台半钧。[3] (子禾子釜铭文)
>
> 亦帅刑法则，公正德。[4] (司马楙编镈铭文)
>
> 唯人有司刑考，凡十又五夫。[5] (散氏盘铭文)

---

① 此处记载，伍非百、祝捷皆有引用，作"形名之家"。在《四部丛刊》影印元至正十五年(1355年)刊本(鲍本)中，此条载于《秦策》。

② 李学勤：《清华大学藏战国竹简(壹)》，上海，中西书局，2010，第164页。

③ 马承源：《商周青铜器铭文选》第4卷，北京，文物出版社，1990，第554页。

④ 山东省博物馆：《山东金文集成》，济南，齐鲁书社，2007，第104页。

⑤ 马承源：《商周青铜器铭文选》第4卷，北京，文物出版社，1990，第298页。

上面几例中，散氏盘铭文之年代最早，为西周晚期，可见至迟在西周晚期，"刑"字就已经出现。然而我们遍查不同时期出土的先秦简帛文献及青铜器铭文，并未发现"形"字。马王堆三号汉墓出土简帛文献多种，其中"刑"字屡有出现，但也没有"形"字。马王堆三号墓下葬于汉文帝十二年，即公元前168年。比马王堆三号汉墓时代稍晚的银雀山汉墓中出土的竹简文献情况与之类似，也是"刑"字屡现而没有"形"字。除此以外，额济纳、武威等地所出汉简皆有"刑"字而无"形"字。长沙马王堆三号汉墓出土的帛书中不但有"刑"字，而且已经出现"刑名"一词：

> 见知之道，唯虚无有。虚无有，秋毫成之，必有刑名；刑名立，则黑白之分已……是故天下有事，无不自为刑名声号矣。刑名已立，声号已建，则无所逃迹匿正矣……正奇有位，而名（刑）弗去。凡事无小大，物自为舍。逆顺死生，物自为名。名刑已定，物自为正。（《经法·道法》）
>
> 故执道者之观于天下也，必审观事之所始起，审其刑名。刑名已定，逆顺有位，死生有分，存亡兴坏有处，然后参之于天地之恒道，乃定祸福死生存亡兴坏之所在。（《经法·论约》）
>
> 刑名出声，声实调和。（《经法·名理》）

马王堆汉墓帛书的出土证明，"刑名"一词至迟在西汉初年已经出现。"形"字亦不见于东汉中期成书之《说文解字》。据笔者所见之出土文献，"形"字之出现不早于东汉延熹元年（158年）所立之郑固碑。如果"形"字晚至东汉后期方才出现，则"形名"一词之出现当与此同时或更晚，自不可能比"刑名"一词出现得更早。换言之，在"形"字于东汉后期出现之前，只存在"刑名"与"刑名学"，不存在所谓的"形名"与"形名学"。汉魏之际兴起的刑名思潮并非此前流行的形名学之末流或形名学思想在政治方面之应用，而是被汉代数百年间占统治地位的儒家思想所遮蔽的刑名学之复兴，其之所以作"刑名"而不作"形名"，不过是去古未远，尚存其真而已。

综上所述，近代以来学术界探讨的所谓先秦与秦汉时期"刑名"与"形名"之关系问题根本就是一个不存在的问题。强行区分"刑名"与"形名"还带来一个严重的后果，即在探讨"何谓'刑名'（形名）"的问题时不是从"刑—名"的关系角度来理解，而是从"形—名"的关系角度来理解，而"刑""形"两个字的意义存在极大的不同。因此，从"形—名"的关系角度来理解"何谓'刑名'（形名）"不可能不存在偏差。

何谓"刑名"？回答这个问题需要弄清楚"刑"字的演变历程。成书于东汉的《说文解字》中无"刑"字，与"刑"字有直接关联的是"㓝""荆"二字。《说文解字》释"㓝"："㓝，到也。从刀，开声。"段玉裁注：

> 荆者，五荆也，凡荆罚、典荆、仪荆皆用之。㓝者，到颈也，横绝之也。此字本义少用，俗字乃用㓝为荆罚、典荆、仪荆字。不知造字之旨既殊，井声、幵声各部，凡井声在十一部，凡幵声在十二部也。①

可见，"㓝"之本义为大罪断颈之刑，与"荆"在声、形上皆有严格的区别。后世"㓝""荆"混用，而有㓝罚、典㓝、仪㓝等词，实皆形近而误。"刑"之本字当为"荆"，上文提到的出土文献中的"刑"字更准确地讲其实皆作"荆"，"刑名"即"荆名"。《说文解字》释"荆"字："荆，罚辠也，从井刀。《易》曰：'井者法也。'井亦声。""井"为"荆"之本字，但"罚辠也"却非"荆"之本义。王沛曰：

> 该字（荆）最早见于殷商甲骨文中，写作"井"，用作人名或方国名。至西周早期，该字又出现了动词"效法"的义项，仍然写作"井"。西周中期后，该字出现了"丼"的新写法，同时增添了名词"法度"的新义项。不过"法度"之义项不用"丼"来表示，而仍旧写作"井"。东周时代，特别是战国时代，"井"字分化出了更多的字形和义项，"刑"的"刑罚"含义应当出现于此时。这些分化出来的字形和新增义项并不完全对应，这为后世之训诂平添了不少障碍。②

王沛梳理了"荆"之本字"井"在先秦的演化过程，从中可见"罚辠也"非"荆"之本义，亦非其唯一义项。以其对先秦"刑"字字义、字形之演变的考证为基础，王沛提出了对刑名学的新认识：

> 在刑名学发展演变的过程中，"刑"之含义承自西周，泛指规则法度，而"名"之含义则指对规则法度的概括与命名。刑名学之本义，正是由此衍生，指研究立法原理和立法技术的学说。这种学说以寻

---

① （清）段玉裁：《说文解字注》，北京，中华书局，2013，第184页。
② 王沛：《"刑"字古义辨正》，《上海师范大学学报（哲学社会科学版）》2013年第4期。

求法律规范之终极依据、建立完善的律令体系为目标，同时亦极为重视研究法律语言之表述。至于刑名的其他含义，则为逐步分化演变而来。①

但王沛的论述中还有两个问题需要探讨。

其一，"井""丼"之关系问题。陈梦家曰："西周金文隶定为井者，可分为两式：第一式是范型象形，井字两直画常是不平行而是异向外斜下的，中间并无一点……第二式是井田象形，井字两直画常是平行的，中间常有一点。"②据陈梦家之说，"井"字亦有两源，一为模型，一为井田，前者作"井"，后者作"丼"。因此，"井""丼"虽皆隶定为"井"字，实则为二字。据王沛考察，在西周金文中，"井""丼"二字虽有混用，但其义各别，"丼"字只用于人名、地名或用其本义——井田。综合陈、王二人之论，我们认为，"井""丼"二字之出现虽有早晚之异，但"丼"非"井"在西周中期后出现之新写法，"井""丼"实为二字。"荆"之本字只能是"井"，是由"井"演化而来的，与"丼"无关。

其二，"井"之本义为模型，典型、法度、效法、刑罚等诸义皆由此义衍生而来。"井"字发展至西周晚期而出现"荆"字，但此字之使用并不广泛。出土的先秦简帛中，出现较多的是"型""𡍄"二字。③例如：

> 长耑之相型也。④（《老子》甲本）
> 《吕𡍄》员：……五疟之𡍄曰法。⑤（《缁衣》）
> 未型而民悺。⑥（《性自命出》）
> 乍豊乐，折𡍄法。⑦（《六德》）

此外，在郭店一号楚墓出土的《五行》《成之闻之》《唐虞之道》等文献中，"刑"亦皆作"型"。在上海博物馆收藏的战国竹书中，"刑"亦作"型"，其用法与郭店楚简相似。综合上述情况，"井""𡍄""型""荆"之关系应该

① 王沛：《刑名学与中国古代法典的形成——以清华简、〈黄帝书〉资料为线索》，《历史研究》2013年第4期。
② 古文字诂林编纂委员会：《古文字诂林》第一册，上海，上海教育出版社，1999，第267页。
③ 在先秦简帛中，"型"之上半部皆作"荆"。
④ 刘钊：《郭店楚简校释》，福州，福建人民出版社，2003，第2页。
⑤ 刘钊：《郭店楚简校释》，福州，福建人民出版社，2003，第50页。
⑥ 刘钊：《郭店楚简校释》，福州，福建人民出版社，2003，第91页。
⑦ 刘钊：《郭店楚简校释》，福州，福建人民出版社，2003，第107页。

是这样的："井"之本义为模型，由此引申出有典型、规范之义，又进一步衍生出作动词的效法之义。即使在今日，农村制作土坯之模具仍作"井"形。古人埏埴以为器，故"井"下加"土"而有"垄"字。以土为器需先制泥坯，再入窑烧制。制坯时，工匠需将坯泥放入模具中压实，再以刀刮去模具上多余之坯泥，故"型"字之"刀"，非《春秋元命苞》所谓"以刀守井"之象，乃制坯时以刀刮去模具上多余泥土之象。"井"字的"刑罚""罚罪"义即由此引申而来，都含有以强制力迫其就范之义。

从"刑（荆）"字的演变历程看，刑名和刑名学从一开始就和法律、规范有关，而不可能是只与逻辑学或语言学相关的学问。

二、"正名""形名"和"名实"

政治哲学视域中的"名"不是逻辑学上的"概念"，也不是语言学中单纯的指称，而是代表制度、礼法等社会规范体系的总称。在政治哲学的视域中，先秦名学的发展经过了从"正名""形名"到"名实"三个阶段。也有研究者认为，这三个阶段的先后次序应当是先"形名"，次之以"正名"，最后是"名实"，其理由是：

> 从人类的认识发展规律看，当人认识某一对象物时，首先会判断其形态样貌及其内容，然后赋予其名称符号，无论从语言学、逻辑学、知识论的维度看，还是从政治学、伦理学的维度看，这都是认识的起点。《管子·心术上》说"物固有形，形固有名"，《尹文子·大道上》说"大道无形，称器有名"，"有形者必有名"，马王堆帛书"物则有形"图说"物则有形，物则有名"。因此，"形名"观念的产生应该不会很晚，从"形名"开始谈古人对于事物的认识以及由此生发的政治思想，应该是比较恰当的。①

诚然，我们必须先依据客观对象表现出来的形态对其进行命名，然后才能"循名责实"。但我们不能从这一现象得出先秦诸子对"名"的探讨必然首先关注"形名"问题这一结论，二者是两个不同领域的问题。从政治哲学的角度看，先秦名学实际上经过了三个发展阶段：第一阶段是孔子针对春秋时期礼崩乐坏的社会现实提出"正名"论，即以"旧名"正"新实"；第二阶段是黄老学派的"形名"论，即予"新形"以"新名"；第三阶段

---

① 曹峰：《作为一种政治思想的"形名"论、"正名"论、"名实"论》，《社会科学》2015 年第 12 期。

是后期黄老学派的法家提出的"循名责实"，即以"新名"责"新实"。

在政治哲学领域，先秦诸子对"名"的探讨过程中首先出现的是孔子的"正名"说。《论语》记载了子路和孔子的一段对话：

> 子路曰："卫君待子而为政，子将奚先?"子曰："必也正名乎!"子路曰："有是哉，子之迂也! 奚其正?"子曰："野哉，由也! 君子于其所不知，盖阙如也。名不正，则言不顺;言不顺，则事不成;事不成，则礼乐不兴;礼乐不兴，则刑罚不中;刑罚不中，则民无所措手足。故君子名之必可言也，言之必可行也。君子于其言，无所苟而已矣。"(《论语·子路》)

对于孔子的"正名"说，人们历来有不同的解释。我们认为，孔子的"正名"说虽然不能说没有逻辑学上的意义和价值，但从这段对话发生的历史背景和语境来看，他们所要探讨的显然不是逻辑学上的名实关系问题，而是具体政治问题。

这段对话发生的背景是卫灵公死后，其孙出公辄立，辄之父蒯聩出奔在外不得立，出现了父子争国的乱象。有研究者总结了孔子所处时代"名"的五种含义，即名号、声名、名分、名义、名言。① 我们认为，孔子在这里要正的"名"是"名分"之"名"。《庄子·天下》曰："《易》以道阴阳，《春秋》以道名分。"孟子曰："孔子作《春秋》，而乱臣贼子惧。"(《孟子·滕文公下》)乱臣贼子所乱的是"名分"，孔子作《春秋》的目的是正"名分"。政治上的不同名分对应不同的权力、俸禄、服饰、仪仗等，并通过这些来加以区分，这就是"辩之以名"(《国语·楚语上》)。政治上之"名分"的确立有一定的合法途径，通过这些途径获得的"名分"才有合法性，才是"正名"，反之则是"名不正"。"名正"才能"出言顺""作事成"，才有资格兴礼乐，定刑罚，要求人民服从。子路所谓"卫君"是出公辄，其卫君之"名分"的获得是否合法存在争议，孔子的"正名"即考察出公辄之得位是否合法，故被子路目为"迂"。政治上某一"名分"的合法获得途径在礼中都有详细的规定，遵循这些规定获得的"名分"才是合法的，才是"正名"，反之则是"倚名"。因此，孔子的"正名"其实是"正礼"，即以"礼"为标准来分配财富、权力等社会资源和规范社会成员的行为，纠正"礼坏乐崩"的社会现实。这一观点并非没有道理。

---

① 参见荀东锋：《孔子正名思想研究》，复旦大学，博士学位论文，2012，第二章第二节。

先秦名学发展的第二阶段是黄老学派的"形名"论。道家对"形名"问题的探讨始于老子。《老子·第一章》曰：

> 道可道，非常道；名可名，非常名。无名天地之始，有名万物之母。故常无欲，以观其妙；常有欲，以观其徼。此两者同出而异名，同谓之玄，玄之又玄，众妙之门。[1]

在这里，老子具体探讨的是"道"的有名、无名问题，即我们能否用语言来表达我们对"道"的认知问题。老子认为，"道"不可"名"，可以言说的并非"常道"，我们不能用语言文字表达我们对"道"的认知。"道"不可"名"的原因在于"无形"。老子这样描述"道"的存在状态：

> 道之为物，惟恍惟惚。惚兮恍兮，其中有象；恍兮惚兮，其中有物。窈兮冥兮，其中有精；共精甚真，其中有信。（《老子·第二十一章》）

"道"的存在状态是"惟恍惟惚"，有象而无形。从"无形"到"有形"是"道"生万物的过程，即"道"作为完整、无差别的存在被区分为具有不同形体的差异性存在。具体存在是可以被命名的，命名后，"名"与具体存在之间形成固定的对应关系，"名"就可以指称具体存在。但"道"不是具体存在，没有任何具体规定性，任何具体规定性都只是"道"的一个方面，因此，任何"名"都无法和"道"对应。没有"名"和"道"对应就意味着"道"是无法言说的，但包括老子在内，人们又不得不对其有所言说。老子提出了两种言说"道"的方式。其一是"正言若反""直言若昧"式，指通过间接、迂回的方式来言说"道"，具有非理性的特征。这种方式后来在庄子那里得到更进一步的发扬，它试图引导人以一种非理性的方式直接领悟"道"。其二是"强为之名"式，即《老子·第二十五章》所谓"吾不知其名，强字之曰道，强为之名曰大"。在名实关系视域中，"强为之名"意味着"名"与"实"之间可以不存在对应关系。倘若如此，我们通过"名"而进行的言说究竟要表达什么呢？对此，老子并没有给出明确的答案。

在政治上，老子主张"无名"。首先，"无名"要求国家的制度、法律、组织结构等尽量简化，乃至完全取消，对应的是老子"小国寡民"的政治

---

① （魏）王弼：《老子道德经注校释》，北京，中华书局，2008，第1~2页。

理想。其次，老子的"无名"主张亦是其贵柔、处下、不争的处世哲学在政治领域的表现。"无名"总是和事物初生、柔弱的状态相伴随，"有名"则标示着个人事功和国家发展到了顶峰。老子曰："反者道之动，弱者道之用。"（《老子·第七十三章》）事物发展到一定的阶段就会向相反的方向转化，柔弱、卑下可以转化为强盛、尊高；反之，国家发展到强盛的顶点也必然会走向衰落。因此，老子认为，国家要想长盛不衰，必须"以大下小"，自处"无名"之地位。

黄老学派继承了老子"道"无形、无名、不可言说的思想。《道原》对"道"有集中的论述：

> 恒无之初，迥同太虚。虚同为一，恒一而止。湿湿梦梦，未有明晦。神微周盈，精静不熙。古未有以，万物莫以。古无有形，大迥无名。天弗能覆，地弗能载。小以成小，大以成大，盈四海之内，又包其外。在阴不腐，在阳不焦。一度不变，能适蚑蛲。鸟得而飞，鱼得而游，兽得而走。万物得之以生，百事得之以成。人皆以之，莫知其名。人皆用之，莫见其形。一者其号也，虚其舍也，无为其素也，和其用也。是故上道高而不可察也，深而不可测也。显明弗能为名，广大弗能为形。

这段话既是对"道"的存在状态和宇宙诞生之初的景象的描述，又和《老子·第十四章》有异曲同工之妙：

> 视之不见，名曰夷；听之不闻，名曰希；抟之不得，名曰微。此三者不可致诘，故混而为一。其上不皦，其下不昧。绳绳不可名，复归于无物。是谓无状之状，无物之象，是谓惚恍。迎之不见其首，随之不见其后。执古之道，以御今之有。能知古始，是谓道纪。

"恒无""太虚"从字面意义上讲即"什么都没有"，但正如"视之不见""听之不闻""抟之不得"不代表没有任何存在物一样，"恒无""太虚"描述的也只是"道"作为浑沌未分的存在之若有若无的状态，并非什么都没有。"显明弗能为名，广大弗能为形"意谓"道"的存在明明是有证据的，但其存在的状态是无形的，无形故无名。《经法·名理》曰："有物始生，建于地而溢于天，莫见其形，大盈终天地之间而莫知其名。"此语对"道"的言说方式显然直承老子："道"无名，不可言说，故只能说"有物"，"有物"

显然不是"道"之名。陈鼓应认为："'一'指先天一气，实即'道'。"①我们认为，"一者其号也"和老子"强字之曰道"的意思相似，"一"不必有所实指，只不过是"道"的代号，是为了言说"道"的方便而设的。

但在政治上，黄老学派首先反对"无名"。《经法·论》曰："三名：一曰正名立而偃，二曰倚名法而乱，三曰强主灭而无名。"与之近似的言论又见于《管子·枢言》："名正则治，名倚则乱，无名则死。故先王贵名。"以上论述区分了事物之"名"的三种情况：无名、倚名和正名。"倚"通"奇"，有奇异、非常之意，"倚名"即"奇名"。黄老学派否定"倚名"，但更反对"无名"。政治上的"无名"意味着国家缺乏制度、规范，人民的行为无所依循。陈鼓应认为，"强主灭而无名"当作"无名而强主灭"②。"灭"即亡国，相对于"乱"，其后果显然更为严重。《史记·太史公自序》曰："春秋之中，弑君三十六，亡国五十二，诸侯奔走，不得保其社稷者，不可胜数。"经过春秋数百年的兼并，到战国初年，小诸侯国已所剩无几，这是老子"小国寡民"的政治理想所遭遇的冰冷现实。黄老学派对此不能不有所反思，其对"无名"的否定实质上是对老庄"小国寡民"或"至德之世"式"无为而治"的否定。

同时，黄老学派还提出"秋毫成之，必有形名"和"物自为名"（《经法·道法》）的观点。一般而言，事物的产生发展都是从小到大，秋毫为"形"之极小者，但秋毫亦有"名"。这就意味着，一切有形的具体存在都有其对应的"名"。万物的产生是一个自然过程，与其对应的"名"的产生也是一个自然的过程。这一观点在黄老学派的著作中具有普遍性：

> 正奇有位，而名形弗去。凡事无小大，物自为舍。逆顺死生，物自为名。名形已定，物自为正。（《经法·道法》）
> 物自正也，名自命也，事自定也。（《经法·论》）
> 凡物载名而来，圣人因而财之，而天下治；实不伤，不乱于天下，而天下治。（《管子·心术下》）
> 名各自名，类各自类，事犹自然，莫出于己。（《淮南子·主术训》）

上述引文都表达了这一观点："形"与"名"都为事物所固有，"名"不待人之命名。黄老学派这一观点对后世影响甚深，成书于东汉的《说文解

---

① 　陈鼓应：《黄帝四经今注今译》，北京，商务印书馆，2007，第399页。
② 　参见陈鼓应：《黄帝四经今注今译》，北京，商务印书馆，2007，第140页。

字》在释"名"时还说"名，自命也"。当然，事物之"名"不可能不出自人的命名，黄老学派显然并不是要在这一问题上和常识唱反调，其所要表达的意思无非是事物之"名"与"形"的不可分离性。对于黄老学派的这一思想，有研究者指出："举目所见之一切无非是以'形—名'的方式呈现。人对于物的认识则已经在'形—名'的作用后，'形—名'的出现是在道与人的接触中被发现的。"①我们基本同意这一看法，但需要指出的是，以"形—名"方式呈现的是具体存在物而非"道"。事物之"名"虽出自人的命名，但命名往往不是由某一个人或机构有意或专门完成的，而是一个不知其所由起的自然过程。在日常生活中，具体事物在绝大多数情况下确实以"形—名"的方式呈现于认识主体之前。换言之，在日常生活中，我们接触到的绝大多数事物都是有"名"的。只有新事物是无"名"的，即只有新事物是以"形"先于"名"的方式存在的，此即所谓"有物将来，其形先之"（《称》）。新事物产生后，人们为了区分新旧事物和对其进行言说，会以某个词来指谓它。不同的人选择或创造的指谓新事物的词不同，因此，新事物往往拥有多个"名"。事物之"名"在人们的交流过程中逐渐趋向统一，并固定下来。

尽管上述分析仍局限于逻辑学或认识论的视域，但黄老学派对"形名"问题的探讨主要着眼于政治目的。上述和"形名"有关的论述，在抽象地论及"形名"问题后总是归结到"事"或"治"，而"无名""倚名"和"正名"这"三名"也是指政治上之"名"。"秋毫成之，必有形名"和"物自为名"意味着新的政治力量所取得的政治地位、权力，即名位或名器，应该在合法性上得到承认。而新的政治力量所取得的政治地位、权力要获得合法性，必然要求对旧"名"进行变革，将"形"上升为"名"。

黄老学派"形名"论中的这一思想和孔子"正名"说之目的完全相反。孔子的"正名"说以"名"为本位，是"以名责实"；黄老学派的"形名"说以"形"为本位，是"以形定名"。孔子的"正名"和司马谈提到的名家的"控名责实"在理论逻辑上并无本质的区别，二者的区别在于所依据的"名"不同。一定时代的"名"，即一定时代的社会制度、礼法体系，相对于生活其中的人而言总是先在的。人们的生产生活实践受其规范，同时又不断地突破它。春秋战国之世，社会剧烈变动，新旧政治力量之间的斗争日趋激烈，政治上新"形"与旧"名"之间的矛盾也越来越尖锐。《管子·宙合》曰："夫名实之相怨久矣，是故绝而无交。惠者知其不可两守，乃取

---

① 郭梨华：《〈经法〉中"刑—名"思想探源》，《安徽大学学报(哲学社会科学版)》1998 年第 3 期。

一焉。故安而无忧。"这里的"实"即"形","绝而无交"意味着二者之间矛盾的不可调和;"不可两守,乃取一焉"意味着化解二者之间的矛盾只能要么"控名责实",要么"以形定名",没有第三条道路可走。孔子选择的是前者,而黄老学派选择的是后者。

政治上新的制度、规范等的建立是一个逐渐稳固的过程,如同事物产生之初的多个"名"在其存在过程中不断被淘汰,最终逐渐趋向统一。《管子·白心》曰:"正名自治之,奇身名废。名正法备,则圣人无事。"①"奇名自废"("奇身名废")反映的正是这一过程,既是对这一过程的概括,也隐含着政治上的要求:"奇名"既会"自废",即被自然淘汰,也就不必强行干预。故圣人对于新的"名"的产生不应强加干涉,而只是"因而财之"。"财"通"裁"②,其作用是辅助性的而非主导性的。"财"的结果是"实不伤",也就意味着"财"的对象是"名",是根据"实"的变化对"名"进行的损益。

三、"循名复一"

当新的统治获得合法性,新的政治秩序逐渐稳固之后,统治者会依据新的制度来分配社会资源和规范社会成员的行为,这便是"循名责实"。《韩非子·定法》曰:"术者,因任而授官,循名而责实,操生杀之柄,课群臣之能者也,此人主之所执也。"这里的"术"即"君人南面之术",韩非以"循名而责实"为其主要内容之一。《淮南子·主术训》曰:"上操其名以责其实,臣守其业以效其功。言不得过其实,行不得逾其法。"又曰:"故有道之主……循名责实,使有司,任而弗诏,责而弗教;以不知为道,以奈何为宝。"在这里,"任而弗诏"之"诏"、"责而弗教"之"教"皆含君主个人意志之表达、上级对下级的干涉之意,《淮南子》对其都进行了否定。可见,《淮南子》不但将"循名责实"视为"主术"的重要内容,还反对君主对臣下职责范围之内的事进行不当干预。黄老学派和法家之"主术"都以"循名责实"为主要内容,但二者之区别在于,在黄老学派的"主术"中,"循名责实"是手段,其目的是"循名复一"。

首先,"循名责实"以"明分"为前提。"明分"即明君臣上下之分。司马谈《论六家要旨》曰:"法家严而少恩,然其正君臣上下之分,不可改

---

① 王念孙云:"'奇身名废'当作'奇名自废','自'与'身'相似,又因上文两'身'字而误为'身',又误倒于'名'字之上耳。"(黎翔凤:《管子校注》,北京,中华书局,2004,第792页)

② 刘绩云:"'财'同'裁'。黎翔凤案:"刘说是也。《易·泰》'财成天地之道',荀本作'裁'。"(黎翔凤:《管子校注》,北京,中华书局,2004,第779页)

矣。"这个"不可改矣"说明司马谈也不得不赞同法家的"正君臣上下之分"。这一主张亦为儒、墨诸家所不得不赞同。儒家的"列君臣父子之礼"、墨家的"尚同"，无不含有"正君臣上下之分"的要求，黄老学派亦是如此。帛书《称》曰：

> 天子之地方千里，诸侯百里，所以朕合之也。故立天子者，不使诸侯疑焉。立正嫡者，不使庶孽疑焉。立正妻者，不使婢妾疑焉。疑则相伤，杂则相妨。①

陈鼓应曰："'疑'通'拟'，比拟、等齐、相同。"②设立天子，就不能使诸侯在身份、地位、权力等方面与之等同；设立嫡子，就不能使庶孽在身份、地位、继承权等方面与之等同；设立正妻，同样不能使婢妾在身份、地位等方面与之等同。天子、正嫡、正妻和诸侯、庶孽、婢妾在身份、地位、服色、享用器物等方面之所以必须有所区别，原因在于这些区别正是天子、正嫡、正妻之权威的体现。不管是一个国家还是一个家族，最高权威只能有一个。最高权威的确立和稳固是国家政治稳定的前提，反之则是混乱的开始。《吕氏春秋·谨听》曰："今周室既灭，而天子已绝，乱莫大于无天子。"公元前256年，秦灭周，此即"周室既灭，而天子已绝"一语的背景。秦虽灭周，但未能继周而据天子之位，六国为争天子之位而进行的战争仍在继续且规模不断扩大，此即"乱莫大于无天子"。一国之内存在两个权威，二者之间必然发生争斗，则"国必危"；一个家族内部嫡、庶无别，二者之间必然为继承权而争斗，这也经常是家族衰落的开始。"正君臣上下之分"的目的在于确立君主的最高权威，这是社会规范体系建立的标志，也是国家政治稳定的根本。

"循名责实"是"主术"，若为君主所执用，其能否有效运作取决于君主是否拥有足够的权威。帛书《称》曰：

> 臣有两位者，其国必危。国若不危，君宓存也，失君必危。失君不危者，臣故差也。子有两位者，家必乱。家若不乱，亲宓存也，

---

① 类似的一段话又见于《慎子·德立》："立天子者，不使诸侯疑焉。立诸侯者，不使大夫疑焉。立正妻者，不使婢妾疑焉。立嫡子者，不使庶孽疑焉。疑则动，两则争，杂则相伤。害在有与不在独也。故臣有两位者国必乱。臣两位而国不乱者，君在也，恃君而不乱矣，失君必乱。子有两位者家必乱。子两位而家不乱者，父在也，恃父而不乱矣，失父必乱。臣疑其君，无不危之国。孽疑其宗，无不危之家。"

② 陈鼓应：《黄帝四经今注今译》，北京，商务印书馆，2007，第360页。

失亲必危。失亲不乱，子故差也。①

　　陈鼓应曰："'两位'，指大臣身为臣子，却行使了君主的权力，也即《经法·六分》及《亡论》的'大臣主'。"②大臣行使君主的权力，则君虽犹存而其国必危，又何来"国若不危"？帛书整理小组注曰："两，耦也。两位，指势位均敌，易生争端。"③从这段话的整体语境来看，后者近是。古人常以水流比喻国家政令之推行：河流上下游落差大则水流急，君臣之间势位悬绝，君主之权威才能确立，君主之政令才能顺利推行，此即黄老学派"尊君卑臣""正君臣上下之分"的用意所在。《管子·心术上》则以人身喻国，以人身体各器官之不同功能比喻君主和群臣之不同职分："心之在体，君之位也；九窍之有职，官之分也。"他们认为，君臣之地位、权力应该有所区别：在地位上，君尊臣卑；在职责上，君主发号施令，臣则守法从令。君与臣虽有尊卑上下之分，但亦有职分之不同，不能互相干涉。臣与臣之间亦是如此。若上下级之间势位均敌，则上级之政令亦不能推行于下级。因此，除了君臣之分，臣与臣之间亦有分。"明分"还要求明确各级官僚之间的职责范围，使不相逾越。《淮南子·主术训》曰：

　　　　故古之为车也，漆者不画，凿者不斫。工无二伎，士不兼官，各守其职，不得相奸。人得其宜，物得其安。是以器械不苦，而职事不嫚。夫责少者易偿，职寡者易守，任轻者易权。

　　《淮南子》从手工业的分工能够提高工作效率和产品质量这一事实来论证在政治运作过程中，不同的官员谨守一职才能保证政治机构的高效运转。官员的职责明确了，君主才能够对他们进行考核，决定赏罚，行政机构才能有效地运转。

　　其次，作为一套完整的统治术，"循名责实"的第一步是"因任授官"。"因任"一词又见于《庄子·天道》：

　　　　是故古之明大道者，先明天而道德次之，道德已明而仁义次之，仁

---

① 从上述迹象来看，《慎子·德立》和帛书《称》之间显然存在某种联系，甚至有可能《慎子·德立》就是杂钞帛书《称》而成的。
② 陈鼓应：《黄帝四经今注今译》，北京，商务印书馆，2007，第385页。
③ 马王堆汉墓帛书整理小组：《老子乙本及卷前古佚书》，北京，文物出版社，1974，第85页。

义已明而分守次之，分守已明而形名次之，形名已明而因任次之，因任已明而原省次之，原省已明而是非次之，是非已明而赏罚次之，赏罚已明而愚知处宜，贵贱履位，仁贤不肖袭情，必分其能，必由其名。

历代学者对于这段话批评甚多，大多认为这段话的思想与庄子不符，今人陈鼓应在《庄子今注今译》中甚至直接将其从《庄子》正文中删除①。虽然我们并不赞同陈鼓应先生的这一处理方式，但历代学者和当代大多数研究者的态度都说明，这一段话很难在传统的《庄子》诠释语境中获得合适的解释。在这段话中，庄子把广义的"治道"②区分为九个层次：天、道德、仁义、分守、形名、因任、原省、是非、赏罚。其中，形名以后的五个层次又皆可以归诸"术"的范畴。庄子在这里所说的"术"包含了形名、因任、原省、是非、赏罚五个环节，比之《韩非子·定法》所说的"术"更为详细。对于"因任"，郭象注："无所复改。"成玄英疏："虽复勤令修身以致名誉，而皆须因其素分，任其天然，不可矫性伪情以要令闻也。"③根据上述解释，"因任"为因其天性，任其自然之意。但这一解释明显与这段话之语境不符，若将"因任"释为因其天性，任其自然，则下文之是非、赏罚就都没有了着落。王先谦将"因任"释为"因材授任"④，我们同意这一观点。"因材授任"也就是韩非所说的"因任而授官"，即根据各人之才能，授予合适的官职。"形名已明"意味着国家统治秩序和政治制度的确立；"形名已明而因任次之"即在国家统治秩序和政治制度确定后，根据不同官职的要求，选拔符合要求的人担任各级官吏。"因任"之所以先于"原省"，原因在于如果不能根据个体之特点，安排其适合才能发挥的职位，则此后的原省、是非、赏罚本身就是缺乏合理性的。《淮南子·主术训》曰：

> 人有其才，物有其形。有任一而太重，或任百而尚轻。⑤是故审毫厘之计者，必遗天下之大数；不失小物之选者，惑于大数之举。譬犹狸之不可使搏牛，虎之不可使搏鼠也。

---

① 参见陈鼓应：《庄子今注今译》，北京，商务印书馆，2004，第 400 页。
② 黎红雷认为："广义的'治道'，既包括'治之道'即治国的思想原则；也包括'治之具'即治国的制度措施。"（《中国传统治道研究丛书总序》）此处广义的"治道"与黎氏观点相同。
③ （晋）郭象、（唐）成玄英：《南华真经注疏》，北京，中华书局，1998，第 272 页。
④ （清）王先谦：《庄子集解》，北京，中华书局，1987，第 116 页。
⑤ 此语又见于帛书《十六经·果童》："有任一则重，任百而轻。"

黄老学派认为，任何个体都有其局限性，有其长处亦皆有其短处。使狸猫与牛相搏而责其不能胜牛，使虎捕鼠而责其不能捕鼠，这是没有道理的。同样地，将人安排在不适合其能力发挥的职位上，再依据职位要求对其进行考核，如果达不到要求就进行惩罚，这样的做法也是不合理的。因此，君主要善用人必先善知人，此即《鹖冠子·道端》所谓"君道知人，臣术知事"。《经法·道法》曰："畜臣之恒道，任能毋过其所长。"《淮南子·主术训》亦曰：

> 是故贤主之用人也，犹巧工之制木也。大者以为舟航柱梁，小者以为楫楔，修者以为櫩榱，短者以为朱儒枅栌。无小大修短，各得其所宜；规矩方圆，各有所施。天下之物，莫凶于鸡毒，然而良医橐而藏之，有所用也。是故林莽之材，犹无可弃者，而况人乎！

"因循"是黄老治道中具有普遍性的方法论原则，"因人"而成事是"因循"的重要内容。"因人"就不能"弃人"，它要求通过合理的制度安排，发挥每个社会成员的长处。从社会层面来讲，根据各人的道德水平、才能等为其安排合适的职位能够保证统治机器更顺畅地运转；从个人层面来讲，这样的制度安排体现了对个体价值的尊重，与道家顺应人性、因万物之自然的要求相吻合。在黄老学派的政治哲学思想中，作为社会规范体系的"名"是"有道者"顺应人类社会发展之道和人性而制定的。从本质上讲，它与社会中各类人的才能及其比例分布相适应。也就是说，不会出现某一官职对其担任者要求过高而没有人能够达到这一高度的情况，也不会出现社会中某一类人因其自身某些能力的缺失而在社会中找不到位置的情况。只有在"因任而授官"的前提下，"循名责实"才具有正当性。

再次，黄老学派"循名责实"思想的核心是以"名"来规范"实"。具体而言，由原省、是非、赏罚三个环节组成。"原省"之"原"有推究之意，"省"有检查、审查之意。"因任已明而原省次之"，即在因材授任后，再根据不同官职之职责要求，对各级官吏进行考察、审查。"原省已明而是非次之"，即根据考察结果判定各级官吏是否称职，称职为是，不称职为非。"是非已明而赏罚次之"，即根据各级官吏是否称职进行赏罚。赏罚在"治道"的九个层次中排在最后，最直观表露于外。通过赏罚，能达到"愚知处宜，贵贱履位，仁贤不肖袭情，必分其能，必由其名"的结果。

最后，黄老学派提倡"循名责实"的最终目的是"循名复一"。在《十六经·成法》中，黄帝和力黑之间有这样一段对话：

黄帝问力黑：唯余一人兼有天下，滑（猾）民将生，年（佞）辩用知（智），不可法（废）组（沮），吾恐或用之以乱天下。请问天下有成法可以正民者？力黑曰：然。昔天地既成，正若有名，合若有形，[乃]以守一名。上捡（淰）之天，下施之四海。吾闻天下成法，故曰不多，一言而止。循名复一，民无乱纪。黄帝曰：请问天下猷（犹）有一虖（乎）？力黑曰：然。昔者皇天使冯（风）下道一言而止。五帝用之，以杌（扤）天地，[以]揆四海，以坏（怀）下民，以正一世之士。夫是故谗民皆退，贤人咸起，五邪乃逃，年（佞）辩乃止，循名复一，民无乱纪。

《左传·定公九年》："郑驷歂杀邓析，而用其《竹刑》。"邓析被杀的原因历来有不同解释，关键在于如何理解《竹刑》一书的性质。杜预注曰："邓析，郑大夫。欲改郑所铸旧制，不受君命，而私造刑法，书之于竹简，故云'竹刑'。"①据此，有研究者认为，邓析之被杀是因为私造刑法。但据先秦子书，邓析被杀的原因不在于此。《列子·力命》曰："邓析操两可之说，设无穷之辞。当子产执政，作竹刑，郑国用之，数难子产之治。子产执而戮之，俄而诛之。"《吕氏春秋·离谓》曰："郑国多相县以书者，子产令无县书，邓析致之。子产令无致书，邓析倚之。令无穷，则邓析应之亦无穷。"当代研究者多认为，邓析没有理由私铸刑法，其《竹刑》一书应该不是法典性质的书，而是"教讼"之书。这一事件被称为"邓析教讼"。钱穆曰："盖自刑之有律，而后贱民之赏罚，得不全视夫贵族之喜怒，而有所征以争。邓析之《竹刑》，殆即其所以教民为争之具，而当时之贵者，乃不得不转窃其所以为争者以为治也。"②名、法皆为统治工具，但普通民众在理解了它们的实质和理论逻辑后，也能够据之维护自身利益或逃避法律的惩罚。邓析"教讼"使普通民众皆得以利用名、法工具，征引法律条文来维护自身的利益，使这一工具不再为统治者所专有，统治者因此疲于应付。这才是邓析被杀的原因。

在黄帝和力黑的对话中，"年（佞）辩用知（智），不可法（废）组（沮）"的"滑民"和邓析类似。如何来处理这一问题呢？名、法之间的关系具有两面性：一方面，人民以名为工具逃避法的惩罚，这是名、法之间的矛盾；但另一方面，立法者也可以利用名这一工具使法更为精密、完善，

①　(周)左丘明、(晋)杜预、(唐)孔颖达：《春秋左传正义》，北京，北京大学出版社，1999，第1579页。
②　钱穆：《先秦诸子系年》，北京，商务印书馆，2005，第22页。

从这一意义上讲，二者又是互相促进的。力黑认为，名、法之间的相互促进实际上是一个恶性循环，它导致法网越来越严密。以越来越严密的法网规范人民的行为，这是法家法思想的特点。道家法的特点与之相反，是"疏而不漏"的，即认为法的应用领域应该有一定的限制。但在这个恶性循环里，法终将取代一切社会规范，变得"密不透风"。为了从根本上扭转这一恶性循环，力黑反对"以名促法"而提出"循名复一"，即以返回遵循道的自然和谐的社会状态为目的。

"正若有名，合若有形"一句，陈鼓应先生认为即"正形于名，合名于形"，言以名正形，使形名相符。①谷斌将其译作："当初天地形成以后，由于天地各当其位而使万物各有其名，由于天地和合而使万物各有其形。"②荆雨赞同后一种说法，并指出："这里是说宇宙、世界形成之初，万物即正其名，合其形，而正定其行为，由此而谨守一名，一名即道。"③我们以为"正"即静。帛书《经法·道法》曰："至正者静，至静者圣。"可见，"正"与"静"是相通的。"昔天地既成，正若有名，合若有形"指天地既成，万物既生，宇宙万物摆脱了宇宙最初的混乱状态进入依循规律有序发展的阶段。这里的"名"即万物"自为形名"之"名"，而非人为造作的"名"。作者对这种宇宙状态的描述暗示的是社会经过一段极端的动荡与无序后建立了新的社会规范体系，社会秩序得到恢复并达到稳定的情形。在这一状态下，民能自觉地遵守社会规范，即"以守一名"。"一"即"道"。《管子·内业》曰："化不易气，变不易智，唯执一之君子能为此乎！执一不失，能君万物。"这里的"执一之君子"即《黄老帛书》所屡言的"执道"，因此，"一名"即"一之名"，又是"道之名"。万物由道而生，道既是万物的"质料因"，也是其"形式因"，万物固有之"名"具有万物的"形式因"的意味与"道之名"相一致。

《黄老帛书》的作者借黄帝与力黑之口反复强调"循名复一"。"循名"是手段，"复一"才是目的。所谓"复一"，即指社会回到"一之名"规范下的有序状态。在道家的话语系统中，"一"即"道"，"复一"也就是回归道的统治。道对于万物"生而不有，为而不恃，长而不宰"，因此，道的统治特征从道一方讲是清静无为，从万物一方讲是个体循其本性而自然发

---

① 参见陈鼓应：《黄帝四经今注今译》，北京，商务印书馆，2007，第287页。

② 谷斌：《黄帝四经今译》，转引自荆雨：《自然与政治之间——帛书〈黄帝四经〉政治哲学研究》，长春，东北师范大学出版社，2007，第132页。

③ 荆雨：《自然与政治之间——帛书〈黄帝四经〉政治哲学研究》，长春，东北师范大学出版社，2007，第132页。

展。《黄老帛书》的这一政治理想与老子的是一致的。安乐哲在论及老子的无为政治理想时说："正如天道并不强制万物一样，圣人也不会以强制的社会和政治规范限制其百姓的自然发展。《老子》的政治思想是一种颇具特色的道家无政府主义，'无为'则是其推行的主要方法：当权者不干涉个人的发展并为之创造一个最有益的环境。"①安乐哲的这一概括同样适用于黄老学派，不同的是，老子提出这一政治理想更多在于其批判现实的意义，而黄老学派不但将其作为理想，而且通过对"无为"的改造制定了切实的实现途径。这一途径在无为之下融摄了名、法、礼等社会规范，而这正是名、法、儒三家所强调的。司马谈所概括的道家"采儒墨之善，撮名法之要"的特点在无为理论中得到了最集中的体现。

第二节　道生法

一、法治思想的流行

在当代学术语境中，法治是相对于人治而言的。而在战国时期，与法治相对的是礼治。周代奉行礼治，周礼既是礼乐文明的象征，也是社会规范。周室东迁后，在周王朝统治秩序崩溃的过程中出现了礼治与法治之争，它们代表了两种不同的治国理念。春秋晚期至战国早中期，各诸侯国一系列变法、改革的背后也存在法治与礼治这两种治国理念的激烈交锋。过去，我们普遍认为法治和礼治之争是在儒、法两家中展开的。例如，蒙文通先生就认为："儒法之争者为新旧两时代思想之争，将二家为一世新旧思想之主流，而百家乃其余波也。"②这一观点后来演变为以"儒法斗争"为主线的中国哲学史观。先秦诸子，根据其对礼、法态度之不同，或者被划入儒、法二家的阵营之中，或者直接在讨论中被忽略掉了。

实际上，战国时期的诸子百家除了儒家以外，其他各家普遍都是法治的支持者，即使儒家之孟子也说"徒善不足以为政，徒法不能以自行"（《孟子·离娄上》）。这句话说明，孟子并不反对法，只是认为法需要和其他社会规范综合起来运用，法治需要和人治相结合。战国诸子百家中，较早出现的是墨家。墨家亦主张法治，墨子曰：

---

① 〔美〕安乐哲：《主术——中国古代政治艺术之研究》，滕复译，北京，北京大学出版社，1995，第44页。

② 蒙文通：《先秦诸子与理学》，桂林，广西师范大学出版社，2006，第149页。

> 天下从事者，不可以无法仪。无法仪而其事能成者，无有也。虽至士之为将相者皆有法，虽至百工从事者亦皆有法。百工为方以矩，为圆以规，直以绳，衡以水，正以县。无巧工不巧工，皆以此五者为法。巧者能中之，不巧者虽不能中，放依以从事，犹逾已。故百工从事，皆有法所度。今大者治天下，其次治大国，而无法所度，此不若百工辩也。（《墨子·法仪》）

墨家成员多为工匠，墨子本人即木匠出身。他们从矩、规、绳、悬这些工具对于工匠生产活动之重要性，推类而认识到法对于国家治理应该具有同等的重要性。方、圆、直、衡、正皆有一定的标准，工匠离开了矩、规、绳、悬这些工具并非不能为方、为圆，但显然并不是所有工匠皆可以不凭借工具而为方、为圆。工具的作用在于"不巧者虽不能中，放依以从事，犹逾已"，即帮助个体能力有所欠缺的工匠实现为方、为圆之目的。法对于天下、国家治理之重要性有似于此。如果我们以天下、国家大治为目标，贤明的君主不凭借法而实现这一目标并非不可能，但这毕竟不是常态而是非常态。换言之，人类历史上这样的君主的出现实属偶然，而为了保证天下、国家大治之目标的实现不因此成为偶然的现象，法作为治理天下、国家的工具就有了必要性。墨子虽然没有明确为法下定义，但他将法比作矩、规、绳、悬等工具。从这样的比喻中，我们不难看出法具有普遍性、平等性的特点，而这正是法和同作为社会规范的礼的不同之处。

除了墨家，法家之主张法治自不必说，名家所谓"综核名实"或"循名责实"实亦为法治环节之一，其运用于政治亦要求以法为根本的制度前提。事实上，治中国政治思想史或法律思想史者早已认识到法治为当时政治思想界之潮流。例如，梁启超曰："法家成为一学派，时代颇晚，然所谓'法治思想'者其渊源抑甚古。盖自'宗法政治'破坏以后，为政者不能不恃法度以整齐其民，于是大政治家竞以此为务。"① 杨鸿烈评价当时的情形时也说："儒家所提倡的道德礼教仿佛竟成为迂阔之论，于是便只得让那般政治家拿法来救时弊。"② 换言之，在当时，主张法治的不一定是法家，也不一定是直接受法家之影响，主张法治实为思想界之主流。各家皆主张法治，其不同在于法治之内容、法治在其治理体系中的地位

---

① 梁启超：《先秦政治思想史》，北京，中华书局；上海，上海书店，1986，第66页。
② 杨鸿烈：《中国法律思想史》，北京，商务印书馆，1998，第82页。

以及法之渊源和合法性论证方面。

在这一思想背景下，黄老学派主张法治，实为自然而然的事情。《经法·道法》开门见山地提出"道生法"这一命题，将作为其政治哲学的总纲，表明其对于法的作用的强调和对于法治的推崇。类似对法的强调亦屡见于黄老学派的其他著作。例如：

> 法度者，政之至也。而以法度治者，不可乱也。而生法度者，不可乱也。精公无私而赏罚信，所以治也。（《经法·君正》）
>
> 世恒不可释法而用我，用我不可，是以生祸。（《称》）
>
> 礼出乎义，义出乎理，理因乎宜者也。法者所以同出，不得不然者也，故杀僇禁诛以一之也。故事督乎法，法出乎权，权出于道。（《管子·心术上》）
>
> 法者，天下之度量，而人主之准绳也。悬法者，法不法也。设赏者，赏当赏也。法定之后，中程者赏，缺绳者诛；尊贵者不轻其罚，而卑贱者不重其刑。设法者虽贤必诛，中度者虽不肖必无罪；是故公道通而私道塞矣。古之置有司也，所以禁民使不得自恣也；其立君也，所以制有司使无专行也；法籍礼义者，所以禁君使无擅断也。人莫得自恣则道胜，道胜而理达矣，故反于无为。无为者，非谓其凝滞而不动也，以其言莫从己出也。（《淮南子·主术训》）

法治思想之初起全为救弊，即完全出于国家治理之现实的需要。公元前 536 年，郑人铸刑书于鼎，叔向遗书于子产对此进行严厉的批评。这一事件载于《左传》，史称"子产铸刑书"，实开后世礼治、法治之争的先河。叔向批评子产，讲了一大堆道理，子产却只回应了一句话：

> 若吾子之言。侨不才，不能及子孙，吾以救世也。既不承命，敢忘大惠！（《左传·昭公六年》）

子产这句话的大致意思是：我也同意您讲的道理。虽然我不会照您的意思去做，但仍对您的批评表示感谢。我才能有限，不能和您一样有长远的考虑。我之所以"铸刑书"，只是为了救世，即挽救时弊。子产的回应显然并不理直气壮，因为法治在当时并未成为主流，法治之重要性尚不能和礼治相提并论，只能被视为权宜之计。从子产对叔向之批评的回应来看，在法治思想之初起阶段，对其合法性的论证并未展开。

法家主张法治，但从早期法家代表人物遗留下的著作和言论中，我们看不到从形而上学角度对法的合法性和渊源的探讨。商鞅虽多次强调治国必须"一任于法""缘法而治""垂法而治"，但其对于以法为国家治理的必要工具的探讨完全局限于经验层面，其立法的原则和法治的精神亦完全建立在现实人性趋利避害的人性论基础之上。墨家对法治的合法性和法的渊源问题有所探讨。他们尊崇"天志"，即上天的意志。墨子曰：

> 然则奚以为治法而可？故曰莫若法天。天之行广而无私，其施厚而不德，其明久而不衰，故圣王法之。既以天为法，动作有为必度于天，天之所欲则为之，天所不欲则止。（《墨子·法仪》）

又曰：

> 观其刑政，顺天之意，谓之善刑政，反天之意，谓之不善刑政。故置此以为法，立此以为仪，将以量度天下之王公大人卿大夫之仁与不仁，譬之犹分黑白也。（《墨子·天志中》）

墨家所主张的"天志""明鬼"在天命论崩溃的背景下，不免有逆历史潮流而动的意味，故其通过"天志"对法之渊源和合法性进行的论证也是不成功的。既顺应时代潮流，又从形而上学角度对法的合法性和渊源问题进行探讨的是黄老学派。因此，我们不能忽视司马迁在《史记》中对于申不害、韩非等人"本于黄老"的记载。黄老学派和法家之间的关系并不是单向的前者受后者影响的关系，而是双向的、相互影响的关系。

二、"道生法"

道家中的老庄一派对法是完全否定的。老子以"小国寡民"为政治理想，对现实社会中一切积极的制度建构都持否定的态度。在他所处的时代，礼是主要的社会规范，因此他批判的主要对象也是礼。他对法的直接批判只有一处："天下多忌讳，而民弥贫；民多利器，国家滋昏；人多伎巧，奇物滋起；法令滋彰，盗贼多有。"（《老子·第五十七章》）在他看来，礼、法皆为人为建构的制度规范，都是统治阶级用来巩固其统治地位和攫取私利的工具，是用来"损不足以利有余"的。它们同天道、人的自然本性相违背，也与广大人民的利益相违背。繁苛的法令并不能使盗贼无有，严刑酷法也只能收到暂时的效果，最终却将导致人民更激烈的反抗，此即"民不畏威，则大威至"（《老子·第七十二章》）。庄子继承了老子对礼、法的批判：

> 故绝圣弃知，大盗乃止；摘玉毁珠，小盗不起；焚符破玺，而民朴鄙；掊斗折衡，而民不争；殚残天下之圣法，而民始可与论议。（《庄子·胠箧》）

在这里，礼、法作为社会性价值的制度化表现被庄子全盘否定。但是，老子的思想中是否不存在法治因素呢？部分研究者已经认识到，老子的思想可以向两个方面发展。金春峰指出："《老子》的思想包含着两方面发展的可能性：或者像庄子一样，由强调人和自然的对立而完全否定社会的意义，极端蔑视、鄙弃社会的一切而发展为出世主义，追求精神的逍遥、对大自然的崇拜和仰慕；或者面向政治和社会，由否定文化、道德、教育的作用与价值而全力倾注于成败、祸福、得失的研究，发展出一套和儒家对立的社会、政治、军事思想。"①黄老学派对老子思想的发展显然是后一个方向的，其理论逻辑正如龙大轩所言：

> "失道而后德，失德而后仁，失仁而后义，失义而后礼。"……当我们将这段话倒过来释读、理解时，便知道老子是为人定法的进步完善设定了可资追求的理想目标：礼法制度要尽量合符人的情理，进而合符人的良知，进而合符德，最终才能逐渐接近道的要求，成为良法。这就是老子设计的"道法"的原形。②

龙大轩所说的"倒过来释读"并非没有道理，实质上这种诠释思路存在于老子的言说方式之中。老子在言说方式上有"正言若反"的特点。所谓"正言若反"，是指老子在对"道"进行言说时，由于"道"不可捉摸、不可感觉的特点，无法从正面进行言说，即不能直接说"道""是什么"，便转而说"道""不是什么"，并通过"道""不是什么"的言说指引读者对"道"的理解。显然，在老子"正言若反"的言说中，"反言"不仅仅是否定，否

---

① 金春峰：《汉代思想史》，北京，中国社会科学出版社，2006，第18页。
② 龙大轩：《道与中国法律传统》，济南，山东人民出版社，2004，第55页。

定又为肯定提供了方向。黄老学派正是将老子的"失道而后德，失德而后仁，失仁而后义，失义而后礼"倒过来释读和发扬的，从而使在《老子》中只具有消极意义的"法"从"道"那里获得了存在的终极根据和合理性。

《黄老帛书·经法》开篇就提出"道生法"这一命题，其意显然是探讨道、法的关系。但在先秦，法的意义极为广泛，"道生法"之"法"究竟何所指呢？大概而言，作为名词的"法"在当时有以下三种含义。第一，"法"泛指规律、规则。《尔雅》曰："典、彝、法、则、范、矩、庸、恒、律、戛、职、秩，常也。"又曰："柯、宪、刑、范、辟、律、矩、则，法也。"显然，这里的"法"和典、彝、则、律等词意思近似，都可泛指规律、规则。第二，"法"为社会制度之总称。《国语·鲁语上》："夫齐弃太公之法而观民于社，君为是举而往观之，非故业也，何以训民？"《左传·昭公五年》："道之以训辞，奉之以旧法，考之以先王，度之以二国，虽汰侈，若我何？"这里的"法"皆泛指社会制度，"旧法"亦可云"旧制"。第三，"法"专指法律。《管子·七法》："不为爱人枉其法，故曰'法爱于人'。"《周易·蒙》："利用刑人，以正法也。"王弼注："以正法制，故利刑人也。"①这里的"法"都是法律之"法"。

当代研究者对"道生法"之"法"有不同理解。陈鼓应认为此处的"法"指法度而言，"道生法"的意思是："作为宇宙万物的本原的道生出了社会的各项法度。"②陈氏所谓"法度"的具体所指并不清楚，但从其"社会的各项法度"这一表述来看，"道生法"的"法"显然是泛指，而非专指法律之"法"。张增田认为："这个命题（道生法）判定，人类社会国家治理所凭依和运用的法律制度是由'道'派生或根据'道'制定出来的。"③如果"法"包含"人类社会国家治理所凭依和运用的法律制度"，那它显然也是泛指。

更多研究者认为，"道生法"之"法"专指法律之"法"，而非泛指。丁原明曰："帛书以道论法，并将其作为'法'的本体论根据，这不仅为法家的'法治'注入了理论活力，开启了道、法融合的新路子；同时，也大大强化了'法'的客观本性，使其成为规范个体和国家行为的规定、度量和标准。"④据此，"道生法"之"法"应该指法律或法令。王中江曰："'道'是万物的'法度'，是'神明'的根源，自然也是实在法的根源。这可以从《黄帝四经》明确提出'道生法'这一命题中看出。按照这一命题，法律是由

---

①　（魏）王弼、（唐）孔颖达：《周易正义》，北京，北京大学出版社，1999，第39页。

②　陈鼓应：《黄帝四经今注今译》，北京，商务印书馆，2007，第2页。

③　张增田：《黄老治道及其实践》，广州，中山大学出版社，2005，第43页。

④　丁原明：《黄老学论纲》，济南，山东大学出版社，1997，第97页。

'道'产生的。"①

我们赞同后一种观点，即"道生法"之"法"不是泛指，而是专指法律之"法"。"法"在《黄老帛书》中的出现虽不频繁，但次数也不算少，以单独出现的情况居多，和其他单纯词组合成复合词的情况较少，只有"法度""法式"两种情况。"法"单独出现时，其意有以下几种。第一，"法"为动词，有效法、取法之意。例如，"前世法之，后世既陨，由果童始"（《十六经·果童》）；"兵不刑天，兵不可动；不法地，兵不可措；不法人，兵不可成"（《十六经·兵容》）。第二，"法"为名词，泛指规律、规则。例如，"天建八正以行七法"（《经法·论》），这里的"七法"指七种自然规律。又如，"居则有法，动作循名"（《十六经·姓争》），这里的"法"指法则。第三，"法"为名词，指法律。这种情况最为常见。例如：

> 是非有分，以法断之；虚静谨听，以法为符。（《经法·名理》）
> 其明者以为法，而微道是行。行法循道，是为牝牡。（《十六经·观》）
> 反义背宗，其法死亡以穷。（《十六经·五正》）
> 善为国者，太上无刑，其次正法，其下斗果讼果。（《称》）

可见，"法"在《黄老帛书》中单独出现时，主要指法律。而从"道生法"之后的"法者，引得失以绳，而明曲直者也"一语来看，"道生法"之"法"也专指法律。《左传·昭公元年》："王伯之令也，引其封疆。"杜预注："引，正也。正封界。"②这句话中的"引"与此相同，也是"正"之意，"引得失以绳"即"用绳正得失"。陈鼓应解释此语曰："法就像绳墨辨明曲直一样，决定着事物的成败得失。"③陈氏的理解大致不错，但"得失"是对人而言的，非对事物而言，"法"能"正得失"但不能决定事物的成败。这句话是对"法"的界定，认为它具有两个方面的功能："正得失"和"明曲直"。"得失"指利益的获得和丧失，"正得失"意味着在"正"之前，有人获得了他不应该获得的利益，有人丧失了他应该拥有的利益。法之"正得失"既包括以法的形式确定"得失"，即将利益的分配格局以法律的形式固定下来，也包括当这一格局受到破坏时通过法律手段使之恢复。"曲直"

---

① 王中江：《简帛文明与古代思想世界》，北京，北京大学出版社，2011，第 432 页。
② （周）左丘明、（晋）杜预、（唐）孔颖达：《春秋左传正义》，北京，北京大学出版社，1999，第 1146 页。
③ 陈鼓应：《黄帝四经今注今译》，北京，商务印书馆，2007，第 4 页。

用另一个词代替即"是非","明曲直"即以法为判断是非的标准。"正得失"和"明曲直"两者并非没有关联,在诉讼的过程中,"得失"总是和"曲直"联系在一起:违背了法的一方是"曲",将会失去某些依照法本来不属于他的利益;反之,合法的一方是"直",将会获得某些法所规定的本来应该属于他的利益。

类似的对道、法关系的论述在传世黄老学派著作中多有涉及,只不过在《黄老帛书》出土之前未得到应有的重视。例如:

> 人故相憎也,人之心悍,故为之法。法出于礼,礼出于治,治、礼道也。(《管子·枢言》)
>
> 礼者,因人之情,缘义之理,而为之节文者也,故礼者谓有理也。理也者,明分以谕义之意也。故礼出乎义,义出乎理,理因乎宜者也。法者所以同出,不得不然者也,故杀僇禁诛以一之也。故事督乎法,法出乎权,权出乎道。(《管子·心术上》)
>
> 从此化彼者法也,生法者我也,成法者彼也。生法者日在而不厌者也,生成在己,谓之圣人。惟圣人究道之情,唯道之法,公政以明。斗柄东指,天下皆春;斗柄南指,天下皆夏;斗柄西指,天下皆秋;斗柄北指,天下皆冬。斗柄运于上,事立于下。斗柄指一方,四塞俱成,此道之用法也。[1] (《鹖冠子·环流》)
>
> 故有道以理之,法虽少足以治;无道以理之,法虽众足以乱。(《文子·上仁》)

上述文献所表述的道、法关系虽不如"道生法"直接,但基本观点与之一致,即法归根结底是源于道的。而《管子·心术上》自觉地区别了礼、法两种社会规范,认为礼出乎义而法出于道,其所谓"法",显然也不是泛指,而是专指法律。由于"道生法"命题明确指出了道、法之间的关系,当代许多研究者都对其进行了高度的评价。例如,余明光先生认为:"(道生法)强调法是从'道'中产生的,这就使法具有神圣的意义。"[2]丁原明先生亦认为:"(道生法)是从'道'之本体论的高度对'法'产生的必然性、合理性予以充分的肯定的接纳。"[3]我们认为,"道生法"实质上是黄

---

[1] 《鹖冠子·兵政》曰:"贤生圣,圣生道,道生法,法生神,神生明。"这段话中虽然出现了"道生法"的表述,但只不过是袭用此语,其意义有别。

[2] 余明光:《黄帝四经与黄老思想》,哈尔滨,黑龙江人民出版社,1989,第35页。

[3] 丁原明:《黄老学论纲》,济南,山东大学出版社,1997,第97页。

老学派"推天道以明人事"的政治哲学思维在法治背景下更清晰、更集中的表达。因此，"道生法"所强调的也不是人类社会的制度、规范源于道，而是在提倡法治的大前提下，对法治所依据之"法"源于"道"的强调。"道生法"命题的提出不仅对黄老学派政治哲学思想体系的建立有重大意义，对中国先秦法哲学的发展亦有重要意义。正如有研究者所指出的："战国中期以后的黄老学说直接给'法'赋予了'道'的性质。'法'和'道'相为表里，从而使作为社会规则的'法'有了存在的合理性。"①与此相对的是这一命题所表达另一层更为重要的意思，即道如何生法的问题。目前，研究界并没有对此表现出应有的关注。显然，"道生法"之"生"并非如"道生一，一生二，二生三，三生万物"之"生"，后者之"生"如母生子之"生"，无须第三者的参与。按照道家的理论逻辑，在道生万物的过程中，万物的运行法则也应当随之产生。人类是万物中之一物，其社会的一切法则、规范也产生于这一过程。但这一隐含的理论逻辑毋宁说是帛书作者的内在思维理路，而非其需要表达的意旨。人类社会的一切法则、规范虽然早已存在，但对于人来说，一直处于可能性的法还没有成为现实的存在。法要如何从可能转变为现实呢？

三、执道者生法

《经法·道法》虽开篇就提出"道生法"，但"执道者"才是真正的立法者，亦是法从可能转变为现实的中介。《经法·道法》曰：

> 执道者，生法而弗敢犯也，法立而弗敢废也。故能自引以绳，然后见知天下而不惑矣。

"道生法"之"生"和"执道者生法"之"生"所要表达的意思不同。"道生法"之"生"表示的是道与法之间存在论上的派生与被派生的关系，而非"生"的动态过程。《经法·道法》在"执道者，生法而弗敢犯也"之后紧接着又说"法立而弗敢废也"，这说明"执道者"之"生法"才是真正的立法，是法从无到有被制定出来的过程。"道生法"是从理论层面对法的来源和合法性的探讨，"执道者生法"关注的是实践层面法的制定及对制定者权力的约束。荆雨认为："如果我们说'法'是君主将主观认识客观化、外在化，则道不能直接生法，需要有一个'人'的中介，即'执道者'生法。'执

---

① 王沛：《黄老"法"理论源流考》，上海，上海人民出版社，2009，第61～62页。

道者'的提出，解决了我们所疑虑的道与法之间缺少的必要的联系或中介问题。"①在黄老学派的道的观念中，道并不具有神性，也不会以神谕的方式为人类社会立法。因此，尽管法本身已经被蕴含在道之中，但其从可能性变为现实性还需要一个中介，即"执道者"。那什么样的人才有资格成为"执道"的立法者呢？

首先，"执道者"应该是得道的君主。老子曰："侯王得一以为天下正。"(《老子·第三十九章》)在《老子》和道家著作中，"一"往往是"道"的别名，"得一"即"执道"。与此相对，"得一"的侯王也就是"执道者"。河上公将《老子》中的这一章命名为"法本"，其用意与《黄老帛书》或有相合之处。《管子·心术下》也有相似的表述："执一之君子，执一而不失，能君万物。""万物"包括人，"能君万物"也就能够成为天下的君主，因此，君主和"执道者"实际上是统一的。《经法·道法》曰：

> 故唯执道者能上明于天之反，而中达君臣之半，富密察于万物之所终始，而弗为主。故能至素至精，浩弥无形，然后可以为天下正。

《经法·亡论》又曰：

> 慧则正，正则静，静则平，平则宁，宁则素，素则精，精则神，神之□，见知不惑。帝王者，知此道也。

知"素则精，精则神"之道的帝王也就是《经法·道法》中"至素至精"的"执道者"，二者是统一的。君主和"执道者"的统一意味着只有"执道"的君主才能有资格成为立法者。柏拉图曾认为，只有哲学王统治的城邦才是真正正义的城邦。哲学王是哲学家和作为统治者的王的统一。哲学王之治的实现有两条途径：其一是国王学习哲学，成为哲学家；其二是哲学家成为国王。黄老学派政治哲学中以"执道"的君主为立法者的思想有似于此。尽管黄老学派的政治哲学又被称为"君人南面之术"或"主术"，即其主要的言说对象是君主，因此，他们主要试图通过柏拉图提出的两条途径中的前者，即要求君主按照道家的那套修身养性的方法去"体道"，

---

① 荆雨：《自然与政治之间——帛书〈黄帝四经〉政治哲学研究》，长春，东北师范大学出版社，2007，第104页。

成为"执道者";但从"执一之君子,执一而不失,能君万物"一语来看,其对于后一途径也并非没有考虑。

其次,"执道者"应具有虚静公正之德。在老庄一派道家那里,道是不能认识的,只能去"体"。"体道"的过程往往无法言说,具有某种神秘性。《管子》中的"执一"和《黄老帛书》中的"执道"之"执"所要表达的人与道之间的关系显然已经与老庄一派道家有所不同。"执"表达的是"执道者"和道之间存在一种认识和被认识、掌握和被掌握的关系,"道"已经不再具有神秘性,而是宇宙、人生乃至人类社会的"大道理""总规律"。"执道者"能够认识道、掌握道,这是黄老学派之所以提出"执道者生法"的理论根据所在。尽管《黄老帛书》关注的重点不是君主成为"执道者"的具体途径,但对此也有所论及。上引《经法·亡论》所云"慧则正,正则静,静则平,平则宁,宁则素,素则精,精则神,神之□,见知不惑"已经具有了《管子四篇》中《内业》或《心术》的基本内容。其他关于修身得道的言论散见于《黄老帛书》,如《经法·名理》所云"故唯执道者能虚静公正,乃见□□,乃得名理之诚"。"虚静"是道家认识论的关键,也是其"心术"的核心。"虚"指认识主体没有成见,且内心平静的状态;"静"主要指认识主体在认识客观对象时保持心态的平正,摆脱剧烈情绪波动的干扰。虚、静这两个方面是联系在一起的,虚则静,静则虚,黄老学派也常常并言之。

"公正"指向如何对待社会成员以及社会成员之间的利益关系问题,因此,它不仅是"执道者"的私德,更是作为立法者的"执道者"应该具有的政治德行。《经法·道法》曰:"执道者之观于天下(也),无执(也),无处也,无为(也),无私(也)。"类似的话在黄老学派的著作中还有很多:

> 使民之恒度,去私而立公。(《经法·道法》)
>
> 精公无私而赏罚信,所以治也……兼爱无私,则民亲上。(《经法·君正》)
>
> 天下太平,正以明德,参之于天地,而兼覆载而无私也,故王天[下]。(《经法·六分》)
>
> 君臣不失其位,士不失其处,任能毋过其所长,去私而立公,人之稽也。(《经法·四度》)

"执道者"必须具有公正之德的形而上学基础在于,天地、天道、道等超越性存在都具有无私的特质：

> 天道无亲，常与善人。(《老子·第七十九章》)
>
> 天地无私，四时不息。天地立，圣人故载。(《经法·国次》)
>
> 天不为一物枉其时，明君圣人亦不为一人枉其法。(《管子·白心》)
>
> 万物殊理，道不私，故无名。(《庄子·则阳》)
>
> 天无私覆也，地无私载也，日月无私烛也，四时无私行也。行其德而万物得遂长焉。(《吕氏春秋·去私》)

既然天地、天道、道等超越性的存在都具有无私的特质，能够一视同仁地、平等地对待一切事物，那么效法天道或道而建立的统治秩序也应该以公正之德，平等地对待所有社会成员。

最后，"执道者"也必须遵守"法"，即"生法而弗敢犯也，法立而弗敢废也"。法的权威和普遍约束力源于道而非立法者，因此法一经制定就具有权威性和普遍的约束力，立法者也不能违犯和随意废止。黄老学派提出的立法者也要受法的约束的思想意义重大。白奚认为："《四经》关于法对君主同样有效，君主也不能特殊化的主张，对君权进行了限制，这是舍弃人治实行法治的重要保障，体现了在既定的法律面前人人平等这一法治的基本原则。"[①]我们认为，《黄老帛书》对"执道者"和法的关系的这一论述说明黄老学派的法治思想已经具有了现代法治的基本特征。现代法治理念源于古希腊的亚里士多德，他说："法治应包含两重意义：已成立法律获得普遍的服从，而大家所服从的法律又应该本身是制定得良好的法律。"[②]在黄老学派的法思想中，"道生法"是出于法之为良法的考虑；"执道者"也必须守法则说明黄老学派已经接触到"法律面前人人平等"的法治原则。这也是黄老学派之"法"和法家之"法"的本质区别。安格尔称中国的法是"官僚制的法"，他指出，法家的"法"之普遍性与特殊性因统治者的政策目标而定，缺乏自主性；即使与其他非欧洲的传统比较而言，中国的传统法离现代法治也最为遥远。[③] 安格尔强调的是，法家在立法

---

① 白奚：《稷下学研究：中国古代的思想自由与百家争鸣》，北京，生活·读书·新知三联书店，1998，第121页。

② 〔古希腊〕亚里士多德：《政治学》，吴寿彭译，北京，商务印书馆，1965，第199页。

③ 参见 R. M. Unger: *Law in Modern Society*，The Free Press, 1976, pp. 102-104，转引自阎步克：《士大夫政治演生史稿》，北京，北京大学出版社，1996，第176页。

过程中注重立法者主观意志的表达，忽视了法本身的客观性。相对于此，"道生法"及其隐含的"执道者生法"的命题对这两个方面的关注显然非法家所及。当然，这种关注仅仅局限于理论的层面，和法家一样，黄老学派并没有设计出实际的制度或法来制约君主的立法权，这使这种关注难免成为空话，而且有成为暴君为其恶法辩护的工具的可能。

四、"道生法"与自然法理论

自然法理论对西方法哲学、政治哲学、伦理学产生过持续而重大的影响，其在西方思想史上的地位正如梅因所言："如果自然法没有成为古代世界中的一种普遍信念，这就很难说思想的历史，因此也就是人类的历史，究竟会朝哪一个方向发展了。"①《牛津法律大辞典》则称："哲学、法律史和法理中最古老、最永恒的主题之一就是对自然法的信念和自然法理论。"②在近代以前，西方法学界一直为自然法学派所笼罩；实证主义法学派兴起后，曾经有一段时期，自然法理论被摒除于法学研究之外。但"第二次世界大战期间及大战之后，自然法思想成了具有公共意义的广泛的多学科科学讨论的中心。在1914年的《大西洋宪章》、1948年的《联合国人权宣言》中，以及德国联邦法院和联邦宪法法院的一些判决中，自然法思想甚至直接具有政治和法律意义"③。

自梁启超在1904年所撰《中国法理学发达史论》中提出儒家的法理学是自然法的观点后，中国法学史上有没有出现过类似西方的自然法理论的问题一直是法哲学史界争论的焦点。在提及"中国古代自然法"时，学者们往往会提到儒家的"礼"、道家的"天道"及"法自然"等概念和命题，甚至墨家的"天志"说，对于《黄老帛书》的"道生法"命题则甚少提及。这和法哲学史界和哲学界之间交流的有限不无关系。存不存在"中国古代自然法"？对这个问题的回答要求我们首先对什么是自然法有一个恰当的了解。"自然法"概念毕竟是一个舶来品，我们以之判断所谓"中国古代自然法"的有无问题，其过程实有似于按图索骥。它首先要求我们对图，即对于何者为良马有一个准确的把握。但"自然法"这一概念在西方历经两千多年的发展演变，面目已相当模糊。登特列夫曾言："除了名称相同之

① 〔英〕梅因：《古代法》，沈景一译，北京，商务印书馆，1959，第43页。
② 〔英〕戴维·M. 沃克：《牛津法律大辞典》，李双元等译，北京，法律出版社，2003，第787页。
③ 〔德〕奥特弗利德·赫费：《政治的正义性——法和国家的批判哲学之基础》，庞学铨、李张林译，上海，上海译文出版社，1998，第73页。

外，中世纪的自然法观念与近代的自然法观念，几无共同之处。"①登特列夫所言只是自然法发展史上的两个阶段，其间的差异已使它们"几无共同之处"，而就自然法整个的发展史言，不同自然法观念之间的差异就更大了。在此有必要注意登特列夫的另一段话："见诸名词的形式上的连续性，并不是一个决定性的因素：同一个观念尽可具有很不相同的意义，且用以达成完全不同的目的。思想史是一种内在的历史；应该从内在，而不该从外在来估量一个学说的价值——犹如把新酒注入旧瓶时，攸关紧要的，甚至造成旧瓶之爆裂的，乃是那新酒。"②这段话不仅有助于我们理解西方的自然法观念，对于中西哲学之比较亦不无启发意义。中西哲学比较中常见的现象是以西方哲学史中某一时期的特定概念、范畴、命题为标本来判定中国哲学史上有无类似的概念、命题，而不顾被当作标本的概念、命题不过是装了多种"新酒"的"旧瓶"。事实上，学界对"中国古代自然法"有无的争议，在相当大程度上是由于对西方"自然法"这一概念所包含的丰富含义的无视，而仅仅以近代理性主义自然法（古典自然法）为标本来进行判断。登氏为我们理解自然法提出了建议："关于自然法的研究，现代学者所要注意的，与其说是这学说本身，倒不如说是它的功能；与其说是有关其本质的争论，倒不如说是它背后所隐藏的问题。"③又曰："自然法之意义应该在其功能中去寻找，而不要在这套学说本身去寻找。"④登氏似在提醒我们这些按图索骥者，对图的理解切不可停留于细枝末节，否则据此所得之"骥"虽节节符合，仍不免为蛤蟆。

自然法是相对于实证法而言的，但自然法中的"法"与实证法中的"法"并非同一意义。实证法指人类社会的立法者或立法机关制定或认可的法律，它以国家暴力机关为后盾而具有强制的约束力，以条文的形式明确规定公民的权利和义务，这也是我们通常所用的"法"的意义所在。自然法不具有实证法的这些特性，并不具有强制性。因此，在实证主义法学派的某些学者看来，自然法并不能算真正意义上的法。但赫费认为，与实证法相对，自然法作为一种非实证的或批判的约束力并无损于它本

① 〔意〕登特列夫：《自然法：法律哲学导论》，李日章、梁捷、王利译，北京，新星出版社，2008，第5页。
② 〔意〕登特列夫：《自然法：法律哲学导论》，李日章、梁捷、王利译，北京，新星出版社，2008，第5页。
③ 〔意〕登特列夫：《自然法：法律哲学导论》，李日章、梁捷、王利译，北京，新星出版社，2008，第9页。
④ 〔意〕登特列夫：《自然法：法律哲学导论》，李日章、梁捷、王利译，北京，新星出版社，2008，第32页。

身的价值，以上缺失所昭示的只是自然法与实证法的差异。"自然法指的是一种前实证的律条，它要求超越于实证的律条之优先地位，而且一般不是从技术的或实用主义的意义上，而是从道德的意义上予以理解。这种（批判）自然法思想就在于试图对法和国家采取道德的观点。"①科殷也说："自然法规则的权威和适用是道义性质的。它们的适用与社会道德价值的适用一样广阔。它们是由社会道德的各种价值引申出来的。"②也正是自然法的这一特征，使其超越法哲学的领域而在伦理学、政治哲学等多个学科中占有重要的地位。

综观西方自然法思想的发展史，赫费所言也只是据片段立论。自然法思想不仅试图对法和国家采取道德的观点，也试图对其采取宗教的观点。许多研究者在论及西方自然法思想的起源时，往往追溯到安提戈涅违背法令，冒着生命危险埋葬自己的兄弟这一事件。当克瑞翁问安提戈涅为什么敢违背他的法令时，她说："因为向我宣布这法令的不是宙斯，那和下界神祇同住的正义之神也没有为凡人制定这样的法令；我不认为一个凡人下一道命令就能废除天神制定的永恒不变的不成文律条，它的存在不限于今日和昨日，而是永久的，也没有人知道它是什么时候出现的。"③安提戈涅以神的律条来为自己辩护，因为神的律条高于人定法。此语的神学背景不言而喻。某些学者在将自然法界定为"理性法"的时候，似乎忘记了在中世纪，作为理性之表现的哲学不过是神学的婢女，也似乎忘记了在古希腊人看来，理性正是神性的体现。亚里士多德曾言："谁说应该由法律遂行统治，这就有如说，唯独神祇和理智可以行使统治；至于谁说应该让一个个人来统治，这就在政治中混入了兽性的因素……法律恰恰正是免除一切情欲影响的神祇和理智的体现。"④在亚氏看来，只有神才是完全理性的存在物，理性的统治也就是神的统治。

近代由格劳秀斯开其端的古典自然法理论的兴起是理性对信仰宣战并取得胜利的思想史过程的一部分，在此之后，自然法才可言是"理性法"。在此之前，人们对自然法的理解不可能脱离宗教神学的背景。而在近代以前，自然法所持的"道德的观点"不过是宗教的道德观点，近代以

---

① 〔德〕奥特弗利德·赫费：《政治的正义性——法和国家的批判哲学之基础》，庞学铨、李张林译，上海，上海译文出版社，1998，第73页。

② 〔德〕H. 科殷：《法哲学》，林荣远译，北京，华夏出版社，2002，第163页。

③ 〔古希腊〕索福克勒斯：《安提戈涅》，见《索福克勒斯悲剧二种》，罗念生译，北京，人民文学出版社，1961，第19页。

④ 〔古希腊〕亚里士多德：《政治学》，吴寿彭译，北京，商务印书馆，1965，第169页。

后方转变为理性的道德观点。

在自然法与实证法的关系上，实证主义法学派既然根本否定自然法的地位，他们自然不会认为自然法和实证法之间存在什么必然的关联。但在自然法学派看来，"自然法"这一概念从本质上就要求成为一种比实证法级别更高的法，成为实证法所源出的法，成为判断实证法是善法还是恶法的标准，决定我们是否应该遵守实证法。自然法与实证法的这种关系具有两方面的意义。登特列夫认为："承认有一种理想的法律存在，未必意谓当发生冲突时实定法应该被它压倒；自然法固然可以用来支持革命的主张，但也同样可以用来为既存的法律秩序辩护，甚至可能被人利用来美化特定的一套法律。"①研究者们往往注意到自然法对实证法批判的一面，但当实证法的制定者声称某特定的实证法就是依据自然法而制定的时，自然法不可避免地成为实证法的辩护工具。

在"道生法"命题中，"法"即实证法，"道生法"意味着在实证法之上还有更高一层，为实证法所从出的"法"。当然，黄老学派不将这种"法"命名为"法"，而名之曰"道"，但其思路与西方自然法学派是一致的。吕世伦认为，自然法学的基本特征是："假定某种客观精神，如神意、理性、道德、正义、人性或类似的抽象为本源性的法，即自然法，而实证法仅仅是表现这种自然法的外部形式。"②吕氏的概括相当全面，当然他所说的"客观精神"并非黑格尔所谓的"客观精神"，而是一种独立于人类社会的非物质性的客观存在。神意、道德、正义、理性、人性等在自然法思想的不同发展阶段中曾经分别成为自然法学派的学者们对实证法进行批判、评价或辩护的终极依据。但不管自然法是出自神意、道德、理性还是其他什么，他们都认为自然法是永恒的，具有最高和最普遍的约束力。在中国传统文化中，宗教、理性、道德的观念往往纠缠在一起，儒家的"天"、道家的"道"所承载的就是这种复合而非单一性的意义。道虽不是造物主，但万物从道而生，生生灭灭，道却是永恒的存在。道还是内在于天地万物的普遍规则，从这些规则中又产生出"公""柔弱""不争""处下"等道德原则。道家对道的追求混合了对神秘的永恒存在者的信仰和对普遍规则的理性认识，同时也是一种道德原则。《淮南子·氾论训》曰："圣人所由曰道，所为曰事。道犹金石，一调不更；事犹琴瑟，

① 〔意〕登特列夫：《自然法：法律哲学导论》，李日章、梁捷、王利译，北京，新星出版社，2008，第114～115页。
② 《中华法学大辞典（简明本）》，北京，中国检察出版社，2003，第927页。

每弦改调。故法制礼义者，治人之具也，而非所以为治也。"①法是对事而言的，事变则法变，道则"一调不更"，具有恒久性。我们再联系"道生法"及类似命题就可以发现：黄老学派认为道高于法，法出于道，法应该体现道的根本原则，这与西方自然法思想有着相同的思路。当然，道与西方自然法在内容上存在很大的差异，这应该归因于中西文化传统和哲学性质的不同。但这种内容上的不同不能成为我们判定中国没有自然法的依据。从内容上讲，中西自然法的差异恐怕并不比西方不同自然法派别之间的差异大。《法学总论》说："自然法是自然界教给一切动物的法律。因为这种法律不是人类所特有，而是一切动物都具有的，不问是天空、地上或海里的动物。由自然法产生了男与女的结合，我们把它叫作婚姻；从而有子女的繁殖及其教养。的确我们看到，除人而外，其他一切动物都被视为同样知道这种法则。"②这里表现出的自然法的内容和近代自然法学派所宣称的自然法即"理性法"可有任何相似之处？

第三节　"德礼体系"与"道法体系"

《黄老帛书》开门见山地提出"道生法"的命题，这从一个侧面反映出黄老学派对法治的提倡，但这种法治又与法家的有所不同，我们可称之为"道法体系"。"道法体系"主要相对于儒家的"德礼体系"而言。"礼"即周礼，在先秦诸子中，儒家自诩为周礼精神的继承者，他们往往以周礼维系下的周初社会为理想中的黄金时代，以周礼的创制者周公为圣人。礼治和法治之争主要在儒家和道、法两家中展开。郑开认为："如果说轴心时期的诸子哲学是从前轴心时期的德礼文化中突破出来的话，那么我们似乎可以说，儒家重视仁礼、仁政，维系、延续了前轴心时期德礼体系的'命脉'，而道家和法家则沿着不同于儒家的思想方向推陈出新：他们所提出的'道'与'法'，在抗衡德礼体系的同时，也吸纳了其精华，并最终部分地瓦解了德礼体系。"③本文并不赞同郑开将前轴心时期的文化、政治制度称为"德礼体系"，但赞同郑氏将轴心时期相对于前轴心时期的突破称为"道法体系"，并且认为这个体系主要是由黄老学派建立起来的。

①　又见《文子·上义》："道犹金石，一调不可更；事犹琴瑟，曲终改调。法制礼义者，治之具也，非所以为治也。"与此文字稍异。

②　〔古罗马〕查士丁尼：《法学总论》，张企泰译，北京，商务印书馆，1989，第 1 页。

③　郑开：《德礼之间——前诸子时期的思想史》，北京，生活·读书·新知三联书店，2009，第 392 页。

先秦儒道之争实为其"德礼体系"和"道法体系"之争。

一、从周礼到儒家的"德礼体系"

儒家一直自诩为周礼之继承者，儒家的"德礼体系"也源于周礼，但其精神实质有差别。在前诸子时代的政治话语中，"德"更多是外在的政治之德，而非内在的伦理道德之"德"。李泽厚认为："'德'似乎首先是一套行为，但不是一般意义上的行为，主要是以氏族部落首领为表率的祭祀、出征等重大政治行为。"[①]郑开也认为："根据我们对早期文献的推考，可以认为，早期的'礼'和'德行'往往没有什么区别，而'德'往往意味着规范性的社会行为方式及其原则。"[②]李、郑二人的论述都肯定德、礼在早期都是以外在的政治、社会规范的形式存在的。既然二者都是外在的，也就很难说德是"无所不在的精神气质"，所谓前诸子时代的"德礼体系"也就难以说起。即便我们可以用"德礼体系"来指代周礼，它和儒家的"礼外德内"的"德礼体系"在结构和精神实质上也有着本质的差异。郑开又曰："早期的'德''礼'亦经历了各自的分化发展，'德'与'礼'于是有所不同……简单地说，'德'更趋内向（精神），而'礼'更趋外在（规范）。"[③]德、礼一个向内一个向外的分化正是周礼崩溃的表现。德的话语在春秋时期的流行并非周礼的本来之意，而是一部分有识之士力图挽救周礼而以德对其进行重新阐释的结果。韩星认为："恢复礼乐制度则是春秋时期较为普遍的主张，与前面的'礼崩乐坏'正形成对照。这一主张具体呈现为观念形态时就出现了崇德尚礼的思潮，即在德治已成为虚幻，礼治又失去效用的情况下兴起了德礼思潮，试图挽救世道人心。"[④]韩氏所言"德治已成为虚幻，礼治又失去效用"，反映的正是周礼的崩溃，而德礼思潮的兴起反映的则是以德重新阐释礼的思潮正在兴起。

周礼的实质在于根据血缘的亲疏而确立某种差序格局，政治、经济等社会资源的开放分配都根据这种差序格局而相应地在社会成员之间有所区别。王国维指出："周之制度典礼乃道德之器械，而尊尊、亲亲、贤贤、男女有别四者之结体也。"又曰："以上诸制度皆由尊尊、亲亲二义

---

① 李泽厚：《中国古代思想史论》，北京，人民出版社，1985，第86页。

② 郑开：《德礼之间——前诸子时期的思想史》，北京，生活·读书·新知三联书店，2009，第93页。

③ 郑开：《德礼之间——前诸子时期的思想史》，北京，生活·读书·新知三联书店，2009，第93页。

④ 韩星：《先秦儒法源流述论》，北京，中国社会科学出版社，2004，第86页。

出，然尊尊、亲亲、贤贤此三者治天下之通义也。周人以尊尊、亲亲二义，上治祖祢，下治子孙，旁治昆弟；而以贤贤之义治官。"①在尊尊、亲亲、贤贤、男女有别四者中，周礼所首重的是"亲亲"。中国早期的国家由上古时期部落联盟演变而来，其组织基础是以血缘为纽带的氏族。尽管经过夏商数百年的发展，血缘与政治之间的关系在周代已有淡化的趋势，但周礼中的"亲亲"原则仍优先于"尊尊"和"贤贤"。《汉书·地理志》载："昔太公始封，周公问：'何以治齐？'太公曰：'举贤而上功。'周公曰：'后世必有篡杀之臣。'……周公始封，太公问：'何以治鲁？'周公曰：'尊尊而亲亲。'太公曰：'后世浸弱矣。'"②太公与周公之间不一定真的发生过这样的对话，但这段对话所反映的齐、鲁治国精神之差异却不为无据——齐、鲁两国后来的发展便与此若合符契。鲁是周公的封国，保存周代的典章文物最多，也最恪守周礼，鲁的治国方略其实就是周礼精神的体现。概言之，即"尊尊而亲亲"。但周礼之"尊尊"又与后世之"尊君"有别，钱杭指出："作为名词的'尊'，也是指父系宗亲，但它却特重直系父辈关系，即父、祖、曾、高关系。所谓'尊尊'，就是突出地崇这一类关系。"③可见，在周礼中，"尊尊"其实属于广义的"亲亲"，"亲亲"优先于"尊尊"且涵盖"尊尊"。"亲亲"也优先于"贤贤"。依周礼，王及诸侯的卿、大夫不"世"，即不世袭，似乎有"择贤录用"的意味，但这不过是周礼在"亲亲"与"贤贤"之间做的调整。世官与世族相联系，某一官职虽不世袭，但其继任者必定是世代从某一固定的氏族中选拔出来的，血缘在这里仍然是不可逾越的界限。类似的言论亦屡见于《周礼》《礼记》，可以说，"亲亲"乃弥漫于周礼之中的无所不在的精神气质。④

春秋时期的礼坏乐崩，是不同阶层的政治力量此消彼长的必然结果。在历史的发展进程中，原有政治力量之间的均势被打破，周礼以近似于成文法的形式固定下来的利益分配格局也就不可能再维持下去了。而在孔子看来，礼坏乐崩不仅仅表现为外在礼制规范的破坏和各种僭礼、越礼行为的大量发生，更严重的问题是周礼精神的失落。要想恢复周礼，必须对周礼之精神进行重新阐发，并以其为理论基础重新安排各阶层的利益关系。孔子虽一再表达自己对周公和周代礼乐文化的尊崇和"为东

① 王国维：《王国维遗书》第二册，上海，上海古籍书店，1983。
② 又见于《韩诗外传》卷十。
③ 钱杭：《周代宗法制度史研究》，上海，学林出版社，1991，第159页。
④ 例如，《周礼·天官冢宰》："以八统诏王驭万民。一曰亲亲。二曰敬故。三曰进贤。四曰使能。五曰保庸。六曰尊贵。七曰达吏。八曰礼宾。"《礼记·丧服小记》："亲亲。尊尊。长长。男女之有别。人道之大者也。"

周"的政治理想①，然正如萧公权在《中国政治思想史》中所说："孔子之学，如止于此，则仲尼不过一封建之后卫，周化之顺民，忠实之守旧党，未必遽能取得'贤于尧舜'之地位。"孔子既是"封建之后卫，周化之顺民，忠实之守旧党"，同时也是一位伟大的改革家。他通过对德的阐发重建礼的合法性，成为"德礼体系"的真正创立者。只有在孔子创立的"德礼体系"中，才能说"德是无所不在的精神气质"。

"德礼体系"中的"德"虽也有政治之"德"的意味，但主要是指人的内在之"德"。在尽可能维护周礼的前提下，儒家的"德礼体系"对周礼之精神进行了重新解释，改变了周礼以血缘、出身为标准分配社会资源和权力的原则，以内在之"德"取而代之，使其成为人们能够配享礼乐的前提条件。周礼本来只施行于贵族阶层，即所谓"礼不下庶人"，孔子却"有教无类"，不但将包括周礼在类的礼乐文化传播给社会上的各个阶层，而且主张对民要"道之以德，齐之以礼"。按照周礼之"亲亲"原则，官员任用、人才选拔皆举"亲故"，孔子却主张"举贤才""举直措诸枉"，最大限度地倡扬"贤贤"原则。孟子言："天下有达尊三：爵一，齿一，德一。朝廷莫如爵，乡党莫如齿，辅世长民莫如德。恶得有其一以慢其二哉？"（《孟子·公孙丑下》）孟子虽言自己占有齿与德而齐王只占有爵，因此齐王没有资格在他面前表现出怠慢不恭，但其真正的理由恐怕在于以有德者自居。在儒家的话语系统中，德代表道统。可以说，正是经过儒家的一番改革和重新阐释，德才成为礼的内在精神实质，礼治才成为德治的同义词。

"德礼体系"突破了周礼的"亲亲"原则，使儒家之礼能够最大限度地容纳"尊尊""贤贤"之原则。从孔子到荀子，儒家"德礼体系"的"德"经历了从"仁"到"仁义"，再到"义"的变迁，但其理论框架和理论逻辑却一脉相承。先秦儒家以德重新诠释礼的精神，是对周礼"亲亲"的巨大的突破，但这个突破又是有限度的。先秦儒家之"德"对"亲亲"之道的突破不是完全抛弃这一原则，而是在更广阔的视野上对"亲亲"之道的推扩。孔子提出的"仁者爱人"不同于墨子的"兼爱"，而是生发自血亲之爱，由爱亲之情推扩而来，因而是有差等的，以"仁"为精神实质的儒家之礼也以维护血缘亲情为第一原则。

---

① 例如，子曰："甚矣，吾衰也。久矣吾不复梦见周公！"（《论语·述而》）子曰："周鉴于二代，郁郁乎文哉！吾从周。"（《论语·八佾》）

二、政治哲学视域中的儒道之争

与儒家的"德礼体系"相对，黄老学派创立的政治哲学体系可称为"道法体系"。从西周末年开始，在"天命"论逐渐崩溃的背景下，政治哲学领域道的话语却在潜滋暗长。这一趋势说明，天道或道正逐渐成为春秋战国时期诸子百家据以立说言政的最高根据，而道家是这一趋势的主要推动者。

李泽厚曰："有关天道的观念在中国古代由来已久，但在《老子》这里终于得到一种哲学性质的净化或纯粹化。而这正是《老子》之所以为《老子》。"①所谓"哲学性质的净化或纯粹化"，表现为"道"不再以"天道""人道"这样的方式出现，而是作为一个独立的概念出现。老子对道的言说既是自然哲学，又是人生哲学和政治哲学。在政治哲学领域，老子既批判现实社会的仁义礼法对道的背离，又从正面提出了"人法地，地法天，天法道，道法自然"的思路。"道法自然"并不意味着道于自然有所取法，而是指任万物之自然，即道无为而任万物之自然。

在黄老学派看来，尽管老子批判仁义道德和礼法制度，但以法治为治国途径的思想并非与《老子》的思想要旨扞格不入。正如龙大轩所言：

> "失道而后德，失德而后仁，失仁而后义，失义而后礼。"……当我们将这段话倒过来释读、理解时，便知道老子是为人定法的进步完善设定了可资追求的理想目标：礼法制度要尽量合符人的情理，进而合符人的良知，进而合符德，最终才能逐渐接近道的要求，成为良法。这就是老子设计的"道法"的原形。②

黄老学派正是将老子的这段话倒过来释读和发扬的，从而创造性地提出"道生法"这一命题。黄老学派也对老子反复提到的"无为"进行了改造。通过引进"因"这一概念，"无为"被改造为"因……之为"，从根本上讲是"因道而为"，即遵循道而进行实践。通过对"法治"和"无为而治"的双向调整，黄老学派实现了"法治"和"无为而治"这两种"治道"模式之间的沟通，并在此基础上建构了以"道法"为标志的"治道"体系。"道法体系"成为通向老子"无为而治"的政治理想的工具和途径。

① 李泽厚：《中国古代思想史论》，北京，人民出版社，1985，第92页。
② 龙大轩：《道与中国法律传统》，济南，山东人民出版社，2004，第55页。

现存文献中并没有儒、道两家就"德礼体系"和"道法体系"所进行的正面交锋。孟子这位不得已而"好辩"的儒家大师，其批判的矛头也主要针对的是杨、墨，对与其约略同时的道家代表人物几乎未有提及。孟子之后的荀子表现出的也不是对道家的批判，而是吸取。因此，这里所谓的儒道之争实际上只是两家"治道"在理论上的矛盾和差异。

首先，"德礼体系"和"道法体系"的内在精神有着巨大的差异。儒家的"德礼体系"和黄老道家的"道法体系"虽然都建立在周礼的废墟之上，但儒、道两家对于周礼及其精神的态度并不一样。儒家的态度相对温和，在孔子看来，周礼及其精神所奠定的政治传统仍有其合理性，只需适时"损益"。因此，儒家"德礼体系"中的"德"仍然建基于血缘亲情之上，其"德礼体系"始终未能摆脱"亲亲之道"的纠缠。道家有批判现实社会的仁义礼法的传统。"以道观之"，儒家基于血缘亲情的"爱由亲始"若只是一种培养道德的途径其实并无不可，但如果将其作为政治原则，作为社会政治、经济资源分配的原则，成为政治上的"亲亲之道"，就会造成社会资源的不合理分配，阻塞"贤贤之道"。因此，相对于周礼，黄老道家的"道法体系"几乎完全另起炉灶。它最大限度地与血缘撇清了关系，对一切社会成员等而视之。在"道法体系"中，道既是法的根源，又是其精神实质。"以道观之"，万物皆出于道，此物与彼物在与道的关系上并无亲疏之别。因此，在"道法体系"下，社会资源尽可能地向最大范围内的社会成员开放，贵贱之别不取决于血缘而取决个人之才与德。这一原则的具体化就是对去私用公的强调。例如，《黄老帛书·经法》曰："畜臣之恒道，任能毋过其所长。使民之恒度，去私而立公。"《黄老帛书·四度》曰："任能毋过其所长，去私而立公。"帛书所反对的"私"首先是基于血缘的家姓之"私"。个人的贵贱或"位"又往往与贤、不肖相连，如《黄老帛书·君正》曰："贵贱有别，贤不宵（肖）衰也。"也就是说，贵贱的区别取决于个人的贤与不肖。《黄老帛书·四度》曰"贤不宵（肖）当位谓之正"，"当位"也就是各司其职，各自在贵贱等级序列中找到自己的位置。类似的思想又见于《吕氏春秋》的《贵公》《去私》等篇。《吕氏春秋·贵公》甚至提出"天下，非一人之天下也，天下之天下也"的观点。"道法体系"对政治上的"亲亲之道"的破坏是这一观点出现的前提：既然个人的贵贱与血缘无关而取决于个人的能与德，何独君主要例外呢？血缘亲情的维系与加固需要利益的支撑，"道法体系"对于社会资源配置的改革使其对"亲亲之道"的破除从政治扩散到整个社会的层面。因此，尽管黄老学派认为"道法体系"并不违背人性，但需要人去"体"的道与基于血缘天性的德相比，需要专门学习的法与涵存于洒扫应对、进退揖让等日用常行之间的礼相比，仍然多以异己的形象出现。

其次，"德礼体系"和"道法体系"内在精神的不同决定了与它们相对应的具体治国途径分别是礼治和法治。礼的实质在于根据血缘的亲疏确立某种差序关系，政治、经济等社会资源的开放都根据这种差序关系而相应地在社会成员之间有所区别；法的目的在于打破这种差序关系，使社会资源尽可能平等地向所有社会成员开放。礼治和法治的精神分别和"德礼体系"和"道法体系"的精神相对应，因此，儒、道两家分别提倡礼治和法治也就是自然而然的了。儒家试图通过礼治建立一个父慈子孝、兄友弟恭、处处弥漫着血缘亲情的道德社会；道家则试图通过法治建立一个君主端拱而天下治的无为而治的社会。

战国纷争的最后结局是崇尚法家的秦国统一六国，建立起秦王朝。秦王朝覆灭后，黄老道家的"道法体系"在汉初曾得到一定程度的施行，儒家的"德礼体系"随着汉武帝的"罢黜百家，独尊儒术"也一度成为官方的统治思想，但汉宣帝告诫汉元帝的"汉家自有制度，本以霸王道杂之"，即"外儒内法"或许才是历史上的真实情况。后世的儒道之争实际上逐渐由"明争"演变为"暗取"。儒道之争最后为什么会演变成"外儒内法"的格局？从理论逻辑上看，不管是儒家的"德礼"之治还是道家的"道法"之治，都要求对君主权力的限制，但儒、道两家都没有发展出能够对君主权力进行有效限制的制度设计，所以最终的结果是君主为维护自身统治而在二者间任意取舍。近现代政治发展的总体趋势是以法治取代人治，儒家的"德礼"之治属于人治，与现代法治之精神并不相符。相对而言，道家的"道法"之治似乎更符合现代法治之精神，但也存在致命的缺陷。亚里士多德曾指出法治的两个基本特征：一是法必须是良法，二是法律面前人人平等。这两个基本特征也是现代法治的基本精神。在道家的理论逻辑里，"道法"之治必须落实为法治，法治之法必须源于道。但实际上，道家并没有设计出一套有效的制度来保证法治之法必须源于道，因此，其"道法"之治最终堕落为法家的法治，而难以发展成为现代的法治。

第五章　黄老学派政治哲学的实践与影响

第一节　黄老学派政治哲学在先秦的影响

黄老学派与先秦诸子百家思想上的关联曾引起学术界对二者关系的争论：究竟是诸子百家的思想融合为黄老，还是黄老学派的思想对诸子百家产生了影响呢？对于这个问题，蒙文通先生认为："不是黄老之学在先，而是百家融为黄老。"①我们认为，黄老学派和先秦诸子百家之间存在一个双向互动的过程。一方面，先秦道家在从原始道家演变为黄老学派的过程中受到了当时诸子百家的影响；另一方面，黄老学派的思想也不可能不对当时的百家争鸣产生影响。这种影响主要体现在战国晚期的《荀子》《韩非子》和《吕氏春秋》中。

一、黄老学派政治哲学对荀子的影响

在当代中国哲学史的叙述中，荀子一般和孟子相提并论，二人皆被视为孔子之后先秦儒学的大师。但在儒学史上，自韩愈以后，荀子就被排除在儒家的道统传承之外。韩愈在评价孟子、荀子、扬雄三人之学时说：

> 周之衰，好事者各以其说干时君，纷纷藉藉相乱，六经与百家之说错杂，然老师大儒犹在。火于秦，黄老于汉，其存而醇者，孟轲氏而止耳，扬雄氏而止耳。及得荀氏书，于是又知有荀氏者也。考其辞，时若不粹；要其归，与孔子异者鲜矣。抑犹在轲、雄之间乎！……孟氏，醇乎醇者也；荀与扬，大醇而小疵。②

在论及儒家道统的传承时，韩愈又说：

> 尧以是传之舜，舜以是传之禹，禹以是传之汤，汤以是传之文、

---

① 蒙文通：《先秦诸子与理学》，桂林，广西师范大学出版社，2006，第192页。
② （唐）韩愈：《读荀》，见《朱文公校昌黎先生集》卷十一，《四部丛刊》本。

武、周公，文、武、周公传之孔子，孔子传之孟轲，轲之死不得其传焉。荀与扬也，择焉而不精，语焉而不详。①

韩愈在这里既然将荀子排除在儒家道统传承之外，则他对荀子的评价恐怕就不会是"大醇而小疵"，而是"小醇而大疵"了。近代以来，有学者认为荀子并非儒家。从某种意义上讲，这皆可谓韩愈之说的变种。我们认为，荀子思想中虽然有不同于孔孟儒家的部分，但并未越出儒家的范围，其"疵"在很大程度上是儒家在战国晚期受黄老学派影响而表现出的某些新特点。

荀子生当战国末期，斯时百家关系的主要方面已经由战国初期的对立争鸣转变为互相吸收和影响，不管这种吸收是明或暗。荀学的"疵"，即其与孔孟儒学的差异，主要就来自其他各家学说的影响。从宋至清的一些学者对荀子思想的这一特点已经有所论述，基本都认为荀子主要受法家的影响。例如，朱熹说："荀卿则全是申韩……然其要，卒归于明法制，执赏罚而已。"②明清之际的傅山认为："《荀子》三十二篇，不全儒家者言……但少精挚处则即与儒远，而近于法家，近于刑名家，非墨而又近于墨家者言。"③荀子在人性论上主张"性恶说"，在政治上主张"隆礼重法"，又大谈君主的统治之术，与申韩一派的法家的确有不少的共同之处。他的两个学生——李斯和韩非——又都是战国末期法家最著名的代表人物，因此前人认为他受到法家的影响也是自然而然的事情。

近代以来，某些学者注意到荀子与黄老之学的关系。郭沫若说："他（荀子）十五游学于齐，当在齐宣王末年，大约稷下学宫的一些大师如宋钘、孟轲、慎到、环渊之流，他都曾听过他们的讲学。《荀子》书中屡称宋钘为'子宋子'，至少可以为他曾经师事过宋钘的证明。"④郭氏又曰："黄老之术，值得我们注意的，事实上是培植于齐，发育于齐，而昌盛于齐的。"⑤而且，宋钘又是郭氏认为的稷下道家三派之一。因此，郭氏所谓荀子游学于齐，师事宋钘，实质上是说荀子曾受道家影响。杜国庠认

① （唐）韩愈：《原道》，见《朱文公校昌黎先生集》卷十一，《四部丛刊》本。
② （宋）黎靖德：《朱子语类》，北京，中华书局，1986，第3255页。
③ （明）傅山：《傅山荀子淮南子评注手稿》，上海，上海古籍出版社，1990，第272页。
④ 郭沫若：《十批判书》，北京，人民出版社，1954，第185页。关于荀子游齐时的年龄有两种不同的记载，据《史记》，荀子第一次游齐时"年五十"；据《风俗通义》则为"年十五"。今人多认为后一种记载更为可靠。
⑤ 郭沫若：《十批判书》，北京，人民出版社，1954，第141页。

为：“荀子是受了道家一些影响的。”①丁原明更进一步指出：“所谓‘小疵’，即既不是仅指荀子持‘礼伪’‘性恶’说，也不仅指他主张礼、法并用或有法家等‘异端’思想，而在很大程度上，是指在荀子思想中具有‘黄老’倾向。”②赵吉惠则直接将荀子看作战国末期黄老之学的代表人物。③

事实上，司马迁在《史记》中已经就荀子与黄老学派的关系做过暗示。《史记》将孟子与荀子合传，即《孟子荀卿列传》，但实际上该传的传主除孟、荀外，还有驺子（驺忌、驺衍、驺奭），淳于髡，慎到，公孙龙等，其中大部分是稷下先生。因此，谓该传为先秦孟子和荀子两位儒学大师之合传，毋宁称其为齐稷下先生之合传。诚然，孟子是否为稷下先生尚需考证，但孟、荀二人学术经历中的稷下背景是确乎无疑的。荀子确为稷下先生。据司马迁的记载，他不仅游学于齐，而且曾“最为老师”，还“三为祭酒”。稷下是先秦黄老学产生、发展与传播的重要基地。不管荀子来到齐国时是十五岁还是五十岁，他都长期浸淫于稷下的学术氛围中，不能不受稷下黄老之学的影响。此种影响也渗透到其政治哲学之中，并通过他影响到韩非。

首先，荀子对天的理解明显有别于孔孟而近于黄老。先秦诸子往往以天或道作为其设计的政治制度的合法性的客观依据。总体而言，先秦时期的天在众人的观念中经过了一个逐渐“祛魅”的过程：天逐渐由宗教神学意义上的人格化的至上神转变为自然的存在物。孔子一方面要“敬鬼神而远之”，但另一方面仍保持了对天的基本敬畏。孔子曰：“君子有三畏：畏天命，畏大人，畏圣人之言。”（《论语·季氏》）“三畏”中，“畏天命”居首，这说明孔子始终对天保持恭敬之心，不敢怠慢。但孔子敬畏的“天”已非宗教意义上的人格化的至上神，而是自然、社会领域中人无法预知、无法控制的客观必然性。孔子又曰：“天何言哉！四时行焉，百物生焉，天何言哉！”（《论语·阳货》）“言”是意志的表达，孔子“天何言哉”的感叹否定了天有“言”，实质上是否定有所谓“意志之天”，“天命”只是隐含在四时节序变迁、万物生长繁育过程中的客观必然性。孔子这一思想为孟子所继承，孟子曰：“莫之为而为者，天也；莫之致而至者，命也。”（《孟子·万章上》）这里的“天”和“命”意义较为接近，都是指某种人

①　杜国庠：《先秦诸子的若干研究》，北京，生活·读书·新知三联书店，1955，第97页。杜氏所说的道家主要指“宋尹一派的黄老道家”。杜氏赞同郭沫若以《管子四篇》为宋钘、尹文一派黄老道家的著作之说。本书并不认为《管子四篇》是宋、尹的著作，但对其为黄老道家代表作则无异议。

②　丁原明：《论荀子思想中的黄老倾向》，《管子学刊》1991年第3期。

③　参见赵吉惠：《荀况是战国末期黄老之学的代表》，《哲学研究》1993年第5期。

无法控制也无法解释的客观必然性。

荀子对天亦非全无敬畏之心，他也曾说过"天不言而人推高焉""至高之谓天"（《荀子·儒效》）之类的话。但其天论思想中的主流是将天视为自然存在物，并在此基础上提出要"明于天人之分"（《荀子·天论》）。荀子曰："治乱天邪？曰：日月、星辰、瑞历，是禹桀之所同也；禹以治，桀以乱，治乱非天也。"（同上）荀子虽没有直接说"天"是什么，但不难看出，在这段话里，其所谓"天"实际上就是包含日月星辰在内的自然现象。日月星辰与水火土气一样都是物质性的存在，且在存在等级上是低于人等有生有知之物的。荀子言："水火有气而无生，草木有生而无知，禽兽有知而无义；人有气有生有知亦且有义，故最为天下贵也。"（《荀子·王制》）因此，在荀子看来，天不但没有神秘性，其运行也有规律可循，故可以"物畜而制之"，即将其当作普通的自然存在物，掌握其规律并利用之。唯其如此，他才能说："大天而思之，孰与物畜而制之？从天而颂之，孰与制天命而用之？"（《荀子·天论》）这里表现出的天人之间地位的平等性、人对天态度的主动性是孔孟一派儒家所不可能有的。荀子对天的态度是受黄老学派影响的结果。我们在第一章中论述过，黄老学派是先秦时期天在众人观念中逐渐"祛魅"这一过程的主要推动者。《管子·枢言》曰："天道大而帝王者用。"人对天的态度从敬畏到利用，这无疑是荀子要求对天采取"物畜而制之"的态度的先声。

其次，在人性问题上，荀子的性恶论接近黄老学派，有别于孔孟一派儒家的性善论。程颐曰："孟子所以独出诸儒者，以能明性也。性无不善，而有不善者才也。"[1]荀子则明确对孟子的性善论提出批评："今孟子曰'人之性善'，无辨合符验，坐而言之，起而不可设，张而不可施行，岂不过甚矣哉！"（《荀子·性恶》）他认为："人之性恶，其善者伪也。"（《荀子·性恶》）也就是说，恶才是人的本性，善是后天的人为。荀子之所以判定人性为恶，完全是以经验事实为依据的。他对孟子性善论"无辨合符验，坐而言之，起而不可设，张而不可施行"的批评都是在批评孟子的性善说无法在经验层面得到验证。在经验层面，人性的表现是恶而非善：

　　　　今人之性，饥而欲饱，寒而欲暖，劳而欲休，此人之情性也。（《荀子·性恶》）

　　　　凡人之情，得所欲则乐，逢所恶则忧，此贵贱之所同有也。近

―――――――――
[1]　（宋）程颢、程颐：《二程集》，北京，中华书局，1981，第204页。

之不能勿欲，远之不能勿忘，人情皆然。（同上）

夫凡人之情，见利莫能勿就，见害莫能勿避。（《管子·禁藏》）

上述论述中"人情"或"人之情"，实际上指人的本性的自然表现。这些表现说明，人性中的内容不是仁义道德而是物质欲望。只有外界物质资源才能满足人的物质欲望，而人类社会的物质资源总是有限的，所以人为了满足欲望不能不进行争斗，此即"恶"的来源。从这一意义上讲，荀子认为人性本恶，人若顺人性而为，表现出的不是善而是恶。

荀子在人性论上的观点及其论证思路实际上与告子的"生之谓性"相似。告子言人性无分于善不善，又曰"食、色，性也"。他所谓的人性，也是就人的生命的自然展现而言的。"以生为性"也是黄老学派在人性问题上的基本观点。《管子·内业》曰：

> 凡人之生也，必以平正。所以失之，必以喜怒忧患。是故止怒莫若诗，去忧莫若乐，节乐莫若礼，守礼莫若敬，守敬莫若静。内静外敬，能反其性，性将大定。

在这段话里，作者首先提到的是"人之生"，与之相应的应该是一种平和的心理状态。作者的意图在于探讨可以通过何种途径使人恢复"凡人之生，必以平正"的状态，其应对之策是通过诗、乐、礼等手段来"反性"。"生之失"与"反性"在这里没有任何过渡和说明。显然，"反性"也就是"返生"，性之定即生之定。"以生为性"的观点在经验层面的展开必然导致将现实社会中人的生命存在的各种表现都当作人性能力的不同方面。《吕氏春秋·恃君》曰："凡人之性，爪牙不足以自守卫，肌肤不足以捍寒暑，筋骨不足以从利辟害，勇敢不足以却猛禁悍。"在这里，人生来就具有的自然能力几乎都被当成人性的内容，"人之性"也可以说是"人之生"。《淮南子·本经训》曰："凡人之性，心和欲得则乐，乐斯动，动斯蹈，蹈斯荡，荡斯歌，歌斯舞，歌舞节则禽兽跳矣。人之性，心有忧丧则悲，悲则哀，哀斯愤，愤斯怒，怒斯动，动则手足不静。人之性，有侵犯则怒，怒则血充，血充则气激，气激则发怒，发怒则有所释憾矣。"作者将人受到外界刺激时所有自然而然的心理反应、情绪波动、行为都看成人性的表现，人性在这里几乎只具有普遍性的意义，即人人具有的都被看作人性的内容。《淮南子·本经训》云："天爱其精，地爱其平，人爱其情。天之精，日月星辰雷电风雨也；地之平，水火金木土也；人之情，思虑聪明喜怒也。"高诱注曰:"情,性也。"情即性,而情又指人在日常生活中实际表现的方方面面,它代表的显然是一种经验描述层面的对人性的探讨。

再次,荀子崇尚"道法"。"道法"这一黄老学派的核心概念不见于先秦儒家其他著作,却为荀子所推崇:

> 其民莫敢托为奇辞以乱正名,故壹于道法,而谨于循令矣。如是则其迹长矣。迹长功成,治之极也。(《荀子·正名》)
>
> 无土则人不安居,无人则土不守,无道法则人不至,无君子则道不举。故土之与人也,道之与法也者,国家之本作也。君子也者,道法之总要也。(《荀子·致士》)

荀子将"道法"视为统治人民的重要工具,其地位可与土地、人民相提并论,都是国家之"本作",即统治的基石。丁原明曰:"此处所说的'道法',即指道家思想与法家思想相结合,亦即把这两家思想作为'道治'的根本指导思想。"①此说似是而非。在荀子的时代,道家、法家这些概念尚未出现,"道法"也就不可能是"道家思想与法家思想的结合"。从来源上讲,"道法"概念无疑是对黄老学派"道生法"命题的简明概括:法既源于道,则称其为"道法"亦无不可。荀子之前的法家的法理论中并无"道生法"或与之类似的理论,却在《黄老帛书》《管子四篇》《鹖冠子》等黄老学派的文献中反复出现。后期法家的代表人物韩非可能正是通过荀子接触到了这一思想。

最后,荀子主张"隆礼""重法",在礼相对于法具有优先性的前提下吸收了黄老道家的法治主张。荀子反复强调"隆礼"的重要性:

> 人君者,隆礼尊贤而王,重法爱民而霸,好利多诈而危,权谋倾覆幽险而亡。(《荀子·强国》)
>
> 君人者,隆礼尊贤而王,重法爱民而霸,好利多诈而危。(《荀子·大略》)
>
> 君人者,隆礼尊贤而王,重法爱民而霸,好利多诈而危,权谋倾覆幽险而亡矣。(《荀子·天论》)

---

① 丁原明:《论荀子思想中的黄老倾向》,《管子学刊》1991 年第 3 期。

在先秦政治哲学的话语中，"王"相对于"霸"具有更强的合法性和道德上的优先性。王者之治为礼治，霸者之治为法治，礼亦具有相对于法的优先性。荀子认为，礼无论是在个人修身还是治国中都具有根本性、原则性的地位。荀子曰："人无礼则不生，事无礼则不成，国无礼则不宁。"（《荀子·修身》）又曰："礼者，治辨之极也，强固之本也，威行之道也，功名之总也。王公由之所以得天下也，不由所以陨社稷也。"（《荀子·议兵》）先秦诸家中，儒家主张礼治，法家和黄老学派则主张法治。荀子对礼在修身和治国中的根本地位的强调，使其不仅与法家表现出在根本立场上的分歧，也使其同黄老学派区别开来。

但荀子在"隆礼"的同时又"援法入礼"，使礼的精神实质和具体内涵都发生了某些不同于孔孟的变化。在孔孟那里，礼与人性有共同的形上根据，因此二者具有天然的和谐，礼相对于人而言并不是异己的，而是与本己存在相契合的。孔孟一派儒家认为，礼的范导是人性能力充分发扬的必要条件，因此，他们将礼贯穿渗透于日常的洒扫应对之中，扩散到日常生活的方方面面。礼既有助于人的道德修养的提高，作为政治规范又是重要的统治工具，但礼的作用主要是柔性的，在于引导、教化。荀子抛弃了对人性的形而上维度的追溯，也切断了礼与外在客观基础的关联。礼在来源上是圣人或先王的天才创造，目的则在于使人类之"群"不因人性之恶所引起的争斗而趋于解体。荀子曰：

> 礼起于何也？曰：人生而有欲，欲而不得，则不能无求，求而无度量分界，则不能不争。争则乱，乱则穷。先王恶其乱也，故制礼义以分之，以养人之欲，给人之求。使欲必不穷乎物，物必不屈于欲，两者相持而长，是礼之所起也。（《荀子·礼论》）

荀子认为，礼的作用首先在于维持人的欲望与有限的物质资料之间的平衡，因此它首先是一种社会政治规范，其次才是道德原则。礼要求人节制自己的物质欲望，在一定程度上是对人性的违逆，因而具有强制性，这也就和法相去不远了。荀子又言：

> 礼之理诚深矣，"坚白""同异"之察入焉而溺；其理诚大矣，擅作典制辟陋之说入焉而丧；其理诚高矣，暴慢恣睢轻俗以为高之属入焉而队。故绳墨诚陈矣，则不可欺以曲直。衡诚悬矣，则不可欺以轻重。规矩诚设矣，则不可欺以方圆。君子审于礼，则不可欺以

诈伪。故绳者直之至，衡者平之至，规矩者方圆之至，礼者人道之极也。（《荀子·礼论》）

"礼之理"也就是礼的根据和精神实质。荀子所认为的礼的根据和精神实质与孔孟一派儒家所倡导的缘于血缘、祭祀等的礼已完全不同，它的存在是为了防范辩士、暴乱之人等社会不稳定因素。道家和法家诸子常用规矩、绳墨比喻法的公平和齐一性，荀子却用它们来形容礼。至此，礼、法之间似乎已没有什么分别了，非礼也就等于无法。荀子多次礼、法并称，几乎使"礼法"成了一个固定概念：

> 故学也者，礼法也。（《荀子·修身》）
> 礼法之大分也。（《荀子·王霸》）
> 礼法之枢要也。（同上）

近代以来的诸多研究者都注意到了荀子礼治思想的这一特点。梁启超说："荀子所谓礼，与当时法家所谓法者，其性质实极相逼近。"[1]任继愈则认为，荀子"用法治来充实改造礼治，体现了新的时代精神"[2]。韩德民认为："荀子在阐发礼的起源时，注意到了礼所隐示的相应于法的规范功能，从而异于孔孟对其道德教化功能、对其与血缘关系相连的那样一种脉脉温情的强调。"[3]这些论述无疑有其道理，但我们还是不应该忽视在荀子思想中，礼与法还是有所区别的，二者内涵上的接近正是以其区别为前提的。

首先，荀子的礼虽然表现出对人性的违逆，但又在另一方面表现出对人性的顺应。因此，荀子所提倡的礼终究不如法那般生硬、粗暴。荀子将人的欲望视为人性之表现。《荀子·礼论》云："故礼者养也，刍豢稻粱，五味调香，所以养口也；椒兰芬苾，所以养鼻也……故礼者养也。"这段话道出了礼的另一重要功能——"养"，也就是通过对物质资料的分配，使人的各种欲望得到一定程度的满足。礼并不一味地要求取消、禁锢人的欲望，而是要求将它们控制在适度的范围内。其次，在荀子看来，礼和法虽然同为社会规范，但无论从二者的起源还是施用先后上看，礼都优先于法。荀子在论及礼法关系时说："礼者，法之大分，类之纲纪

---

[1] 梁启超：《先秦政治思想史》，北京，中华书局，1986，第96页。

[2] 任继愈：《中国哲学发展史（先秦）》，北京，人民出版社，1983，第672页。

[3] 韩德民：《论荀子的礼法观》，《社会科学战线》1998年第4期。

也。"(《荀子·劝学》)"类"指与法相类似的律例,《方言》曰"齐谓法为类",则"类"又可指法。① 可见,礼可以在一定情况下被视为法律条例的渊源。这与《管子·枢言》所说的"法出于礼,礼出于治,治礼道也,万物待治礼而后定"在思路上是相同的。在施用先后上,荀子认为:"君人者,隆礼尊贤而王,重法爱民而霸。"(《荀子·大略》)"王""霸"作为两种统一天下的方式,前者更具理想化,在选择上也更具优先性,而与"王"这一理想方式相应的内容是礼,与"霸"相应的则是法,因此,在施用的先后上,礼也相应地优先于法。

对法治的提倡是黄老学派与法家的共同特征,但在提倡法治的同时又主张吸收礼治的合理因素却是黄老学派所独有的理论特征,荀子的"援法入礼"完全可以看作黄老学派思想影响下的结果,只不过他站在儒家的立场上对礼法的结合又有所修正。

综上所述,黄老学派的政治哲学对荀子的政治思想的方方面面都产生过巨大的影响。正是这种影响使荀子的思想具有明显的黄老倾向,并表现出与孔孟一派儒家的差异。荀子是战国末期儒家的大师,其学术活动时间长,又身处稷下这一学者云集的学术中心,其思想在当时和整个汉代都传播甚广。汉初诸儒如陆贾、贾谊、董仲舒等人,其儒学思想中具有的黄老色彩,都可以从荀子这里找到根源。

二、黄老学派政治哲学对韩非的影响

道、法两家思想上的渊源历来受到学人的关注。司马迁将韩非和老子合传,并探讨了道、法两家思想上的渊源:

> 老子所贵道,虚无,因应变化于无为,故著书辞称微妙难识。庄子散道德,放论,要亦归之自然。申子卑卑,施之于名实。韩子引绳墨,切事情,明是非,其极惨礉少恩。皆原于道德之意,而老子深远矣。(《史记·老子韩非列传》)

在韩非之前,法家的代表人物还有申不害和慎到。但是,一方面,他们的著作散佚,无从考证;另一方面,二人究竟应该归属于法家还是黄老学派还存有争议,韩非则是确定无疑的战国末期法家的集大成者,

---

① 参见梁启雄:《荀子简释》,北京,中华书局,1983,第 8 页。梁氏疑"分"字为"本"字之误,可备一说。

故我们主要探讨的其实是韩非思想和黄老学派的关系。

从学术渊源上讲，韩非与李斯曾经"俱事荀卿"，即二人都做过荀子的弟子。如上文所述，荀子深受黄老学派影响，韩非自然从荀子处接触过黄老之学。史书对于韩非从学于荀子的时间和地点都没有记载，但荀子主要的学术活动经历是在稷下，则韩非也很可能是在稷下从荀子学，所以司马迁又说韩非"归本于黄老"。韩非大概从学于稷下，受稷下黄老学风的影响，并直接接触过黄老学派的著作。从《韩非子》一书内容来看，韩非对黄老学的了解是透彻和深入的，其中的《解老》《喻老》二篇是现存最早注释、阐释《老子》的著作。而《韩非子》中的《扬权》《大体》等篇若杂之黄老学派的著作中，几乎令人无从分辨，以至于今人多疑其非韩非本人所作。从《韩非子》的成书过程来看，的确存在这种可能，但在没有确凿证据的情况下，尚不宜遽下此结论。下面，我们试从四个方面分别论述黄老学对韩非的影响及二者思想的实质性差异。

首先，在道法关系上，韩非之前的法家，如商鞅等人，并未谈及法的形而上根据之类的问题。他们侧重的是操作性层面的法理论。相对于黄老学派的"道生法"，他们的法理论可以被称为"君生法"理论。韩非吸收了黄老学派的"道生法"思想并加以改造，建立了法家的"道法"理论。韩非的道论源于老子，即"原于道德之意"，但他抛弃了老子之道惟恍惟惚、难以捉摸、不可言说的特点。《解老》一篇是韩非阐释《老子》的著作，但全篇并不见对《老子》一书关于道的那些"惟恍惟惚"的描述的解释。相反，他这样解释"无状之状，无物之象"一语："人希见生象也，而得死象之骨，案其图以想其生也，故诸人之所以意想者皆谓之'象'也。今道虽不可得闻见，圣人执其见功处以见其形，故曰'无状之状，无物之象'。"（《韩非子·解老》）道既不可闻见，则那些"惟恍惟惚"之辞便不过是想象，纯属多余，但道作为真实的存在必有其功用，这是可追寻的，也只能由此处追寻道究竟是什么。这与其追求"参验"的实用主义态度是一致的。韩非还说："道者万物之始"（《韩非子·主道》），"道者，万物之所以然也"，"道者，万物之所以成也"（《韩非子·解老》）。他继承了老子之道作为万物根源和万物运动发展总规律的思想，这和黄老学派对老子道论的发展方向是一致的。

更重要的是，他遵循黄老学派的思路将道引入政治领域，试图为"君生法"的合理性做证明。韩非认为："道者，万物之始，是非之纪也。是以明君守始以知万物之源，治纪以知善败之端。"（《韩非子·主道》）道不仅是万物的根源，而且是分辨人间是非的标准和原则，而法的重要功能之一就是以明文的形式确定是非，因此，道与法之间有着必然且不可分割的联系，君主守道就拥有了"生法"的权力。在《扬权》篇中，他又说："道不同于万物，德不同于阴阳，衡不同于轻重，绳不同于出入，和不同于燥湿，君不同于群臣。凡此六者，道之出也。道无双，故曰一。"韩非以道喻君，君臣关系一转而为道物关系。道与万物不是同一个层次的存在，道生成万物，又决定万物的成败盛衰、运动发展的方向，与之相应，君主也能决定臣下的生死贵贱。君主的权力以条文的形式固定下来，这就是"法"。而且"道无双"，即道是独一无二的，这也与君主至高无上的地位相对应。

更重要的区别还在于，黄老学派认为君主和其他社会成员一样，也要受法的约束，韩非对此则全无提及。君主既然不受法律之约束，则自可以依据自己的喜怒好恶修改、废止法律。由于这一重要的区别，我们可以说韩非虽然也有其"道法"理论，但却与黄老学派有本质的不同。在黄老学派的"道生法"理论中，道类似于黑格尔所言之绝对理念，君主不过这一理念借以表现自身的工具；在韩非的"道法"理论中，道与君主的地位似乎颠倒了过来，道成了君主为自己制定的法律进行合法性辩护的工具。因此，韩非虽然对黄老学派的"道生法"理论有所借鉴，但仍然不脱其法家尊君卑臣的色彩，其目的只是为法家"君生法"理论做论证。

其次，韩非吸收了黄老学派的"无为"理论，并进行了改造和发挥。黄老学派的"无为"理论包括两个方面：其一，是对作为政治理想的无为之治的构想；其二，无为是政治的运作原则，在无为、有为的辩证展开过程中，政治机构的层级关系得到清理和条畅。韩非在《大体》篇中描绘了他的理想之国："故致至安之世，法如朝露，纯朴不散，心无结怨，口无烦言。故车马不疲弊于远路，旌旗不乱于大泽，万民不失命于寇戎，雄骏不创寿于旗幢；豪杰不著名于图书，不录功于盘盂，记年之牒空虚。故曰利莫长于简，福莫久于安。"这一韩非理想中的社会虽没有出现"无为"二字，但其人民纯朴、政府机构简化、没有战争等特点与老子设想的"小国寡民"之社会实已相去不远，比之黄老学派设想的无为之治，其"无为"程度有过之而无不及。据此，陈奇猷认为："韩非与老子的最终目的都是要造成一个'无为'的社会。这一共通点把韩非拉到老子的阵营中去，所以老子的很多话可以与韩非的思想联系起来。"①单就韩非在《大体》篇描绘的理想社会图景，我们有理由认为他和老子处在同一阵营。但问题

---

① 　陈奇猷：《韩非子新校注》，上海，上海古籍出版社，2000，第 1266 页。

在于，韩非认为，要想达到"至安之世"的理想境界，必须"寄治乱于法术，托是非于赏罚，属权衡于轻重"。而他在设想法术、赏罚的时候，又忽视了它们的工具性质。若缺乏目的的制约、引导，难免导致以工具为目的的倾向。韩非无为之治的政治理想一旦进入现实的领域，就充满了冷酷的"法术"和阴谋。从这点上看，韩非和老子的政治理念又是完全对立的。

再次，对黄老学派"无为"理论的另一个方面，韩非也进行了吸收，但更多的是改造和发挥。在黄老学派那里，"君无为臣有为，上无为下有为"的目的是一方面防止君主干涉臣下职责范围内的事务，另一方面使臣下能够在职责范围内最大程度地发挥自己的才能。韩非却将其改造成为君主防止臣下谋反、徇私的阴谋权术。据此，他建立了一套与黄老之学大异其趣的"君人南面之术"。"君人南面之术"即君术、主术，或君道，也就是君主统治万民之术。在古代中国，南面是统治地位的象征。君主的地位是独一无二的，除他以外的所有人都是被统治者。因此，从宽泛的意义上讲，在君主制框架下，一切政治理论和学说都可以被包括在"君人南面之术"中，事实上这也是"南面之术"本来的意义。

早期法家有法、术、势三派，其中术主要就指"君人南面之术"。正是法家特别是韩非对"君人南面之术"的发挥和改造，使其到西汉就成为君主如何运用阴谋、欺诈的手段统御臣下的权谋之术。黄老学派的"君人南面之术"与法家混为一谈而同遭误解。吕思勉曾言："术家之言，千条万绪，而一言以蔽之，不外乎'臣主异利'四字。"[1]君臣不同的利益追求使得二者之间势必发生利益的冲突。韩非对君臣之间的利益冲突有深刻、冷静的认识。在他看来，君臣之间不过是在做买卖，利益是连接交易双方的纽带。二者之间关系的实质是："臣尽死力以与君市，君垂爵禄以与臣市，君臣之际，非父子之亲也，计数之所出也。"（《韩非子·难一》）君臣的遇合不是基于血缘或共同的政治理想，而是因为他们有共同的利益基础。当这个共同的利益基础不存在时，臣子也就不会对君主忠诚。而当背叛甚至谋杀君主可以获得更大的利益时，臣子就会毫不犹豫地付诸实践。这与黄老学派设想的君臣关系是完全不同的。在黄老学派看来，君臣之间的遇合既有共同利益的因素，更多的则是他们有共同的政治理想。有道之士之所以为某一君主所用，是因为君主能够接受他们的政治主张，士人具有一定的政治上的独立性。即使官僚体系内部存在君臣之

① 　吕思勉：《先秦学术概论》，上海，东方出版社，2008，第67页。

间的利益冲突，但更多的是相互依存、各有分职的有机关系。《管子·心术》以人体比喻整个官僚机构，以心喻君，以各器官喻各级官僚，就是这一观点的具体体现。韩非既然将君臣关系想象得如此险恶，所以他反复强调"术"对君主的重要性，认为"无术以知奸，则以其富强也资人臣而已矣"（《韩非子·定法》），即不但要用法治来强国，而且要用"术"来防范臣下对政权的谋夺。郭沫若将韩非的"术"概括为以下几点：

（1）权势不可假人；

（2）深藏不露；

（3）把人当成坏蛋；

（4）毁坏一切伦理价值；

（5）励行愚民政策；

（6）罚须严峻，赏须审慎；

（7）遇必要时不择手段。

要打个浅近的比喻时，人君就须得像一匹蜘蛛。耳目的特种网是蜘蛛网，这个网便是人君的威势所藉，有了这架网，做人君的还须得像蜘蛛一样，藏匿起来，待有饵物时而继之以不容情的宰割。①

郭沫若的概括全面而用语浅近，实无再解释之必要。黄老学派强调的虚静自修，在韩非这里被改造成"深藏不露"以暗中窥察臣子的真实面目。自汉代以来，国人对"君人南面之术"的一般印象实即如此。韩非为先秦"君人南面之术"之集大成者，以后历代言"君人南面之术"，概未能越出韩非之藩篱。"君人南面之术"发展至此，已完全成为专制制度下君主控制臣下的控御术，离黄老学派的"无为"理论维护政治机构有序、顺畅运转的目的已相去甚远。"无为"之名下的法家和黄老学派之间的本质性差异，其根本原因正在于二者人性论和政治哲学的逻辑起点的不同。黄老学派继承老子，有其以道为核心的系统的形而上学，其人性论从道论推导而出，因而二者从本质上讲是契合的。韩非吸纳了道家的道论，但有所择取，其人性论缺少超验进路的思考，只根据经验事实而认定人性为恶。从本质上讲，韩非的政治哲学是以人性恶为逻辑前提的，这与黄老学派以道为前提的政治哲学大异其趣。

最后，黄老学派和法家所认为的法的内涵和两家对法的态度都存在

① 郭沫若：《十批判书》，北京，人民出版社，1954，第307～308页。

实质性的差异。法家漠视血缘亲情，排斥礼，也不诉诸道德教化，将法视为维护社会秩序和统治的唯一手段。在法的使用上，法家一味追求暴力和刑罚的强制作用，主张"以刑去刑"。何谓"以刑去刑"？《韩非子·内储说上》引商鞅之言曰："行刑，重其轻者。轻者不至，重者不来，此谓以刑去刑。"也就是说，以重刑罚小罪，使人民畏惧，不敢犯小罪，自然更不敢犯大罪。在该篇中，韩非连用了三个寓言来论证这一观点：

> 董阏于为赵上地守。行石邑山中，涧深，峭如墙，深百仞，因问其旁乡左右曰："人尝有入此者乎？"对曰："无有。"曰："婴儿、痴聋、狂悖之人尝有入此者乎？"对曰："无有。""牛马犬彘尝有入此者乎？"对曰："无有。"董阏于喟然太息曰："吾能治矣。使吾法之无赦，犹入涧之必死也，则人莫之敢犯也，何为不治？"

> 子产相郑，病将死，谓游吉曰："我死后，子必用郑，必以严莅人。夫火形严，故人鲜灼；水形懦，故人多溺。子必严子之形，无令溺子之懦。"子产死。游吉不忍行严刑，郑少年相率为盗，处于雚泽，将遂以为郑祸。游吉率车骑与战，一日一夜，仅能克之。游吉喟然叹曰："吾蚤行夫子之教，必不悔至于此矣。"

> 殷之法，刑弃灰于街者。子贡以为重，问之仲尼。仲尼曰："知治之道也。夫弃灰于街必掩人，掩人，人必怒，怒则斗，斗必三族相残也，此残三族之道也，虽刑之可也。且夫重罚者，人之所恶也；而无弃灰，人之所易也。使人行之所易，而无离所恶，此治之道。"

> 一曰：殷之法，弃灰于公道者断其手。子贡曰："弃灰之罪轻，断手之罚重，古人何太毅也？"曰："无弃灰，所易也；断手，所恶也。行所易，不关所恶，古人以为易，故行之。"

然而，如果以重刑惩罚小罪，又要用什么来惩罚大罪呢？只能用更重的刑罚。这就必然导致刑罚越来越重。可以说，秦的严刑酷诛并非秦始皇对法家思想的"滥用"，而是法家"以刑去刑"思想付诸实践的必然结果。黄老学派虽然也以法治来充实其"无为而治"的政治理念，但他们一面提倡法治，另一面也时刻强调法治不过是手段。他们否认越来越重的惩罚可以从根本上达到稳定政治秩序的目的，而是提出"循名复一"，认为只有在"一"即"道"的统治下，才可能达成这一目的。此外，黄老学派并非徒任法治，对于儒家的道德教化、礼乐也有所吸纳。韩非则对于法之外的一切社会规范和学说都持排斥、禁止的态度。综上所述，韩非无疑受到黄老学的巨大影响，但我们不可高估这种影响的作用，也不可因韩非思想中表现出的黄老倾向而模糊法家和黄老学派的学派分际。

第二节　黄老学派政治哲学在汉初的实践与影响

一、黄老学派政治哲学在汉初的实践

西汉初年统治者的指导思想是什么？对于这一问题，历代学者有不同的看法，概括起来大致有以下三种。

其一，儒法结合。《汉书·元帝纪》载：

> 孝元皇帝……壮大，柔仁好儒。见宣帝所用多文法吏，以刑名绳下。大臣杨恽、盖宽饶等坐刺讥辞语为罪而诛，尝侍燕从容言："陛下持刑太深，宜用儒生。"宣帝作色曰："汉家自有制度，本以霸王道杂之，奈何纯任德教，用周政乎！且俗儒不达时宜，好是古非今，使人眩于名实，不知所守，何足委任！"

"霸王道杂之"出于汉宣帝之口，载于正史，当然具有较高的权威和可信度。"霸王道杂之"被后人解释为儒法结合。例如，许倬云就认为："法家的理论本来只及于治理的方法，未尝及于为政的目的；儒家的理论有为政的目的，而未尝及于方法。两者结合，遂成为帝国政治体制的理论基础。"[①]如此解释，则所谓"霸王道杂之"实际上就是以法家治术为手段来达到儒家的政治目的，或者说实现儒家的政治理想。

其二，汉承秦制。钱穆曰："汉初制度、法律，一切全依秦旧。"[②]侯外庐甚至说："汉律之峻峭比秦更甚。"[③]陈苏镇在结合出土文献考察了萧何所定汉律后，亦认为："就萧何所定汉律而言，'汉承秦制'是实实在在的。"[④]楚汉争霸时，刘邦最初受封的汉中和后来作为东向争霸之根据地的关中皆为故秦之地。刘邦以萧何守关中，在治理关中时对秦之制度、律令不能不有所继承。秦的法律、制度是在法家思想的指导下建立起来的。汉代继承了秦的法律制度，应该也继承了秦的法家指导思想。金春

---

①　许倬云：《东周到秦汉：国家形态的发展》，《中国史研究》1986 年第 4 期。

②　钱穆：《国史大纲（修订本）》，北京，商务印书馆，1994，第 129 页。

③　侯外庐：《中国思想通史》第 2 卷，北京，人民出版社，1957，第 62 页。

④　陈苏镇：《〈春秋〉与"汉道"——两汉政治与政治文化研究》，北京，中华书局，2011，第 64 页。

峰就认为："'汉承秦制'，不只是指具体的政治经济制度、社会结构、施政大纲，也包括秦代奉行的法家指导思想。"①

其三，黄老学派的"清静无为"思想。蒙文通曰："从'曹参荐盖公言黄老'，直到文景之世，都是黄老独盛，汉依以为治，这是人所共知的。"②吴光指出："汉武帝实行'抑黜百家，独尊儒术'以前的汉初六七十年间，是道家黄老之学兴盛发展并在思想领域占据统治地位，在政治实践中发挥实际作用的时期。"③吕锡琛则曰："与秦王朝崇尚法家的格局相反，汉初的统治者尊崇的是黄老道家。"④还有部分学者虽未明言黄老学派的"清静无为"思想是汉初统治者的指导思想，但却认为汉初道家或黄老思想可能极为流行，或为显学。

我们认为，汉宣帝所谓"霸王道杂之"说的并非汉初的情况。韩星指出："以儒法思想为学术基础，兼用霸王，杂用诸家，是汉兴以来一直在积极进行的政治文化整合的基本思路，其最终成果就是在武、宣时期基本上形成了'霸王道杂之'的政治文化模式。"⑤换言之，"霸王道杂之"的模式在汉初尚停留在思想上的萌芽阶段，其定型则到了武帝和昭、宣二帝时期。而"汉承秦制"和汉初统治者以黄老学派的"清静无为"作为政治指导思想并不矛盾。秦代建立的中央集权的封建制度不仅为汉代，也为中国两千多年的封建社会历朝政治制度奠定了基础。谭嗣同说："中国两千年之政，皆秦政也，皆大盗也。"⑥在这一意义上，可以说自秦以后的中国历代王朝都是"承秦制"。汉朝继秦而兴，汉初君臣多出身市井，具体政治制度的建构皆由原仕于秦的官吏完成，加之处于草创之时，在具体制度上沿袭秦朝也是情理之中的事。另外，道家尚简易，本不重视具体制度的建构。从制度层面来说，在中国两千多年的封建社会历史中，一直处于对立状态的始终是儒、法两家，即"周制"与"秦制"之争，汉初亦是如此。虽然"汉承秦制"，但汉对秦的制度也不是全盘接收，而是有所损益。例如，秦代实行的郡县制就为汉初所基本继承，但汉在继承的同时也做了适应当时政治形势的修正。汉初实行的实际上是分封制和郡县制相结合的地方行政制度，其时诸侯国的势力还非常大。

不少学者指出汉初刑法严酷，并将其视为"汉承秦制"和以法家思想

---

① 金春峰：《汉代思想史》，北京，中国社会科学出版社，2006，第43页。
② 蒙文通：《先秦诸子与理学》，桂林，广西师范大学出版社，2008，第191页。
③ 吴光：《黄老之学通论》，杭州，浙江人民出版社，1985，第192页。
④ 吕锡琛：《善政的追寻——道家治道及其践行研究》，北京，人民出版社，2014，第150页。
⑤ 韩星：《"霸王道杂之"：秦汉政治文化模式考论》，《哲学研究》2009年第2期。
⑥ 谭嗣同：《仁学》，郑州，中州古籍出版社，1998，第169页。

为政治指导思想的重要证据。程树德曰："汉初除秦苛法，及萧何定律，其刑名仍多沿秦制，如夷三族、枭首、腰斩、弃市、宫、刖、劓、黥、城旦、鬼薪诸刑，皆本秦制也。"①然《汉书·刑法志》记载："汉兴，高祖初入关，约法三章……其后四夷未附，兵革未息，三章之法不足以御奸。于是萧何捃摭秦法，取其宜于时者，作律九章。"这条记载说明，萧何在制汉律时对秦律是有所择取的，而非全盘照搬。这个择取只能是去掉那些严苛的刑罚，因为它们作为秦代苛政的重要部分，在汉初君臣和士民的心理上都留下了巨大的阴影。汉初某些刑罚在今人看来诚然严酷，但相对于秦的繁刑酷诛已经减轻了许多。提倡法治是黄老学派和法家的共同特征，但若因此认为"黄老思想，正如帛书所表明的，本身就是一种法家思想"②，却是存在很大的问题的。

从西汉建立到武帝初年，黄老学派所崇尚的"清静无为"一直是统治者治国的指导思想。汉初承秦之弊，社会经济凋敝，亟待恢复。史载："汉兴，接秦之弊，丈夫从军旅，老弱转粮饷，作业剧而财匮。自天子不能具钧驷，而将相或乘牛车，齐民无藏盖。"（《史记·平准书》）这一社会现实迫使汉初统治者不得不实行轻徭薄赋、与民休息的政策。在当时流行的法家、儒家、阴阳家和道家等家的治国理念中，后者"清静无为"的治国理念显然与此最为适应。

汉初统治集团多楚人，而楚地正是黄老学派形成和流传的重要地区。汉初统治集团对黄老思想的推崇并非个别的现象，而是一种集体行为。在高祖的谋士集团中，萧何、张良、陈平、陆贾等重要人物都或多或少受到黄老学派思想的影响。刘邦去世，遗言萧何死后当以曹参继任汉相。曹参在任齐相时，拜"治黄老言"的盖公为师，在齐国推行"清静无为"的为政纲领，收到了很好的效果。汉惠帝二年（前193年），萧何病逝，曹参继任汉相，将其在齐国的"清静无为"政策又照搬了过来。这是汉王朝以黄老学派的治国理念为治国指导思想的标志。史载：

> 孝惠、高后之时，海内得离战国之苦，君臣俱欲无为，故惠帝拱己，高后女主制政，不出房闼，而天下晏然，刑罚罕用，民务稼穑，衣食滋殖。（《汉书·高后纪》）

---

① 程树德：《九朝律考》，北京，中华书局，2003，第37页。
② 金春峰：《汉代思想史》，北京，中国社会科学出版社，2006，第43页。

汉惠帝后的文、景二帝继续实践黄老学派"清静无为"的治国理念。刘向曰："文帝本修黄老言，不甚好儒术，其治尚清静无为。"(《风俗通义·正失》)汉景帝时，由于窦太后的推崇，黄老之学的影响达到极盛。《汉书·外戚传》载："窦太后好黄帝、老子言，景帝及诸窦不得不读《老子》，尊其术。"《史记·儒林传》则曰："及至孝景，不任儒者，而窦太后又好黄老之术，故诸博士具官待问，未有进者。"

黄老学派的政治理念在汉初的实践主要体现在以下几个方面。

其一，清静无为。汉高祖刘邦初定天下，就"悉去秦苛仪法，为简易"(《史记·刘敬叔孙通列传》)。汉惠帝时，曹参代萧何为汉相，尚清静无为，对萧何制定的法律、制度无所更改。史载：

> 参代何为汉相国，举事无所变更，一遵萧何约束。择郡国吏木讷于文辞，重厚长者，即召除为丞相史。吏之言文刻深，欲务声名者，辄斥去之。日夜饮醇酒。卿大夫已下吏及宾客见参不事事，来者皆欲有言。至者，参辄饮以醇酒，间之，欲有所言，复饮之，醉而后去，终莫得开说，以为常。(《史记·曹相国世家》)

汉惠帝责怪曹参不治事，曹参解释道："高帝与萧何定天下，法令既明，今陛下垂拱，参等守职，遵而勿失，不亦可乎？"(《史记·曹相国世家》)曹参为汉相国三年，去世后，百姓歌曰："萧何为法，顜若画一；曹参代之，守而勿失。载其清静，民以宁一。"(同上)这段史实被后人概括为"萧规曹随"，成为中国历史上"无为之治"的一种典型形态。汉惠帝后的文、景二帝继续实践"清静无为"的治国理念。《汉书·刑法志》载："及孝文即位，躬修玄默，劝趣农桑，减省租赋。"汉文帝初年，周勃、陈平为相，二人和文帝之间发生了这样一段对话：

> 居顷之，孝文皇帝既益明习国家事，朝而问右丞相勃曰："天下一岁决狱几何？"勃谢曰："不知。"问："天下一岁钱谷出入几何？"勃又谢不知，汗出沾背，愧不能对。于是上亦问左丞相平。平曰："有主者。"上曰："主者谓谁？"平曰："陛下即问决狱，责廷尉；问钱谷，责治粟内史。"上曰："苟各有所主者，而君所主者何事也？"平谢曰："主臣！陛下不知其驽下，使待罪丞相。丞相者，上佐天子理阴阳，顺四时，下育万物之宜，外镇抚四夷诸侯，内亲附百姓，使卿大夫各得任其职焉。"孝文帝乃称善。(《史记·陈丞相世家》)

陈平"少时本好黄帝、老子之术"（《史记·陈丞相世家》），其"各有主者"一语显然深得黄老学派提出的通过"循名责实"以达到"君无为而臣有为，上无为而下有为"之目的的"无为"治术的精髓。正因为汉文帝"修黄老言"，"尚清静无为"，所以他能够对陈平之对表示赞同。

其二，尚法治，省刑罚。法治是黄老学派实现其"无为而治"理想的重要手段，也是其政治哲学理论体系中不可或缺的组成部分。汉初诸帝亦尚法治，但对秦代滥用法治导致的"繁刑严诛，吏治刻深，赏罚不当，赋敛无度"多有修正。汉文帝元年（前 180 年），欲废连坐相收之刑，史书记载了汉文帝君臣之间关于这一问题的一段对话：

> 十二月，上曰："法者，治之正也，所以禁暴而率善人也。今犯法已论，而使毋罪之父母妻子同产坐之，及为收帑，朕甚不取。其议之。"有司皆曰："民不能自治，故为法以禁之。相坐坐收，所以累其心，使重犯法，所从来远矣。如故便。"上曰："朕闻法正则民悫，罪当则民从。且夫牧民而导之善者，吏也。其既不能导，又以不正之法罪之，是反害于民，为暴者也。何以禁之？朕未见其便，其孰计之。"有司皆曰："陛下加大惠，德甚盛，非臣等所及也。请奉诏书，除收帑诸相坐律令。"（《史记·孝文本纪》）

"有司"（主刑律之官员）不赞同汉文帝废除连坐相收之刑的提议，理由是"所以累其心，使重犯法"，即此刑因为刑罚较重，具有较强的震慑力，能使民畏惧而不敢犯法。可见，"有司"的法治理念完全是法家式的，即片面强调通过严酷的刑罚使民不敢违法，从而达到为治的目的，其理论逻辑与韩非所倡之"刑弃灰于街"并无二致。① 而在汉文帝看来，民是否服从法律不仅仅在于违法后受到的刑罚是否严酷，也在于法律本身制定得是否合理。过于严酷的法律是"不正之法"。教导人民遵守法律是官吏的职责；不能教导人民，只是片面地通过严酷的法律使民不敢犯法是官吏的失职。汉文帝的法治理念更多地受到黄老学派的影响，与"有司"和秦代所依据之法家法治理念有异。

从汉高祖到文、景二帝，他们都不断在刑罚方面"蠲削烦苛"。刘邦

---

① 《韩非子·内储说上》："殷之法，刑弃灰于街者。子贡以为重，问之仲尼。仲尼曰：'知治之道也。夫弃灰于街必掩人，掩人，人必怒，怒则斗，斗必三族相残也，此残三族之道也，虽刑之可也。且夫重罚者，人之所恶也；而无弃灰，人之所易也。使人行之所易，而无离所所恶，此治之道。'"

在受封为汉王的第二年就恢复了先秦时期赦免罪人的传统，从受封为汉王到去世的十二年间，刘邦共发布赦免罪人诏书十一次。[①] 这在一定程度上减轻了秦代法律的严酷色彩，起到了安定社会、笼络人心的作用。汉惠帝四年（前 191 年）三月，"赦天下，省法令妨吏民者，除挟书律"（《汉书·惠帝纪》）。高后元年（前 187 年），"除三族罪，妖言令"。汉文帝在位期间，废除"诽谤、妖言"之罪，又因缇萦上书救父之事废除肉刑。经过上述改革，秦律中一些过于严苛的法律和酷刑被废除，量刑标准也有所减轻。虽然有些严刑酷法依然没有被废除，甚至某些被废除的严刑酷法不久后又被恢复，但是我们可以看出，西汉前期的统治者一直在努力削弱秦律严酷的一面。

其三，节欲尚俭，与民休息。节欲尚俭是个人之德，但对君主而言又不仅仅是个人之德。统治者多欲则国家必多事，国家多事必多费。君主、国家之所用所费无不取之于民，故黄老学派所要求的省事、不扰民皆以君主节欲尚俭为前提。汉初数代皇帝都力行节俭。西汉建国之初，萧何兴造未央宫，汉高祖就曾批评道："天下匈匈苦战数岁，成败未可知，是何治宫室过度也。"（《史记·高祖本纪》）汉文帝"即位二十三年，宫室苑囿、狗马服御无所增益，有不便，辄弛以利民……所幸慎夫人，令衣不得曳地，帏帐不得文绣，以示敦朴，为天下先"，可谓节俭的典范。他曾打算修建露台，"召匠计之，直百金"，遂作罢。在修筑陵墓时，他又要求："皆以瓦器，不得以金银铜锡为饰。"（《史记·孝文本纪》）汉初统治者节欲尚俭，故能轻徭薄赋，与民休息。史载汉高祖时：

> 上于是约法省禁，轻田租，什五而税一，量吏禄，度官用，以赋于民。而山川园池市肆租税之入，自天子以至封君汤沐邑，皆各为私奉养，不领于天子之经费。漕转关东粟以给中都官，岁不过数十万石。（《汉书·食货志》）

汉文帝从晁错之言，下诏"赐民十二年租税之半"。汉景帝二年（前 156 年），又减民田租之半，"三十而税一"（《汉书·食货志》）。汉初人民税赋之轻在整个封建社会都是比较罕见的。

如果我们把人类社会比作一个生态系统，黄老学派"清静无为"的政治理念与现代生态学提倡的"自然恢复法"颇有相通之处。我们一般认为，

---

① 　数据根据《汉书·高帝纪》得来。

植树造林、种草等人工措施可以加快对受破坏的生态系统的恢复，但是近年来的相关科学研究表明，自然生态系统具有极强的自恢复能力。在某些情况下，人为的植树造林不但不能加速生态系统的恢复，相反会造成退化；而在减少或完全去除人的干预后，受损的生态系统很可能快速自行恢复。因此，现代生态学提倡在修复受损生态系统时让人类活动退出这一生态系统所及的领域，无须过多干预。黄老学派政治哲学思想在汉初的实践收到了相当好的效果。史载：

> 至武帝之初七十年间，国家亡事，非遇水旱，则民人给家足，都鄙廪庾尽满，而府库余财。京师之钱累百巨万，贯朽而不可校。太仓之粟陈陈相因，充溢露积于外，腐败不可食。众庶街巷有马，阡陌之间成群，乘牸牝者摈而不得会聚。守闾阎者食粱肉；为吏者长子孙；居官者以为姓号。人人自爱而重犯法，先行谊而黜愧辱焉。（《汉书·食货志》）

汉武帝建元二年（前139年），淮南王刘安献上其主持编纂的《淮南子》，这是道家理论在西汉的一次大结集。建元六年（前135年），崇尚黄老的窦太后卒，武帝随即任命好儒术的田蚡为相，又积极采纳董仲舒"罢黜百家，独尊儒术"的建议，正式确立儒学为治国的指导思想。自此以后，黄老学派的政治哲学逐渐淡出最高统治阶层的视野，但仍然流行于民间，并和神仙方术之学结合起来，形成"黄老道"，成为道教的前身。但受黄老政治哲学的影响，早期道教仍然有强烈的政治诉求。

二、黄老学派政治哲学对陆贾的影响

春秋战国时期的百家争鸣局面到秦统一后就基本结束了。汉初虽然还有些学者保持着战国时期百家之学的学风，但并没有什么出色的理论。从汉初到武帝，这段时间都是黄老独盛，因此，汉初诸儒的思想受到黄老学派的巨大影响。萧公权曰："此六十年中黄老颇盛，儒家亦不免受其影响而兼尚无为。"①韩愈在回顾儒学史上的这一时期时，称其为"黄老于汉"。

黄老学派对儒学的影响从战国中期以后就已经开始，战国末期的儒学大师荀子就是其中的典型代表。汉初儒学的发展与荀子有莫大的关系，

---

① 萧公权：《中国政治思想史》，北京，商务印书馆，2011，第283页。

儒家六经的传承几乎都与荀子有关。清代学者汪中曰："盖自七十子之徒既殁，汉诸儒未兴，中更战国、暴秦之乱，六艺之传赖以不绝者，荀卿也。周公作之，孔子述之，荀卿子传之，其揆一也。"①徐复观虽以汪氏多夸大其词而不尽赞同，然亦曰："西汉在武帝以前，荀子的影响甚大则确系事实，西汉经学与荀子有各种关联，则是可以推论而得的。"②汉代儒家经学最重师说，荀子以儒为主，兼采百家特别是黄老学派思想的学术风格遂成为汉初儒学的普遍特点。汉初诸儒，像陆贾、贾谊等人，都深受荀子影响，然其学被后世儒生视为驳杂不纯，其人也被排除出"醇儒"之列。

陆贾是秦汉之际人，秦末以客从高祖定天下，其著作据《汉书·艺文志》有《楚汉春秋》和《陆贾》两种。前者已佚，后者据考证，即今之《新语》上下卷，然亦非全璧。《史记·郦生陆贾列传》载："陆生乃粗述存亡之征，凡著十二篇。每奏一篇，高帝未尝不称善，左右呼万岁，号其书曰《新语》。"这条记载表明，陆贾的思想在汉初影响甚大。《新语》主要发挥儒家的仁义德治思想，历代官私目录也多将其列入"儒家类"或"杂家类"，但其思想受到黄老学派多方面的影响。胡适评价道：

> 其思想近于荀卿、韩非，而鉴于秦帝国的急进政策的恶影响，故改向和缓的一路，遂兼采无为的治道论。此书仍是一种"杂家"之言，虽时时称引儒书，而仍不免带点左倾的色彩，故最应该放在《吕氏春秋》和《淮南王书》之间。③

荀子、韩非虽为师生，然一为儒家大师，一为法家巨子，二人之共同点在于其思想都受到黄老学派的影响。《新语》思想与二人之"近"亦在于此。

首先，陆贾的道术受到黄老学派的影响。《新语·道基》一篇所论实即道术之基，即道术的形上根据。陆贾所谓"道术"，既包括"治之道"，也包括"治之术"，以今语言之，即政治哲学。陆贾认为道术是天、地、人三者共同作用的结果，具体言之，是圣人效法天地制作而成的，即所

---

① （清）汪中：《荀卿子通论》，转引自（清）王先谦：《荀子集解》，北京，中华书局，1988，第21页。荀子传经的具体情况可参见《荀子集解》所录之汪中的《荀卿子通论》和胡元仪《郇卿别传》《郇卿别传考异》等。

② 徐复观：《徐复观论经学史二种》，上海，上海书店出版社，2002，第39页。

③ 胡适：《中国中古思想史长编》，上海，华东师范大学出版社，1996，第84页。

谓"天生万物，以地养之，圣人成之，功德参合而道术生焉"(《新语·道基》)。道术的总纲则是："君子握道而治，据德而行，席仁而坐，杖义而强，虚无寂寞，通动无量。"(《新语·道基》)"虚无寂寞，通动无量"描述的是君主无为之形象。"通动"即"通洞"，形容心不执着于事务，畅通无碍。儒家虽然也有对君主无为形象之描述，但与此有异。《文子·九守》曰："若夫神无所掩，心无所载，通洞条达，澹然无事，势利不能诱，声色不能淫，辩者不能说，智者不能动，勇者不能恐，此真人之游也。"① 陆贾所述君主无为之象显然与此更为相似。只不过在《文子》中，要达到"此真人之游"的境界，必须"无以天下为"，即不治天下。而在陆贾看来，因为道、德、仁、义代表了道术的总纲，所以只要掌握了这四者，君主也能够达到无为之境。这更接近于黄老学派对君主无为的理解。

　　道、德、仁、义四者构成陆贾"道术"之总纲，因此所谓"在《新语·道基》中，陆贾从天人之际和古今之变两方面，论证仁义是政治的根本，有为是为政所必须"的观点显然过于片面。② 陆贾此语中，道、德、仁、义四者之次序显然不是随便为之，而是代表着四者在道术中的地位。《庄子·天道》曰："古之明大道者，先明天而道德次之，道德已明而仁义次之，仁义已明而分守次之，分守已明而形名次之。"庄子所谓"大道"，即陆贾所谓"道术"，二者皆为天下治理之道，其中道、德、仁、义四者的次序完全一致。商原李刚认为："'道''德'统帅'仁''义'，行清静无为之政；'仁义'在'道''德'之下，道家思想占优势。"③在道、德、仁、义四者中，只有道对应的是治，德、仁、义分别对应的行、坐、强都只是治的某一方面。因此，我们认为，不是道、德统帅仁、义，而是道统帅德、仁、义。在道、德、仁、义的来源问题上，庄子认为，"古之明大道者"要"先明天"，即"天"是道、德、仁、义的终极根源。这是黄老学派"推天道以明人事"的思维方式的代表，和陆贾认为的道术由圣人效法天地制作而成的思路也基本一致，而这一思路在先秦儒家那里并不明显。

　　其次，陆贾的政治理想受到黄老学派"无为而治"思想的影响。《新语》一书专设《无为》篇，其首句曰："夫道莫大于无为，行莫大于谨敬。"这里的"道"指的是治理天下之"道"，"道莫大于无为"意味着"无为而治"

<hr>

① 此语又见于《淮南子·俶真训》："若夫神无所掩，心无所载，通洞条达，恬漠无事，无所凝滞，虚寂以待，势利不能诱也，辩者不能说也，声色不能淫也，美者不能滥也，智者不能动也，勇者不能恐也，此真人之道也。"
② 金春峰：《汉代思想史》，北京，中国社会科学出版社，2006，第68页。
③ 商原李刚：《道治与自由》，北京，社会科学文献出版社，2005，第257页。

是天下治理的理想状态。儒家虽然也推崇"无为而治"，但其具体内容与道家有异。陆贾"道莫大于无为"的思想显然更多地继自道家。此句之后，陆贾举了两个实行"无为而治"的古代圣人的例子：

> 昔舜治天下也，弹五弦之琴，歌《南风》之诗，寂若无治国之意，漠若无忧天下之心，然而天下大治。周公制作礼乐，郊天地，望山川，师旅不设，刑格法悬，而四海之内，奉供来臻，越裳之君，重译来朝。故无为者乃有为也。

舜和周公虽然都是儒家理想中的圣人，但陆贾对他们的描述已经道家化。儒家理想中的舜是不可能"寂若无治国之意，漠若无忧天下之心"的。显然，周公制作礼乐已非无为。

《新语·至德》曰：

> 君子之为治也，块然若无事，寂然若无声，官府若无吏，亭落若无民，闾里不讼于巷，老幼不愁于庭。近者无所议，远者无所听。邮无夜行之吏，乡无夜名之征。犬不夜吠，乌不夜鸣。老者息于堂，丁壮者耕耘于野。在朝者忠于君，在家者孝于亲。于是赏善罚恶而润色之，兴辟雍庠序而教诲之。然后贤愚异议，廉鄙异科，长幼异节，上下有差，强弱相扶，大小相怀，尊卑相承，雁行相随，不言而信，不怒而威。岂待坚甲利兵、深牢刻令、朝夕切切而后行哉？

这是陆贾对其政治理想的描述，具有"无为而治"的典型特征。但"无为而治"有儒、道两种类型，陆贾所描述的究竟属于哪种类型呢？有研究者认为："陆贾描述的这种牧歌式的田园民俗，基本上是脱胎于《老子》'小国寡民'的理想国，与《文子》基本相同。"[1]也有研究者认为："陆贾无为思想属于儒家的'道德导向无为'，而非黄老道家的'自然无为'，无为源于儒家的仁义，而非黄老道家的道。"[2]还有研究者认为："其中关于社会大系统中各种阶层伦理生活准则的议论，反映了儒家的传统观点，而关于'君子''官府'一类国家政治系统的治政原则的论述，则又明显地带有《老子》的色彩。"[3]

---

① 商原李刚：《道治与自由》，北京，社会科学文献出版社，2005，第 259 页。
② 徐平华：《陆贾无为思想的属性辨析及其价值》，《求索》2009 年第 8 期。
③ 马育良：《陆贾：向非儒文化观挑战的汉儒第一人（下）》，《皖西学院学报》1996 年第 3 期。

我们大致同意上述观点中的第三种观点。在第三章中，我们曾论及各家"无为而治"思想有同有异，而儒家"无为而治"之本质在于主张通过道德教化达致"无为而治"的理想。而陆贾在描述"无为而治"的理想图景时并未提及道德教化，他是在描述之后才说到"于是""兴辟雍庠序而教诲之"的。"于是"表示"君子之为治"是"兴辟雍庠序而教诲之"的前提，而非道德教化是达到"君子之为治"的途径。因此，我们很难说陆贾理想中的"无为而治"是儒家"道德导向"式的"无为而治"，或我们在第三章中所概括的"德化"式"无为而治"。陆贾在描述"君子之为治"的过程中使用了数个"若无"。"若无"并非真"无"，而是指各安其职、各守其分、官不扰民、民不触法这样一种社会和谐图景。在陆贾看来，赏善罚恶和道德教化应该在上述图景中进行，而不是通过赏善罚恶和道德教化达致上述图景。"君子之为治"的理想图景究竟该如何达致呢？陆贾并未说明。关于《新语》的成书，历史上有记载：

> 陆生时时前说称《诗》《书》。高帝骂之曰："乃公居马上而得之，安事《诗》《书》!"陆生曰："居马上得之，宁可以马上治之乎？……乡使秦已并天下，行仁义，法先圣，陛下安得而有之？"高帝不怿而有惭色，乃谓陆生曰："试为我著秦所以失天下，吾所以得之者何，及古成败之国。"陆生乃粗述存亡之征，凡著十二篇。每奏一篇，高帝未尝不称善，左右呼万岁，号其书曰《新语》。（《史记·郦生陆贾列传》）

从其成书的经过来看，《新语》有着强烈的现实指向，即为汉初统治阶层制定治国的方略。这种现实指向在《至德》篇中的反映就是主张先通过"无为之治"使人民生活得以安定，社会经济得以恢复，在此基础上再赏善罚恶和进行道德教化。

三、黄老学派政治思想对贾谊的影响

贾谊亦为汉初大儒。刘歆曰："至孝文皇帝……在朝之儒，唯贾生而已。"（《移书让太常博士》）但贾谊思想的不"纯"，古人早有论及。司马迁曰："贾生、晁错明申、商。"（《史记·太史公自序》）朱熹曰："贾谊之学杂。他本是战国纵横之学，只是较近道理，不至如仪、秦、蔡、范

之甚尔。"①另一位宋代学者黄震则说："要其本说，以道为虚，以术为用，则无得于孔子之学，盖不过以智略之资、战国之习欲措置汉天下尔。"②申、商是法家代表，司马迁说贾谊"明申、商"，实质上是指出贾谊思想受法家影响。朱熹认为贾谊思想的本质是战国纵横家之学，此说不知有何依据。这些关于贾谊之学"不纯"或"杂"的论断基本上都是站在儒家的立场上说的，所谓"不纯"或"杂"，是贾谊作为一个儒者的"不纯"或"杂"。换言之，贾谊虽为儒者，但受到了其他学派思想的影响。不过在贾谊受到哪些学派思想的影响这一问题上，近当代研究者有不同的看法。萧公权说："贾生之政治思想以孔孟为主干而参取黄老。虽偶有近于刑名阴阳之处，并非其立论之宏旨。"③金春峰则认为："贾谊所表现的是荀子融合儒法为一的新儒家思想的特点。"④也有研究者认为，由于法家或道家思想的影响，贾谊已经不是儒者，而是法家或道家学者。我们认为，贾谊的思想总体上看仍然是以儒家为骨干的，但受到法家、黄老学派的影响。这是战国末期到汉初思想界的普遍现象。

从学术渊源上看，贾谊是汉初荀学的继承者之一，而荀学与黄老之学有极密切的关系，贾谊是极有可能从荀子那里接受黄老学派的影响的。据《史记·屈原贾生列传》，贾谊"年十八，以能诵诗属书闻于郡中。吴廷尉为河南守，召置门下，甚幸爱"。而这个吴廷尉，"故与李斯同邑而常学事事焉"。李斯是荀子的学生，吴公又是李斯的学生。吴公可以说是荀子的再传弟子，贾谊则可说是荀子的三传弟子。又《经典释文·序录》载《春秋左氏传》的授受源流时说："荀卿名况，况传武威张苍，苍传洛阳贾谊。"据此，亦可说贾谊是荀子的再传弟子。故有研究者指出："贾谊以儒家思想为基础，运用黄老道家的治学方法，广泛吸收百家之学，融会贯通，最终形成以进一步黄老化的荀学为主体的新型儒学。"⑤

从个人遭际上看，贾谊曾被贬于黄老学盛行的楚地，并直接接触过黄老学派的著作。贾谊遭贬长沙时作过一篇《鵩鸟赋》，这篇赋虽然是充满忧伤失意之情的文学作品，但其中体现了贾谊的气化宇宙观和对老子朴素辩证法的继承。更值得注意的是，《鵩鸟赋》在某些字句上与《鹖冠子》相同或相近，以至于后世有学者据此认为《鹖冠子》为伪书。例如，柳

---

① （宋）黎靖德：《朱子语类》，北京，中华书局，1986，第 3257 页。

② （宋）黄震：《黄氏日钞》卷五六，《四库全书》本。

③ 萧公权：《中国政治思想史》，北京，商务印书馆，2011，第 284 页。

④ 金春峰：《汉代思想史》，北京，中国社会科学出版社，2006，第 83 页。

⑤ 马晓乐、庄大钧：《贾谊、荀学与黄老——简论贾谊的学术渊源》，《山东大学学报（哲学社会科学版）》2003 年第 1 期。

宗元说：

> 余读贾谊《鹏赋》，嘉其辞，而学者以为尽出《鹖冠子》。余往来京师，求《鹖冠子》无所见，至长沙，始得其书。读之尽鄙浅言也，惟谊所引用为美，余无可者。吾意好事者伪为其书，反用《鹏赋》以文饰之，非谊有所取之，决也。①

柳说多为后人所沿袭，但这是一种倒因为果的说法。今天我们已经基本上可以认定《鹖冠子》为先秦古籍，《鹏鸟赋》中出现的与其相同或相近的字句不是所谓伪《鹖冠子》作者抄袭《鹏鸟赋》，而是贾谊在写作此赋时对前者的征引。贾谊被贬长沙三年，长沙属楚地，在当时是黄老学流传的重要地区。贾谊在当地直接接触了黄老学著作，其中就包括《鹖冠子》。贾谊今存的著作有《新书》和《治安策》，其中黄老学派思想的影响主要表现在以下几个方面。

首先，贾谊在《新书》中多次称引黄帝和老子的话，即"黄老言"。例如：

> 黄帝曰："日中必彗，操刀必割。"（《新书·宗首》）
> 黄帝曰："道若川谷之水，其出无已，其行无止。故服人而不为仇，分人而不谔者，其惟道矣。故播之于天下而不忘者，其惟道矣。是以道高比于天，道明比于日，道安比于山。故言之者见谓智，学之者见谓贤，守之者见谓信，乐之者见谓仁，行之者见谓圣人。故惟道不可窃也，不可以虚为也。"（《新书·修政语上》）
> 老聃曰："为之于未有，治之于未乱。"《新书·审微》
> 老子曰："报怨以德。"（《新书·退让》）

在上述"黄老言"中，老子之言自然蕴含着道家思想。黄帝"日中必彗，操刀必割"之言也包含了道家的朴素辩证法思想。而在"川谷之水"的比喻中，道被理解为普遍的、无可抗拒的客观规律，不仅具有崇高的地位，也是人间智、贤、信、仁等的终极根源。

其次，贾谊对道术的理解受到黄老学派的影响。贾谊《新书》对作为哲学概念的"道"的论述集中在《道术》《道德说》二篇中。

---

① （唐）柳宗元：《辩鹖冠子》，见《增广注释音辨唐柳先生集》卷四，《四部丛刊》本。

曰："数闻道之名矣，而未知其实也。请问道者何谓也?"对曰："道者，所从接物也。其本者谓之虚，其末者谓之术。虚者，言其精微也，平素而无设施也。术也者，所从制物也，动静之数也。凡此皆道也。"

曰："请问虚之接物，何如?"对曰："镜仪而居，无执不臧，美恶毕至，各得其当。衡虚无私，平静而处，轻重毕悬，各得其所。明主者，南面而正，清虚而静，令名自命，令物自定，如鉴之应，如衡之称，有豐和之，有端随之，物鞠其极，而以当施之。此虚之接物也。"(《新书·道术》)

陆贾《新语》所说的"道术"明确指天下国家的治理之道、治理之术，二者合称为"道术"，而贾谊所谓"道术"意义更广。贾谊所说的"道"是一个总概念，道之本谓"虚"，其末谓"术"。道具有认识论和实践论的双重意涵：道之本虚是主体接物之总规律、总原则；道之末术是主体处事的具体方法和技巧。在认识论上，道之本虚作为主体认识事物的总规律和总原则，其具体内容是："镜仪而居，无执不臧，美恶毕至，各得其当。衡虚无私，平静而处，轻重毕悬，各得其所。"贾谊认为，人们认识事物应该像镜子映照事物一样，原原本本地反映事物的样子，美恶毕现；或者像秤称量物体一样，轻就是轻，重即是重。

从认识论上讲，道之本虚强调的是认识活动中的客观性原则，即不带主观成见、客观地反映认识对象的存在状态。这和作为黄老学派认识论的"因之术"一脉相承。《管子·心术上》曰："无为之道，因也。因也者，无益无损也。以其形因为之名，此因之术也。"黄老学派的"因之术"要求主体在认识对象时做到"无益无损"，即既不增加也不减损，原原本本地反映对象的本来面目，对认识对象进行客观、全面的认识。黄老学派的"因之术"要求认识主体保持心的虚静。《经法·名理》曰："故唯执道者能虚静公正，乃见正道，乃得名理之诚。"《庄子·天道》曰："圣人之心静乎，天地之鉴也，万物之镜也。夫虚静恬淡，寂漠无为者，天地之平而道德之至。"黄老学派的"虚"指认识主体没有成见且内心平静的状态。贾谊所谓道之本虚，要求去除的也是主体的成见，即"无执不臧"。陶鸿庆曰："臧，读为藏，言无所执着，亦无所藏匿也。"[1]陶氏所谓"无所藏匿"，即《十六经·十大》所说的"我不藏故，不挟陈"。这里的"故"和"陈"

---

① （汉）贾谊：《新书校注》，北京，中华书局，2000，第306页。

指人的先入之见，也即当代诠释学中所说的"前见"。只不过当代哲学诠释学认为，一切理解必然包含某种前见。"前见"并不意味着错误的判断，而是可以具有肯定的和否定的价值。黄老学派和贾谊则认为它们妨碍主体对客观事物的认识，因此必须去除。

和黄老学派的认识论一样，贾谊所谓"虚之接物"的认识论也具有政治哲学意义，即"明主者，南面而正，清虚而静，令名自命，令物自定，如鉴之应，如衡之称，有豊和之，有端随之，物鞠其极，而以当施之"。这段话论及的显然是"君人南面之术"，包含了以下三层意思。其一，君主应具备"清虚而静"之德。这与黄老学派主张的清静无为的"君人南面之术"的精神基本一致。其二，"令名自命，令物自应"，即对事物之发展尽量持不干涉之原则。黄老学派认为"秋毫成之，必有形名"(《经法・道法》)，万物的产生是一个自然过程，与其对应的"名"的产生也是一个自然的过程。因此，我们不必急于为新事物命名，而是应该等待"物自为名"。故《经法・论》曰："物自正也，名自命也，事自定也。"其三，"如鉴之应，如衡之称，有豊和之，有端随之，物鞠其极，而以当施之"。鉴之照物，当物未来时，鉴中一无所有；衡之称物，当物未来时，衡始终保持平正的状态。鉴、衡之变化皆在物来之后，这意味着治理天下应该持被动原则，静观事态之变化，然后选择合适的方法来应对，不必拘泥于事先制订的处理方案。这也符合司马谈概括的道家"与时迁移，应物变化，立俗施事，无所不宜"的特点。《道术》篇接着解释"术"：

> 曰："请问术之接物何如？"对曰："人主仁而境内和矣，故其士民莫弗亲也；人主义而境内理矣，故其士民莫弗顺也；人主有礼而境内肃矣，故其士民莫弗敬也；人主有信而境内贞矣，故其士民莫弗信也；人主公而境内服矣，故其士民莫弗戴也；人主法而境内轨矣，故其士民莫弗辅也。举贤则民化善，使能则官职治，英俊在位则主尊，羽翼胜任则民显，操德而固则威立，教顺而必则令行。周听则不蔽，稽验则不惶，明好恶则民心化，密事端则人主神。术者，接物之队。凡权重者必谨于事，令行者必谨于言，则过败鲜矣。此术之接物之道也。其为原无屈，其应变无极，故圣人尊之。夫道之详，不可胜述也。"

在《道术》篇中，"术"有"制物""接物"两种说法：在前文中，贾谊说"术也者，所从制物也"；在后文中，贾谊又于三处皆说"术之接物"。"接物"和"制物"显然有别，"术"究竟是"所从制物"呢，还是"所从接物"呢？贾谊在"请问术之接物何如"一句设问之后，其自答的内容明显与"虚之接物"不同。他对"虚之接物"的回答是先就认识论上立论，然后再将认识论观点应用于政治领域，推导出政治哲学观点；而其对"术之接物"的回答完全是就政治哲学立论的。因此，联系上下文看，贾谊所谓"术"应为"制物"之术，即处理政治事务的技巧和方法，其内容大致可分为三部分，亦反映了贾谊政治思想受不同学派影响的特征。

第一，从"人主仁而境内和矣"到"故其士民莫弗辅也"。这部分的理论逻辑基本上是儒家的，其内容则杂糅各家。有研究者认为："在贾谊看来，仁、义、礼、信、公、法六者，就是'道'在政治行为中的体现，人主按照这六个原则施为，就是'术之接物'在政治实践中的表现形式。这六者之中，仁、义、礼、信是儒家思想的必然要求，公是先秦各家的共同追求，法是儒、法两家共有的思想。公、法思想在《黄老帛书》中体现得也十分明显。"①也就是说，这部分内容体现了儒、法、黄老三家的影响。而从其理论逻辑来看，"人主仁而境内和矣，故其士民莫弗亲也"，这是要求君主以身作则，通过示范带动施行教化，使人民道德水平相应提高，以达到为治的目的。这一治理逻辑完全是儒家式的。君主先行、先倡以带动民众的思想和道家"主逸臣劳"的思想不同，亦与上文对君主"南面而正，清虚而静"的要求相冲突。

第二，从"举贤则民化善"到"密事端则人主神"。这部分论及为治之具体措施包括举贤、使能、固德操、教顺、周听、稽验、明好恶、密事端等，目的则是民化善、官职治、主尊、民显、威立、令行、不蔽、不惶、民心化、人主神。不管是从为治措施来看，还是所要达到的为治之目的来看，这部分论述都体现了杂糅儒法的特点。举贤、使能、固德操、教顺这是儒家的一贯主张，民化善则是儒家典型的政治理想。当然，举贤、使能也可谓先秦诸家所一致认同的政治主张。主尊、民显、威立、令行、不蔽、不惶、民心化、人主神，则是法家的政治主张。

第三，从"术者，接物之队"到"故圣人尊之"。这部分要求君主谨言慎行，学派特征不明显。

最后，贾谊以道家之道、德统摄仁、义、忠、信诸德，又以其为贯穿儒家经典的基本精神。贾谊在《道德说》《六术》两篇集中论述了道、德和神、明、命，仁、义、忠、信等概念的关系。道、德这两个概念并非

---

① 闫利春：《贾谊"道"论研究》，武汉大学，博士学位论文，2012，第22页。

道家专有，但贾谊对道、德的理解受到道家的影响，如其论道，曰"道者无形，平和而神"，又曰："物所道始谓之道，所得以生谓之德。德之有也，以道为本，故曰'道者，德之本也'。德生物又养物，则物安利矣。"（《新书·道德说》）在先秦儒家的理论体系里，"德"的终极根源是天而不是道，贾谊以道为"德之本"的说法显然源于道家。贾谊又认为，德有"六理"：

> 德有六理，何谓六理？曰道、德、性、神、明、命。此六者德之理也。诸生者皆生于德之所生，而能象人德者，独玉也。象德体六理，尽见于玉也，各有状，是故以玉效德之六理。泽者鉴也，谓之道；腒如窈膏，谓之德；湛而润，厚而胶，谓之性；康若泲流，谓之神；光辉谓之明；砮乎坚哉，谓之命。此之谓六理。[①]（《新书·道德说》）

这里所说的"德"有两种不同的意义，"德有六理"之"德"和后面作为"六理"之一的"德"所指显然不同。徐复观指出："《六术》篇与《道德说》篇，是贾谊融合儒、道、法三家思想，将《老子》的'道生之，德畜之'的创生历程，再加入《韩非子·解老》所提出的理的观念，再接上儒家天命之谓性的基本思想，一直落实到六艺之上，以组成由道家之道到儒家的六艺的大系统，使道的创生历程得到更大的充实；使道的形上性格很坚确地落实于现实世界的人生价值之上，这更表现了贾生思想的创造性。"[②]金春峰则认为："《道德说》的兴趣和着眼点是'天人之际'，即自然的道如何变化为物和人的过程。它虽然讲'德之生阴阳天地与万物也'，但它没有侧重在宇宙构成的过程……《道德说》从道德直接引申出了社会的道德范畴。"[③]根据上述解释，"德有六理"之"德"指的应该是道生万物的整个过程。

"理"在先秦儒家典籍中并不多见，但在《黄老帛书》中却是一个重要概念。在《黄老帛书》中，理有时作为独立概念出现，如"执道循理"（《经法·四度》）、"物各合于道者，谓之理"（《经法·论》），也有以"天之理""天地之理""一之理"的形式出现的情况。《经法·四度》曰："逆顺同道异理，审知逆顺，是谓道纪。"《韩非子·解老》曰："道者万物之所然也，万

---

① "德"有六理之说又见于《六术》，内容与《道德说》相同。

② 徐复观：《两汉思想史》第 2 卷，上海，华东师范大学出版社，2001，第 98 页。

③ 金春峰：《汉代思想史》，北京，中国社会科学出版社，2006，第 51 页。

物之所稽也。理者成物之文也。"这句话是徐复观先生所谓《韩非子·解老》所提出的理的观念"的出处，它明确地区分了"道"和"理"这两个概念："道"是万物的总根据，"理"则是具体的某物之"理"。韩非的这段话也可以说是对《经法·四度》中"同道异理"一语的解释：正因为道是万物的总根据，所以对不同事物而言，其道是同，是一；但对不同事物而言，各有各理，故物各"异理"。总而言之，道与理皆有规律之意，但道统摄理，理相对于道而言是更具体的规律。综合上述对德、理的解释，我们认为，"德之六理"即道生万物过程中出现的六种带有规律性的现象。

除了"六理"，贾谊还认为"德有六美"：

> 德有六美，何谓六美？有道，有仁，有义，有忠，有信，有密，此六者德之美也。道者德之本也，仁者德之出也，义者德之理也，忠者德之厚也，信者德之固也，密者德之高也。（《新书·道德说》）

作为"德之六美"的道、仁、义、忠、信、密皆是道德范畴，"六美"的内容完全是儒家的，因此，所谓"六美"，其实也可以说是"六德"（此"德"非贾谊所说的"德"，而是通常意义上的、作为德目之"德"）。贾谊从德与物之关系引申出这"六美"：

> 物所道始谓之道，所得以生谓之德。德之有也，以道为本，故曰道者德之本也。德生物，又养物，则物安利矣。安利物者，仁行也。仁行出于德，故曰仁者德之出也。德生理，理立则有宜适之谓义。义者，理也，故曰义者德之理也。德生物，又养长之而弗离也，得以安利。德之遇物也忠厚，故曰忠者德之厚也。德之忠厚也，信固而不易，此德之常也，故曰信者德之固也。德生于道而有理，守理则合于道，与道理密而弗离也，故能畜物养物，物莫不仰恃德，此德之高，故曰密者德之高也。（《新书·道德说》）

其理论逻辑与道家从道物关系中引申出"无为""公而无私"等社会性范畴是一致的。其之所以不从道物关系，而从德物关系出发引申出"六美"，原因可能亦在于此。道家从道物关系中引申出来的社会性范畴与儒家崇尚的社会道德之间存在冲突。贾谊虽受道家影响，借用了道家的理论逻辑，但作为一个儒者，他站在维护儒家道德的立场上，只能将道生万物过程中的核心环节从道转移到德，从德物关系引申出不同于道家但与儒家崇尚之德相符的"六美"。在《新书·孽产子》中，贾谊还直接对道家的"无为"理念提出了批评：

> 今也平居则无芘施，不敬而素宽，有故必困。然而献计者类曰：无动为大耳。夫无动而可以振天下之败者，何等也？曰：为大治，可也；若为大乱，岂若其小。悲夫！俗至不敬也，至无等也，至冒其上也。进计者犹曰无为可为。长大息者此也。

汉初统治者清静无为、与民休息的政策虽然使社会生产力得到迅速恢复，但在"无为而治"思想的指导下，中央对地方诸侯的控制力减弱，叛乱时有发生，匈奴势力日渐强大，社会矛盾重又激化，这些都成为汉王朝安然升平图景下的巨大隐患。贾谊看到了"无为"政策的不足而力倡适当采取儒家的"有为"和法家的"刑法"，并提出了一系列对策和建议。因此，我们认为，贾谊的确受到了黄老学派的某些影响，但我们对这些影响的作用不可估计过大，因为贾谊本人并没有偏离儒家的基本立场。

参考文献

一、典籍原著

《十三经注疏》整理委员会：《十三经注疏（标点本）》，北京，北京大学出版社，1999。

《二十二子》（缩印浙江书局汇刻本），上海，上海古籍出版社，1986。

（宋）朱熹：《周易本义》，天津，天津市古籍书店，1988。

（唐）李鼎祚：《周易集解》，《丛书集成初编》本。

高亨：《周易大传今注》，济南，齐鲁书社，1998。

金景芳、吕绍纲：《周易全解》，长春，吉林大学出版社，1989。

（清）皮锡瑞：《今文尚书考证》，北京，中华书局，1989。

（清）孙星衍：《尚书今古文注疏》，北京，中华书局，1986。

（宋）朱熹：《诗集传》，南京，凤凰出版社，2007。

（汉）韩婴：《韩诗外传集释》，北京，中华书局，1980。

（清）方玉润：《诗经原始》，北京，中华书局，1986。

（清）孙诒让：《周礼正义》，北京，中华书局，1987。

（清）孙希旦：《礼记集解》，北京，中华书局，1989。

（清）洪亮吉：《春秋左传诂》，北京，中华书局，1987。

杨伯峻：《春秋左传注（修订本）》，北京，中华书局，1990。

（清）刘宝楠：《论语正义》，北京，中华书局，1990。

程树德：《论语集释》，北京，中华书局，1990。

（清）焦循：《孟子正义》，北京，中华书局，1987。

（宋）朱熹：《四书集注》，北京，中华书局，1983。

（唐）陆德明：《经典释文》，《丛书集成初编》本。

（汉）司马迁：《史记》，北京，中华书局，1959。

（汉）班固：《汉书》，北京，中华书局，1962。

《国语》，上海，上海古籍出版社，1998。

（汉）刘向：《战国策》，上海，上海古籍出版社，1985。

（清）王先谦：《荀子集解》，北京，中华书局，1988。

梁启雄：《荀子简释》，北京，中华书局，1983。

（汉）陆贾：《新语》，《四部丛刊》本。

（汉）贾谊：《新书》，《四部丛刊》本。

（汉）董仲舒：《春秋繁露》，《四部丛刊》本。

（宋）黎靖德：《朱子语类》，北京，中华书局，1986。

（战国）商鞅：《商子》，《四部丛刊》本。

高亨：《商君书注译》，北京，中华书局，1974。

（战国）韩非：《韩非子》，《四部丛刊》本。

（清）王先慎：《韩非子集解》，北京，中华书局，1998。

陈奇猷：《韩非子集释》，上海，上海人民出版社，1974。

梁启雄：《韩子浅解》，北京，中华书局，1960。

（清）戴望：《管子校正》，清同治刊本。

黎翔凤：《管子校注》，北京，中华书局，2004。

（清）孙诒让：《墨子间诂》，北京，中华书局，2001。

（周）慎到：《慎子》，《丛书集成初编》本。

佚名：《鹖冠子》，《丛书集成初编》本。

黄怀信：《鹖冠子汇校集注》，北京，中华书局，2004。

（战国）吕不韦：《吕氏春秋》，《丛书集成初编》本。

许维遹：《吕氏春秋集释》，中国书店，1985。

刘文典：《淮南鸿烈集解》，北京，中华书局，1989。

何宁：《淮南子集释》，北京，中华书局，1998。

（清）陈立：《白虎通疏证》，北京，中华书局，1994。

（魏）王弼：《老子王弼注》，清武英殿本。

《老子道德经河上公章句》，北京，中华书局，1993。

高明：《帛书老子校注》，北京，中华书局，1996。

国家文物局古文献研究室：《马王堆汉墓帛书（壹）》，北京，文物出版社，1980。

马王堆汉墓帛书整理小组：《经法》，北京，文物出版社，1976。

陈鼓应：《黄帝四经今注今译》，北京，商务印书馆，2007。

余明光：《黄帝四经今注今译》，长沙，岳麓书社，1993。

谷斌、张慧姝、郑开：《黄帝四经今注今译·道德经今译》，北京，中国社会科学出版社，1996。

（清）王先谦：《庄子集解》，北京，中华书局，1987。

（清）郭庆藩：《庄子集释》，北京，中华书局，1961。

王利器：《文子疏义》，北京，中华书局，2000。

《文子》，《守山阁丛书》本。

（唐）柳宗元：《增广注释音辨唐柳先生集》，《四部丛刊》本。

陈奇猷：《韩非子新校注》，上海，上海古籍出版社，2000。

（唐）韩愈：《朱文公校昌黎先生集》，《四部丛刊》本。

（宋）黄震：《黄氏日钞》，《四库全书》本。

二、研究专著

冯契：《中国古代哲学的逻辑发展》，上海，上海人民出版社，1983。

冯契：《逻辑思维的辩证法》，上海，华东师范大学出版社，1996。

冯契：《认识世界和认识自己》，上海，华东师范大学出版社，1996。

冯友兰：《中国哲学简史》，北京，北京大学出版社，1996。

任继愈：《中国哲学史》，北京，人民出版社，2003。

劳思光：《新编中国哲学史》，桂林，广西师范大学出版社，2005。

李翔海：《20世纪中国哲学研究》，天津，天津人民出版社，2012。

任剑涛：《政治哲学讲演录》，桂林，广西师范大学出版社，2008。

宋惠昌等：《政治哲学》，北京，中共中央党校出版社，2003。

王连法、姚荣祥：《政治哲学》，南宁，广西人民出版社，1989。

王岩：《政治哲学：理性反思与现实求索》，北京，世界知识出版社，2006。

韩水法：《社会正义是如何可能的——政治哲学在中国》，广州，广州出版社，2000。

宋宽锋：《论证与解释——政治哲学导论》，上海，复旦大学出版社，2010。

姚大志：《何谓正义：当代西方政治哲学研究》，北京，人民出版社，2007。

萧公权：《中国政治思想史》，北京，商务印书馆，2011。

梁启超：《先秦政治思想史》，北京，中华书局，1986。

刘泽华：《中国政治思想史》，杭州，浙江人民出版社，1996。

刘泽华：《中国传统政治思想反思》，北京，生活·读书·新知三联书店，1987。

刘泽华：《中国传统政治哲学与社会整合》，北京，中国社会科学出版社，2000。

郭沫若：《十批判书》，北京，人民出版社，1954。

郭沫若：《青铜时代》，北京，新文艺出版社，1951。

程树德：《九朝律考》，北京，中华书局，2003。

钱穆：《先秦诸子系年》，北京，商务印书馆，2005。

杨宽：《战国史》，上海，上海人民出版社，2003。

张舜徽：《周秦道论发微》，北京，中华书局，1982。

金德建：《先秦诸子杂考》，郑州，中州书画社，1982。

罗根泽：《罗根泽说诸子》，上海，上海古籍出版社，2001。

（清）章学诚：《文史通义》，《丛书集成初编》本。

余明光：《黄帝四经与黄老思想》，哈尔滨，黑龙江人民出版社，1989。

吴光：《黄老之学通论》，杭州，浙江人民出版社，1985。

丁原明：《黄老学论纲》，济南，山东大学出版社，1997。

白奚：《稷下学研究：中国古代的思想自由与百家争鸣》，北京，生活·读书·新知三联书店，1998。

王中江：《道家形而上学》，上海，上海文化出版社，2001。

胡家聪：《稷下争鸣与黄老新学》，北京，中国社会科学出版社，1998。

能铁基：《秦汉新道家》，上海，上海人民出版社，2001。

傅斯年：《"战国子家"与〈史记〉讲义》，天津，天津古籍出版社，2007。

蒋伯潜：《诸子通考》，杭州，浙江古籍出版社，1985。

余嘉锡：《目录学发微》，北京，中国人民大学出版社，2004。

俞可平：《权利政治与公益政治——当代西方政治哲学分析》，北京，社会科学文献出版社，2000。

张桂琳：《西方政治哲学——从古希腊到当代》，北京，中国政法大学出版社，2004。

王岩：《中外政治哲学研究》，北京，世界知识出版社，2004。

周桂钿：《秦汉哲学》，武汉，武汉出版社，2006。

徐友渔：《重读自由主义及其他》，开封，河南大学出版社，2008。

吕振羽：《中国政治思想史》，上海，上海书店出版社，1992。

荆雨：《自然与政治之间——帛书〈黄帝四经〉政治哲学研究》，长春，东北师范大学出版社，2007。

吕思勉：《经子解题》，上海，华东师范大学出版社，1995。

蒙文通：《先秦诸子与理学》，桂林，广西师范大学出版社，2006。

聂中庆：《郭店楚简〈老子〉研究》，北京，中华书局，2004。

罗根泽：《古史辨》第四册，上海，上海古籍出版社，1982。

王力：《汉语史稿》中册，北京，中华书局，1980。

李若晖：《郭店竹书老子论考》，济南，齐鲁书社，2004。

詹剑峰：《老子其人其书及其道论》，武汉，湖北人民出版社，1982。

刘笑敢：《庄子哲学及其演变》，北京，中国社会科学出版社，1988。

张增田：《黄老治道及其实践》，广州，中山大学出版社，2005。

周濂：《现代政治的正当性基础》，北京，生活·读书·新知三联书店，2008。

曹沛霖：《重塑价值之维——西方政治合法性理论研究》，上海，华东师范大学出版社，2007。

许倬云：《西周史》，北京，生活·读书·新知三联书店，1994。

陈来：《古代思想文化的世界——春秋时代的宗教、伦理与社会思想》，北京，生活·读书·新知三联书店，2002。

张立文：《道》，北京，中国人民大学出版社，1989。

郑开：《德礼之间——前诸子时期的思想史》，北京，生活·读书·新知三联书店，2009。

李泽厚：《中国古代思想史论》，北京，人民出版社，1985。

龙大轩：《道与中国法律传统》，济南，山东人民出版社，2004。

侯外庐：《中国思想通史》第1卷，北京，人民出版社，1957。

王国维：《王国维遗书》第二册，上海，上海古籍书店，1983。

韩星：《先秦儒法源流述论》，北京，中国社会科学出版社，2004。

刘畅：《心君同构——中国古代政治思想史的一种原型范畴分析》，天津，南开大学出版社，2009。

张岱年：《中国哲学大纲》，北京，中国社会科学出版社，1982。

徐复观：《中国人性论史》，上海，华东师范大学出版社，2005。

徐复观：《中国学术精神》，上海，华东师范大学出版社，2004。

梁治平：《寻求自然秩序中的和谐——中国传统法律文化研究》，上海，上海人民出版社，1991。

伍非百：《中国古名家言》，北京，中国社会科学出版社，1983。

胡适：《中国哲学史大纲》，上海，上海书店，1989。

张晓芒：《先秦辩学法则史论》，北京，中国人民大学出版社，1996。

（明）傅山：《傅山荀子淮南子评注手稿》，上海，上海古籍出版社，1990。

杜国庠：《先秦诸子的若干研究》，北京，生活・读书・新知三联书店，1955。

廖名春：《荀子二十讲》，北京，华夏出版社，2009。

任继愈：《中国哲学发展史（先秦）》，北京，人民出版社，1983。

吕思勉：《先秦学术概论》，上海，东方出版中心，2008。

胡适：《中国中古思想史长编》，上海，华东师范大学出版社，1996。

徐复观：《徐复观论经学史二种》，上海，上海书店出版社，2002。

金春峰：《汉代思想史》，北京，中国社会科学出版社，2006。

阎步克：《士大夫政治演生史稿》，北京，北京大学出版社，1996。

吴根友：《在道义论与正义论之间——比较政治哲学诸问题初探》，武汉，武汉大学出版社，2009。

陈鼓应：《易传与道家思想》，北京，生活・读书・新知三联书店，1996。

陈鼓应：《道家文化研究》第一辑，上海，上海古籍出版社，1992。

陈鼓应：《道家文化研究》第二辑，上海，上海古籍出版社，1992。

陈鼓应：《道家文化研究》第三辑，上海，上海古籍出版社，1993。

陈鼓应：《道家文化研究》第四辑，上海，上海古籍出版社，1994。

陈丽桂：《战国时期的黄老思想》，台北，联经出版事业公司，1991。

陈丽桂：《秦汉时期的黄老思想》，北京，文津出版社，1997。

《牟宗三先生全集》第10册，台北，联经出版事业公司，2003。

《牟宗三先生全集》第22册，台北，联经出版事业公司，2003。

张光直：《中国青铜时代》，北京，生活・读书・新知三联书店，1983。

葛兆光：《中国思想史》第1卷，上海，复旦大学出版社，1998。

金晟焕：《黄老道探源》，北京，中国社会科学出版社，2008。

上海书店出版社：《〈大义觉迷〉谈》，上海，上海书店出版社，1998。

王沛：《黄老“法”理论源流考》，上海，上海人民出版社，2009。

王绍光：《理想政治秩序：中西古今的探求》，北京，生活・读书・新知三联书店，2012。

丁耘：《儒家与启蒙：哲学会通视野下的当前中国思想》，北京，生活・读书・新知三联书店，2011。

张立文：《天人之辨——儒学与生态文明》，北京，人民出版社，2013。

刘白明：《老庄正义思想研究》，上海，上海三联书店，2012。

孙开泰：《先秦诸子精神》，南京，凤凰出版社，2010。

《徐复观文集》第2卷，武汉，湖北人民出版社，2009。

詹石窗、谢清果：《中国道家之精神》，上海，复旦大学出版社，2009。

唐少莲：《道家“道治”思想研究》，北京，中国社会科学出版社，2011。

吕锡琛：《善政的追寻——道家治道及其践行研究》，北京，人民出版社，2014。

徐炳：《黄帝思想与道、理、法研究》，北京，社会科学文献出版社，2013。

徐炳：《黄帝思想与先秦诸子百家》，北京，社会科学文献出版社，2014。

曹峰：《近年出土黄老思想文献研究》，北京，中国社会科学出版社，2015。

王中江：《道家学说的观念史研究》，北京，中华书局，2015。

王中江：《简帛文明与古代思想世界》，北京，北京大学出版社，2011。

陈丽桂：《近四十年出土简帛文献思想研究》，北京，中华书局，2015。

陈丽桂：《汉代道家思想》，北京，中华书局，2015。

〔美〕詹姆斯·A. 古尔德、文森特·V. 瑟斯比：《现代政治思想：关于领域、价值和趋向的问题》，杨淮生等译，北京，商务印书馆，1985。

〔英〕杰弗里·托马斯：《政治哲学导论》，顾肃、刘雪梅译，北京，人民大学出版社，2006。

〔英〕亚当·斯威夫特：《政治哲学导论》，萧韶译，江苏人民出版社，2006。

〔美〕列奥·施特劳斯、约瑟夫·克罗波西：《政治哲学史》，李天然等译，石家庄，河北人民出版社，1998。

〔加〕威尔·金里卡：《当代政治哲学》，刘莘译，上海，上海三联书店，2004。

〔英〕A. J. 艾耶尔：《语言、真理与逻辑》，尹大贻译，上海，上海译文出版社，1981。

〔古希腊〕亚里士多德：《政治学》，吴寿彭译，北京，商务印书馆，1965。

《柏拉图全集》，王晓朝译，北京，人民出版社，2003。

〔德〕黑格尔：《哲学史讲演录》第 4 卷，贺麟、王太庆译，北京，商务印书馆，1978。

〔德〕黑格尔：《哲学史讲演录》第 1 卷，贺麟、王太庆译，北京，商务印书馆，1959。

〔英〕葛瑞汉：《论道者：中国古代哲学论辩》，张海晏译，北京，中国社会科学出版社，2003。

〔德〕黑格尔：《小逻辑》，贺麟译，北京，商务印书馆，1980。

〔法〕卢梭：《社会契约论》，何兆武译，北京，商务印书馆，1980。

〔德〕马克斯·韦伯：《经济与社会》上卷，林荣远译，北京，商务印书馆，1997。

〔德〕哈贝马斯：《交往与社会进化》，张博树译，重庆，重庆出版社，1989。

〔法〕让-马克·夸克：《合法性与政治》，佟心平、王远飞译，北京，中央编译出版社，2002。

〔德〕文德尔班：《哲学史教程——特别关于哲学问题和哲学概念的形成和发展》上卷，罗达仁译，北京，商务印书馆，1987。

〔美〕列奥·施特劳斯：《自然权利与历史》，彭刚译，北京，生活·读书·新知三联书店，2003。

〔美〕金勇义：《中国与西方的法律观念》，陈国平等译，沈阳，辽宁人民出版社，1989。

〔英〕梅因：《古代法》，沈景一译，北京，商务印书馆，1959。

〔英〕戴维·M. 沃克：《牛津法律大辞典》，李双元等译，北京，法律出版社，2003。

〔意〕登特列夫：《自然法：法律哲学导论》，李日章、梁捷、开利译，北京，新星出版社，2008。

〔德〕奥特弗利德·赫费：《政治的正义性——法和国家的批判哲学之基础》，庞学铨、李张林译，上海，上海译文出版社，1998。

〔德〕H. 科殷：《法哲学》，林荣远译，北京，华夏出版社，2002。

〔古罗马〕查士丁尼：《法学总论——法学阶梯》，张企泰译，北京，商务印书馆，1989。

〔英〕休谟：《人性论》，关文运译，北京，商务印书馆，1980。

〔英〕大卫·米勒：《政治哲学与幸福根基》，李里峰译，南京，译林出版社，2008。

〔英〕阿克顿：《自由与权力——阿克顿勋爵论说文集》，侯健、范亚峰译，北京，商务印书馆，2001。

〔美〕汉密尔顿、杰伊、麦迪逊：《联邦党人文集》，程逢如、在汉、舒逊译，北京，商务印书馆，1980。

〔英〕霍布斯：《利维坦》，黎思复、黎廷弼译，北京，商务印书馆，1985。

〔美〕安乐哲：《主术——中国古代政治艺术之研究》，滕复译，北京，北京大学出版社，1995。

〔德〕加达默尔：《真理与方法》上卷，洪汉鼎译，上海，上海译文出版社，2004。

〔法〕孟德斯鸠：《论法的精神》上册，张雁深译，北京，商务印书馆，1982。

〔日〕池田知久：《道家思想的新研究——以〈庄子〉为中心》，王启发、曹峰译，郑州，中州古籍出版社，2009。

〔日〕沟口雄三、小岛毅：《中国的思维世界》，孙歌等译，南京，江苏人民出版社，2006。

Leo Strauss：*An Introduction to Political Philosophy*，Michigan，Wayne State University Press，1989.

Leo Strauss：*The City and Man*，Chicago，The University of Chicago Press，1978.

三、期刊文章

顾肃：《试论当代政治哲学的学理基础》，《复旦学报（社会科学版）》2004年第5期。

陈晏清、王新生：《政治哲学的当代复兴及其意义》，《哲学研究》2005年第6期。

马云志：《政治哲学之思：内涵、学科属性与主题》，《齐鲁学刊》2006年第2期。

李福岩：《对政治哲学的三点认识》，《理论探讨》2007年第4期。

张师伟：《中国传统政治哲学的内部逻辑》，《政治学研究》2009年第4期。

李锐：《道家与黄老辩义》，《中国哲学史》2012年第1期。

任剑涛：《从方法视角看中国传统政治哲学研究》，《中国人民大学学报》2004年第3期。

杨国荣：《何为中国哲学——关于如何理解中国哲学的若干思考》，《文史哲》2009年第1期。

杨国荣：《哲学何为》，《社会科学》2006年第1期。

陈来：《论"道德的政治"——儒家政治哲学的特质》，《天津社会科学》2010年第1期。

任继愈：《庄子探源——从唯物主义的庄周到唯心主义的"后期庄学"》，《北京大学学报（哲学社会科学版）》1961年第2期。

陈鼓应：《〈象传〉的道家思维方式》，《中国哲学史》1994年第4期。

张岱年：《〈管子〉书中的哲学范畴》，《管子学刊》1991年第3期。

赵吉惠：《荀况是战国末期黄老之学的代表》，《哲学研究》1993年第5期。

白奚：《学术发展史视野下的先秦黄老之学》，《人文杂志》2005年第1期。

白奚：《〈黄帝四经〉与百家之学》，《哲学研究》1995年第4期。

白奚：《先秦黄老之学源流述要》，《中州学刊》2003年第1期。

韩德民：《论荀子的礼法观》，《社会科学战线》1998年第4期。

丁原明：《论荀子思想中的黄老倾向》，《管子学刊》1991年第3期。

张维华：《释"黄老"之称》，《文史哲》1981年第4期。

詹石窗、张欣：《〈黄帝四经〉的价值观及其意义》，《厦门大学学报（哲学社会科学版）》2009年第2期。

詹石窗：《关于"百年道学"的几个问题》，《人民论坛》2011年第24期。

刘自学等：《论古代政治哲学范式的基本特征》，《吉首大学学报（社会科学版）》2011年第2期。

吴根友：《道义论——简论孔子的政治哲学及其对治权合法性问题的论证》，《孔子研究》2007年第2期。

吴根友：《论中国哲学精神》，《江西社会科学》2008年第2期。

吴根友：《政治哲学新论》，《江西社会科学》2009年第11期。

孙晓春：《中国传统政治哲学的现代反省》，《政治思想史》2010年第4期。

蒋孝军：《突破与重构——中国哲学研究的三个方向与未来发展》，《哲学动态》2010年第8期。

李承贵：《义理研究的推进与时代课题的关切——近年中国哲学研究述评》，《江苏社会科学》2011年第3期。

杨学功：《中国哲学的本土意识与原创冲动——2010年度哲学学术热点述评》，《学术月刊》2011年第3期。

程志华：《中国哲学史研究的诠释理路》，《西南民族大学学报（人文社科版）》2008年第9期。

庞朴：《古墓新知》，《读书》1998年第9期。

曹峰：《出土文献视野下的黄老道家研究》，《中国社会科学》2013年第2期。

李翔海：《21世纪中国哲学新开展的三重维度》，《学术月刊》2012年第9期。

李翔海、卢兴：《20世纪中国哲学的一个面相——从牟宗三、劳思光看港台地区的中国哲学研究》，《学术研究》2008年第7期。

王中江：《早期道家的"德性论"和"人情论"——从老子到庄子和黄老》，《江南大学学报（人文社会科学版）》2012年第4期。

王晓兴、易志刚：《王天下——殷周之际对中国文化的奠基意义》，《陕西师范大学学报（哲学社会科学版）》2007 年第 6 期。

杨晓莉、朱晓红：《先秦黄老之学"道法"思想刍议》，《西北大学学报（哲学社会科学版）》2010 年第 2 期。

唐少莲、唐艳枚：《"道治"的正当性及其悖论》，《伦理学研究》2010 年第 6 期。

唐少莲、吕锡琛：《"观""无为而治"——"还原"向度的本体诠释与重构》，《广西大学学报（哲学社会科学版）》2008 年第 5 期。

吕锡琛、一波：《论老子无为而治与哈耶克的自由与有限政府思想》，《中南大学学报（社会科学版）》2012 年第 6 期。

臧峰宇：《政治哲学的"规定"及其当代性》，《江苏大学学报（社会科学版）》2013 年第 6 期。

张文喜：《政治哲学为什么重要？》，《山东社会科学》2013 年第 8 期。

许静：《明清经筵制度特点研究》，《聊城大学学报（社会科学版）》2013 年第 2 期。

刘全志：《孔子眼中的舜"无为而治"新论》，《中国哲学史》2013 年第 1 期。

杨国荣：《中国哲学中的人性问题》，《哲学分析》2013 年第 1 期。

祝捷：《论刑名之学》，《云南师范大学学报（哲学社会科学版）》2014 年第 6 期。

曹峰：《作为一种政治思想的"形名"论、"正名"论、"名实"论》，《社会科学》2015 年第 12 期。

郭梨华：《〈经法〉中"刑—名"思想探源》，《安徽大学学报（哲学社会科学版）》1998 年第 3 期。

韩星：《"霸王道杂之"：秦汉政治文化模式考论》，《哲学研究》2009 年第 2 期。

徐华平：《陆贾无为思想的属性辨析及其价值》，《求索》2009 年第 8 期。

马育良：《陆贾：向非儒文化观挑战的汉儒第一人》，《皖西学院学报》1996 年第 2 期、第 3 期。

马晓乐、庄大钧：《贾谊、荀学与黄老——简论贾谊的学术渊源》，《山东大学学报（哲学社会科学版）》2003 年第 1 期。

四、学位论文

陈博：《从理想社会构思到社会政治实践——黄老思想与汉初政治》，西北大学，博士学位论文，2003。

李笑岩：《先秦黄老之学渊源与发展》，山东大学，博士学位论文，2009。

苟东锋：《孔子正名思想研究》，复旦大学，博士学位论文，2012。

后　记

本书是我在博士学位论文的基础上修改完善而成的。2010 年 6 月，我通过了博士学位论文答辩，但内心对论文并不满意。也正是因为不满意，所以毕业后，论文被撂在一边数年之久。直到 2014 年，我以博士学位论文为基础，申请并获批了当年的国家社科基金后期资助项目，才着手对其进行全面的修改。

原学位论文的结构稍显凌乱。这次修改时，我以司马谈《论六家要旨》对道家思想的概括"以虚无为本，以因循为用"和"其为术也，因阴阳之大顺，采儒墨之善，撮名法之要"为线索，进行了重新安排。在内容方面，我吸收、借鉴了近年来部分新的研究成果，也对原来一些论述不够充分的地方进行了重新论证，有些章节几乎是重写了一遍，和学位论文的观点也有很大差别，如对"形名"问题的探讨等。2016 年年底，后期资助项目结项前，我又仔细通读了一遍书稿，仍难谈满意。主要存在的问题包括以下两点。

其一，对政治哲学的理解比较肤浅，导致全书的思想性比较欠缺。2010 年博士毕业后，我再没有回到政治哲学的研究上来，所以对政治哲学的理解实际上仍停留在当年，比较有限。其二，内容比较单薄。我原计划全书既要整体上展现黄老学派政治哲学思想的思想体系、主要观点和总体特征，又要反映黄老学派政治哲学思想的发展历程及对后世的影响。但实际上，全书结尾比较仓促，黄老学派政治哲学思想的发展历程及对后世的影响并没有详细展开。

总体而言，我对本书的评价是大无可观，学界同人若能小有所取，就已经很不错了。

论文的写作和修改得到导师杨国荣教授全程细心的指导，我的硕士研究生导师刘学智教授，华东师范大学哲学系的潘德荣教授、陈卫平教授、贡华南教授，首都师范大学的白奚教授，浙江省社科院的吴光教授等也通过不同方式给予了宝贵的意见和指导。借此机会，对上述诸位老师表示衷心的感谢。